i y i ki **kitap**lar var...

TİMAŞ YAYINLARI

İstanbul 2023

---

timas.com.tr

ARZIN KAPISI KUDÜS
MESCİD-İ AKSA
Talha Uğurluel

TİMAŞ YAYINLARI | 4143
Kültür Tarihi-Araştırma | 87

EDİTÖR
Zeynep Berktaş

FOTOĞRAFLAR
Talha Uğurluel
Ayşe Akdeniz
Tülay Darıcı
Mustafa Yılmaz
Kerem Değer

KAPAK TASARIMI
Ravza Kızıltuğ

MİZANPAJ
Hüseyin Özkan

1. BASKI
Kasım 2016, İstanbul

10. BASKI
Kasım 2023, İstanbul

ISBN
ISBN 978-605-08-2425-4

9 786050 824254

TİMAŞ YAYINLARI
Bahçelievler Mahallesi Zübeyde Hanım Caddesi
No: 8 İç Kapı No: 3 Üsküdar / İstanbul
Telefon: (0212) 511 24 24

timas.com.tr
timas@timas.com.tr
 timasyayingrubu

Kültür Bakanlığı Yayıncılık
Sertifika No: 45587

BASKI VE CİLT
WPC Matbaacılık
Osmangazi Mah. Mehmet Deniz Kopuz Cad. No: 17-1
Esenyurt / İstanbul
Telefon: (0212) 886 83 30
Matbaa Sertifika No: 50884

ARZIN KAPISI KUDÜS
MESCİD-İ AKSA

Talha Uğurluel

TİMAŞ TARİH

TALHA UĞURLUEL

Manisa Demircili olan Talha Uğurluel, 1997 yılında Manisa Celal Bayar Üniversitesi Tarih Bölümü'nden mezun oldu. Tarih branşının ardından Sanat Tarihi'nde eğitim almaya karar verdi. Marmara Üniversitesi'nde "Yavaşça Şahin Mehmet Ali Paşa Külliyesi" konulu teziyle yüksek lisansını, Gazi Üniversitesi'nde "Anadolu Namazgâhları" konulu teziyle sanat tarihi doktorasını tamamladı. Üniversite yıllarından beri radyo spikerliği yapan Uğurluel, TRT Radyo 1'de dört yıl boyunca "Konuşan Tarih" adlı programı da sundu. Yerli ve yabancı dergilerde birçok makalesi yayınlanmış olan Uğurluel, iki yıl imaj prestij kitap çalışmaları yaptı. *Harp Mecmuası, Topkapı Sarayı* ve *Mukaddes Emanetler*, editörlüğünü yaptığı eserlerden birkaçıdır.

TV programları ve belgesel yapımlarında sunuculuk ve danışmanlık hizmeti vermekte olup, Habertürk'te yayınlanan "Öteki Gündem" programının 3 yıl danışmanlığını yürüterek daimi konuğu olmuştur. TRT Türk'te 64 bölüm halinde yayınlanan "Tarihin İzinde" programının sunuculuk ve danışmanlığını üstlenmiştir. Muhtelif turizm acentalarında Ar-Ge yönetmenliği yapan Uğurluel, iki dilde profesyonel turist rehberliği yapmakta olup yerli ve yabancı gruplar ile Türkiye ve dünyanın birçok ülkesine kültür gezileri düzenlemektedir.

Türkiye ve dünyanın birçok yerinde tarih seminerleri vermekte olup, ülkemizde başka TBMM, Adalet Akademisi, Emniyet GM ve Bakanlıklar olmak üzere birçok yerde konferans ve seminerlerine hız kesmeden devam etmektedir.

Sosyal medya hesaplarını aktif olarak yöneten Uğurluel, çekimlerini kendisinin yaptığı ve her hafta içerik üretip yayınladığı bir youtube kanalı vardır. (youtube.com/TalhaUğurluelTv)

Evli ve iki çocuk babasıdır.

Bugüne kadar basılmış kitapları şunlardır:

Dünyaya Hükmeden Sultan Kanunî-1, Kanunî'nin Akıl Oyunları-2, Tarih Tıbbı Konuşturdu-1, Tarih Tıbbı Konuşturdu-2, Sarayın Kutsalları, Çanakkale Savaşları ve Gezi Rehberi, Mekânlar ve Olaylarıyla Hz. Muhammed'in(sas) Hayatı, Osmanlı'nın Kalbini Bekleyenler, Taşlar Yerine Oturdu, İstanbul Surları ve Kapıları, Osmanlı'nın Şifreleri, Selçuklunun Şifreleri, Osmanlı'nın Ustalık Eseri Edirne, Bir Deha'nın İzleri / II. Abdülhamid Han-1, Payitahtın Son Sahibi / II. Abdülhamid Han-2, Arzın Kapısı Kudüs-1, Dinlerin Başkenti Kudüs-2.

İÇİNDEKİLER

2. BÖLÜM
KUBBETÜSSAHRA AVLUSU

ÖNSÖZ

Hepimizin çocukluğundan itibaren kulağına çalınmış bir isimdir Mescid-i Aksa. Benim de öyle. Önceleri onu birçok insanımız gibi sadeçe bir cami sanmıştım. Sonra ilk kıblemiz olduğunu öğrendim. Hadis-i şeriflerde Kâbe ve Mescid-i Haram'ın yanına konulduğunu fark ettim. Medine ve Mescid-i Nebevi'nin Peygamber(SAS) duası ile ulaştığı mertebeye, onun yaradılıştan beri sahip olduğunu şaşırarak fark ettim. Üzerindeki yapılar son derece göz alıcıydı ama insanlar pek de kime ve hangi döneme ait olduğunu bilmiyorlardı. Hatta Mescid-i Aksa neresi, Kubbetü's-Sahra hangi yapı tartışmaları göklere çıkıyordu. Orada bir kaya vardı ama havada durmasından başka kimsenin bildiği bir şey yoktu. Kudüs ve Aksa kutsaldı ama bu kutsallık nereden geliyordu. Mirac orada gerçekleşmişti ama neden göklere Mekke'den değil de Kudüs'ten çıkıldığıyla ilgili kimsenin bir yorumu yoktu. Oralarda tam 400 sene kalmıştık ama bu şehirdeki eserlerimiz, izlerimiz, vakıflarımız denilince beyinler donuyor, dudaklar kilitleniyordu. Osmanlı'nın mirasını yüklenmiş Türkiye'de Kudüs ve Mescid-i Aksa hakkında hazırlanmış iki albüm ve birkaç kitap dışında çalışılmış hiçbir eser yoktu.

Hadi oralara gidelim denildiğinde hep aynı edebiyat yapılıyordu. Oralarda bombalar patlıyor, sakın sakın!

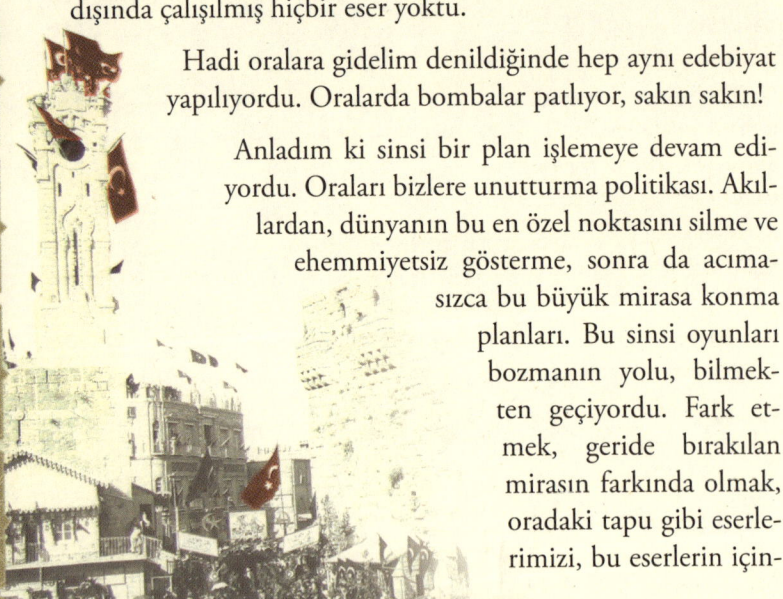

Anladım ki sinsi bir plan işlemeye devam ediyordu. Oraları bizlere unutturma politikası. Akıllardan, dünyanın bu en özel noktasını silme ve ehemmiyetsiz gösterme, sonra da acımasızca bu büyük mirasa konma planları. Bu sinsi oyunları bozmanın yolu, bilmekten geçiyordu. Fark etmek, geride bırakılan mirasın farkında olmak, oradaki tapu gibi eserlerimizi, bu eserlerin içinde medfun nice ecdadımızın kabirlerini görebilmekten geçiyordu. Ve biz çalışmaya, araştırmaya, sorgulamaya ve dahi deliler gibi gezip gözlemlemeye başladık. Gördük ki burası sadece ne bir cami imiş ne de bir mescid. Burası Allahu Teala'nın yeryüzünde kendisine ayırdığı iki önemli araziden biriymiş. Burası arzın arşa açılan kapısı imiş. Burası yeryüzünün yaratılmaya başlandığı nokta, insanın ilhamlarının kaynağı, Allah'a yakın olmanın rampası, asansörü, fırlatma noktasıymış. Gördük ki atalarımız bu stratejik noktayı bir kampüs haline getirmişler. O kutsal alanın dışa bakan cephesini konaklama binaları, içe bakan cephesini sıra sıra medreseler, Mukaddes Kaya'nın kenarını nadide halvethanelerle donatmışlar. Toplumun her kesiminden insanın buraya gelip ruhunu dinlendirmesi, Allah'a yakın olabilmenin yollarını araması, ilmî ve dinî birikimini arttırması, kısacası ruhunun ilhamlarını yakalaması için bir fırsatlar cennetine dönüştürmüşler.

Lütfen artık üzerimize serpilmiş bir asırlık bu ölü toprağını atalım. Başımızı kaldırıp sahip çıkmamız gereken mirasın farkına varalım. Oradaki her on eserden sekizini yaptırmış atalarımızı görüp, bu eserleri unutuşumuzun nâdânlığını artık bir kenara bırakıp, dört elle buraları yeniden hatırlamaya ve bu mübarek mekâna sahip çıkmaya çalışalım. Sıklıkla Kudüs'e gidelim, çevremizdekileri gitmeye teşvik edelim ve bence her yıl en az bir haftamızı orada geçirip ailemizle manevi bir kamp yapalım. Bire bin ihsan edilen o topraklarda bulunmuş peygamberler, sahabeler, nice din büyükleri, yüzyıllarca o toprakları eserleriyle donatmış hayırsever insanlar gözünüzün içine bakıyorlar. Gelin ve buralara sahip çıkın diyorlar!

Kudüs'te uzun süreli kalışlarımda bana eşlik ederek kaybolmuş geçmişin izlerini bulmama yardımcı olan TİKA Kudüs Koordinatörü Bülent Korkmaz Bey'e ve yardımcısı Ramazan Tuğ Bey'e; yine benimle eser eser gezerek nice kapının açılmasını sağlayan Yüksek Mühendis Muhammed Amira Bey'e ve Naci Bey'e teşekkürlerimi sunarım.

Talha Uğurluel

1. BÖLÜM

MESCİD-i AKSA
AVLUSU

Dinler Tarihi'nin Başkenti Kudüs

Dünya üzerindeki hiçbir şehir dinler tarihi konusunda Kudüs ile mukayese edilemez. Hz. Âdem'den[(as)] Hz. Muhammed'e[(sas)] nice peygamberin ayak bastığı, büyük medeniyetlerin izini barındıran, melikler, sultanlar, komutanlar, âlimler ve nice sanatçının adının taşına toprağına kazındığı şehirdir Kudüs. Kutsal kelimesi hiçbir mekâna bu kadar geniş ve etkili bir biçimde tesir etmemiş ve hiçbir şehirle bu kadar bütünleşmemiştir belki de... Bu nedenle Kudüs'ü anlamak, bu şehrin başından geçenleri bilmek, geniş bir dinler tarihi dersi almak anlamına gelir diyebiliriz.

Geçmişten bugüne gelecek olursak Yahudilerin, Hristiyanların ve Müslümanların, dinlerine dair nice kutsalı bu şehre bağladığını görürüz. Onların dinî ve sosyal hayatlarında özenle koruduğu ve inandığı birçok detay bu şehirde vücut bulur, inançlarının nirengi noktalarını ifade eder. Mesela Hristiyanlara göre Hz. Âdem cennetten çıkarıldığında cennetin kapısı Kudüs'te

bulunduğu için önce bu şehre gelmiş ve uzun süre burada yaşamıştır. Nihayet ömrünün son yıllarında buraya dönmüş ve Kudüs'te defnedilmiştir. Nuh Peygamber[as], gemisi ile büyük tufandan kurtulduğunda suların çekilip çekilmediğini anlamak için bir güvercin uçurmuş, güvercin günler sonra ağzında bir zeytin dalı ile geri dönmüştür. Güvercinin bu zeytin dalını Kudüs'teki Zeytin Dağı'ndan getirdiğine inanılır. Özetle, Davud Peygamber'in[as] fethettiği, Süleyman Peygamber'in[as] şekillendirdiği, Hz. İsa'nın[as] göğe, Hz. Muhammed'in[sas] Mirac'a yükseldiği yerdir Kudüs.

Kutsal Olan Kudüs mü Yolu Oradan Geçenler mi?

Kudüs ilk kez, Firavunlar Dönemi Mısır'ının Orta Krallık yazıtlarında Rusalim adı ile geçer. Yahudiler bu şehre Yeruşelayim, Hristiyanlar Jarusselam, Müslümanlar ise Darü's-Selam derler. Yani her üç dinde de şehrin adı "Dostluk Şehri" anlamına gelir. Her ne

kadar tarihinde iki defa yok edilmiş, 23 işgal, 52 saldırı yaşamış olsa da insanlar bu şehrin dostluk şehri olmasını istemiştir. Çünkü İlahî dinlere göre bu şehir İlahî bir ayrıcalığa sahiptir. İslamiyet'e göre yeryüzünde Allahu Teala'nın kendisine ayırdığı iki toprak parçası vardır: Kâbe'nin ve Mescid-i Aksa'nın kapladığı alan.

Kudüs'ün tarihini anlamak, Beytü'l-Makdis (Mukaddes Ev) Mescid-i Aksa'nın başından geçenleri kavramak için işe Hz. İbrahim'den[(as)] başlamak gerekir. İki oğlu vardır bu büyük peygamberin: Hz. Sâre'den olma Hz. İshak[(as)] ve Hz. Hacer'den olma Hz. İsmail[(as)]. Hz. İshak'tan Yakup (İsrail) oğulları türeyecektir. Hz. İsmail'in soyundan da Peygamber Efendimiz Hz. Muhammed[(sas)] gelecektir. Ne acıdır ki aynı babadan olma bu iki peygamberin soyundan gelen iki toplum, asırlardır amansız bir mücadelenin içindedir.

Her Şey Yusuf'un Kuyuya Atılması ile Başladı

Hz. İshak'ın oğlu Hz. Yakup'un 12 oğlu dünyaya gelmiştir. Bunlardan Hz. Yusuf ve Bünyamin aynı anneden (Hz. Rahile) olup anneleri küçük yaşta vefat ettiği için babalarının himayesinde büyümüşlerdir. Abileri tarafından kıskanılan bu çocuklardan Hz. Yusuf, kurt parçaladı bahanesi ile ortadan kaldırılarak kuyuya atılmış, akabinde bir kervan tarafından kurtarılarak Mısır'a köle olarak satılmıştır. Hz. Yusuf burada başından geçen nice hadise sonrasında Mısır Firavunu'nun takdirini kazanmış ve Firavun'un rüyasında gördüğü yedi yıl bolluk ve kıtlığı yöneterek ülkenin en önemli idarecisi haline gelmiştir. Hz. Yusuf, bir süre sonra babası Hz. Yakup ve 11 kardeşini Mısır'a getirmiştir. İsrailoğullarının Mısır serüveni de böylece başlamıştır. Hz. Yakup'un oğullarından Yehuda, Hz. Yusuf'tan sonra en akıllı olanları idi. İleride Kudüs'ü fethedecek olan Davud Peygamber onun soyundan gelmiştir. İsrailoğullarına Yahudi denmesinin sebebi Hz. Yusuf'un abilerinden biri olan Yehuda'dır. Kudüs'ün Fethi döneminde Yahudilere krallık yapan Talut da Bünyamin'in soyundan gelmiştir.

Yeni Kurtarıcı Hz. Musa(as)

Yusuf Peygamber'den bir süre sonra İsrailoğulları Mısırlılar tarafından köleleştirilecek ve bir kurtarıcı beklemeye başlayacaklardır. Bekledikleri kurtarıcı Hz. Musa'dır. Mısır Firavunu Seti'nin sarayında yetişen Hz. Musa, Seti'nin oğlu II. Ramses ile karşı karşıya gelmek zorunda kalmıştır. Tanrılık iddiasında bulunan Ramses, Hz. Musa'nın mucizelerini kabul etmeyecek ve nihayetinde ordusu ile Hz. Musa ve İsrailoğullarını kovalarken Kızıldeniz'de boğulup ölecektir. Kavmini Mısır'dan çıkaran Hz. Musa Sina Yarımadası'na gelmiş ve Allahu Teala ile görüşmek için Sina Dağı'na çıkmış, 40 gün sonra geldiğinde kavmini Eski Mısır putlarından Hator'a (İnek Tanrı) taparken bulmuştur.

Bu kavim kutsal topraklara girmeye hazır değildir, zira Firavunlar dönemi kirlerinden arınmaları, terbiye olmaları gerekmektedir. Hz. Musa kavmi ile Sina Çölü'nde tam 40 sene uğraşmıştır. Kur'an-ı Kerim'in Bakara Suresi 57. ve Taha Suresi 80. ayetlerinde geçtiği üzere Allahu Teala kendilerine her gün bıldırcın ve kudret helvası göndermiştir. Ancak bir kural vardır; hiçbiri bu yiyecekleri saklamayacak, yanında alıkoymayacaktır, fakat her türlü ikaza hatta cezaya karşı yine de yapılan aramalarda İsrailoğullarının heybelerinden bıldırcın ve kudret helvası çıkmıştır. Hz. Musa büyük uğraşlara rağmen bu kavme Allah'a tevekkül etmeyi öğretmekte zorlanmıştır. Eski Mısır putperestliğinin tozlarını üzerinden silkemeyen bu neslin eğilip bükülmedeki zorluğu karşısında Hz. Musa, onlar yerine onların nesilleri ile ilgilenmeye başlamış, 40 senelik çöl imtihanlarında yepyeni bir nesil yetiştirmiştir. İşte Kudüs'e girecek olan kişiler bu nesilden çıkacaktır. Nihayet bu kavim içinde Eski Mısır ve putperestliği gören herkes ölmüş, geriye sadece bir kişi kalmıştır. Eski Mısır'ı bilen bu son kişinin de vefatı sonrasında Kudüs'e girilmiştir. Bu kişi Hz. Musa'dır. Rivayetlere göre Hz. Musa, bugün Ürdün topraklarında, Lut Gölü'nün Ürdün tarafındaki Nebi Dağı civarında vefat etmiştir.

Yuşa Peygamber'in Gölgesinde

Hz. Musa, vefatı öncesinde kavmini yardımcısı Hz. Yuşa'ya[(as)] emanet etmiştir. Hz. Musa'nın kavmini bu topraklara Hz. Yuşa[(as)] taşıyacaktır. Ancak bu topraklar tam olarak neresidir? Bu sorunun cevabını bulmak için Kudüs'ün kesin yerini belirlemeye çalışırlar. Bildikleri bir şey vardır; bu topraklar son derece verimlidir. Yuşa Peygamber bu toprakların yerini tespit etmek için kavminden görevliler seçmekte, onları sağa sola göndermekte, raporlar almaktadır. Ne var ki girmeleri gereken yer ile ilgili raporlar asılsız iddialardan öteye gitmez. Yuşa Peygamber'in Kudüs'e gönderdiği kişiler bu topraklara uğradıklarında burada yaşayan kavimleri görmekte ve buraya girmeleri halinde savaş çıkacağını bildikleri için Hz. Yuşa'ya yanlış haber ulaştırmaktadırlar. Kendilerine gittikleri yerler sorulduğunda buraların son derece verimsiz araziler olduğunu, gidilecek toprakların başka yerlerde aranması gerektiğini söylerler. Nihayetinde Hz. Yuşa daha fazla dayanamaz ve çok güvendiği iki adamını daha söz konusu yere gönderme kararı alır. Onlara, dönerken delillerle gelmelerini salık verir. Günler sonra bu iki emin kişi gittikleri yerden dev bir üzüm salkımı ile birlikte döner. Bu topraklar o kadar bereketlidir ki bir asmanın üzümünü iki kişi zor taşımaktadır. İki adam, omuzlarının arasına bir sırık yerleştirmiş, salkımı da bu sırığa bağlayarak ancak getirebilmiştir. Nitekim bugün İsrail Devleti'nin Turizm

Eski Mısır'da inek başlı tanrı Hator

Bakanlığı'nın ambleminde de omuzları arasında üzüm salkımı taşıyan iki adam bulunur.

Artık anlaşılmıştır ki vadedilmiş topraklar burasıdır. Şimdi sırada bu topraklar üzerine yürümek vardır. Yuşa Peygamber döneminde bugünkü Ürdün topraklarının batısına, Lut Gölü'nün ötesine geçilir, Filistin topraklarına (Kenan İlleri) girilir. Yuşa(as) İsrailoğullarını kavim kavim bu topraklara yerleştirir, başlarına da birer yönetici verir. İsrailoğulları, Hakimler denilen bu yönetici ruhban sınıfın önderliğinde birkaç asır bu topraklarda yaşamıştır. Yuşa(as) sonrası, Tevrat'ta da Hakimler dönemi diye adlandırılan bu zaman diliminde İsrailoğulları büyük günahlara girmiş, Allah'ın birliğine inanan bir kavim olmalarına rağmen putperest toplumlara hizmet eder, boyun eğer hale gelmişlerdir.

Kudüs Önlerinde Bekleyen Peygamber: Samuel(as)

İsrailoğullarına Samuel Peygamber'in gönderilmesi bu zaman diliminde gerçekleşmiştir.*

---

* Bugün kabri Kudüs'e en hakim tepelerden birinde olan ve Osmanlı'nın inşa ettiği muhteşem bir caminin içinde yatan (caminin yarısı günümüzde Yahudilerin kontrolündedir) Samuel(as) ve kabri hakkında teferruatlı bilgiyi serinin devam kitabında vereceğiz.

Gize Piramitleri

Samuel^(as) İsrailoğullarını düzgün yaşamaya ve kutsal toprakları almaya teşvik etmiş, Allah'ın dinini tebliğ görevini ifa etmiştir, ancak kavimler bir türlü bu tebliğe yanaşmamış, en sonunda Samuel

Yuşa'nın^(as) adamlarını simgeleyen, bugün İsrail Turizm Bakanlığı'nın kullandığı amblem

Peygamber'in ısrarından kurtulmak için bir bahane bulmuşlardır. Buna göre başlarında bir kral olmadığını öne sürerek kendilerine bir yönetici verilmesini istemişler, bu istek üzerine Allahu Teala kendi içlerinden Talut'u onlara kral olarak tayin etmiştir. Yüce Allah, Kur'an-ı Kerim'in Bakara Suresi'nin 248. ayetinde, Talut'un gelmesiyle birlikte, Kenan kavimlerinin İsrailoğullarından aldığı Ahit Sandığı'nın yeniden İsrailoğullarının eline geçtiğini vurgular. Talut, Hz. Yusuf'un anne baba bir tek kardeşi olan ve İsrailoğullarının en zayıf kabilesinin zuhur ettiği Bünyamin'in^(as) oymağına mensuptur. Yanı sıra Talut'un himayesindeki bu kavim isyan etmeye çok meyillidir. Dolayısıyla bunlar arasında Talut'u da kabul etmeyenler çıkmış, aramızdaki en güçsüz kabilenin mensuplarından biri diye dudak bükmüşlerdir.

Talut, Calut ve Davud^(as)

Talut'un başa geçmesi ile birlikte askerî alanda çalışmalar başlamış ve İsrailoğulları kutsal toprakları ele geçirmek adına birtakım örgütlenmelere başlamıştır. Bakara Suresi'nde, onların düşman ile savaşmaya giderken yaşadığı bir imtihandan daha bahsedilir; önlerine çıkan ırmaktan su içmeleri yasaklandığı halde birçoğunun bu emre uymadığı ve suyu içip itaatsizlik edenlerin geri döndüğü bildirilir.

En nihayet, Talut'un ordusu ile Kenan illerinin sahipleri karşılaşırlar. Düşman ordusunun başında Calut (Golyat) vardır. Savaş öncesi ikili mücadeleler sergilenir. Calut'un karşısına genç yaşlarda bir asker çıkar. Bu kişi Hz. Davud'dan^(as) başkası değildir. Elindeki sapandan fırlattığı taş ile Ca-

Samuel'in^(as) tasvirî resmi

lut'un başını yarar ve ele geçirdiği kılıcı ile başını kesip öldürür. Bu manzarayı gören düşman ordusu dağılır, böylelikle Talut'un ordusu galip gelir.

Kudüs'ün Kalbi: Süleyman Mabedi

Talut'un bu mücadeleler sırasında vefatı sonrasında İsrailoğullarının başına, Calut'u öldüren Davud Peygamber gelmiştir. Tarihler MÖ 1000'i göstermektedir ve Kudüs Davud[(as)] eliyle fethedilmiştir. Bu tarihten sonra Kudüs'ün ve şehrin kalbindeki kutsal alanın şekillendirilme dönemi başlamıştır. Tarih boyunca Mabed Tepesi olarak anılan, Allahu Teala'nın yeryüzünü yaratmaya başladığı nokta olduğuna inanılan, Mekke ile yaradılış zamanı olarak aralarında 40 sene bulunan bu mukaddes yer artık Allah'ın peygamberlerinin eli ile hak ettiği yüce makamı bulacaktır.[*] Davud[(as)] ve oğlu Süleyman[(as)] kutsal alan üzerinde büyük bir mabet inşaasına girişirler. Tarihten bu yana Süleyman Mabedi olarak adlandırılan, yüzyıllar boyunca nice devlet büyüğünün kendi eserlerini inşa ederken kıyas yapmaya çalıştığı[**] bu büyük eser, Hz. Süleyman'ın[(as)] vefatından kısa bir süre

Davud'un[(as)] Calut'u öldürmesini tasvir eden bir resim

---

[*] Buhârî, Enbiyâ 10.

[**] Nitekim İmparator Jüstinyanus Ayasofya'yı inşa ettirdikten sonra şöyle seslenmiştir, "Görüyor musun ey Süleyman, seni geçtim."

Samuel'in[(as)] kabri

Ahid Sandığı'nın geri gelişinin tasviri

sonra tamamlanmıştır. Bu mukaddes alan dolayısı ile, üzerine inşa edilen Süleyman Mabedi'ne de Beytü'l-Makdis, yani mukaddes ev denilmiştir. Bu özel alanın tam ortasında son derece önemli bir kaya vardır, bu kayanın ortasında da içine girilebilen bir mağara... Süleyman Mabedi'nin kalbi işte tam burasıdır. Hem Davud Peygamber hem de Süleyman[as] sıklıkla bu mağaraya girmiş ve burada Allahu Teala'ya yakarmışlardır. Kutsal Kaya üzerinde kurbanlar kesmiş ve Allah'ın huzurunda iki büklüm olmuşlardır. Süleyman Mabedi'nin sunak, yani dua ve Allah'a kurban sunma alanı işte tam bu kayanın üzeridir.

Birinci Yıkım ve Babil Sürgünü

İsrailoğulları, en kudretli dönemlerini Süleyman Peygamber döneminde yaşamıştır. Geniş toprakları ve güçlü orduları vardır. Ancak Süleyman Peygamber'in vefatı sonrasında devlet zayıflamış ve ikiye ayrılmıştır. Yehuda ve İsrail olarak bölünen devletlerden Yehuda'nın merkezi Kudüs olmuştur. MÖ 586 yılına kadar bu şekilde yaşantılarını sürdüren Yahudi toplulukları, bu tarihte büyük bir saldırı ile karşı karşıya kalmıştır. Ortadoğu'nun büyük gücü Babil Devleti egemenliği altına almaya çalıştığı

Yahudi devletlerinin ayaklan-
maları üzerine kesin bir zafer
adına buradaki Yahudi toplu-
luklarına saldırır. Babil Kralı
Buhtunnasır (Nabukatnezar)
Kudüs'te kelimenin tam anla-
mıyla bir katliam yapar. Bin-
lerce Yahudi kılıçtan geçirilir.
Süleyman⁽ᵃˢ⁾ Mabedi yıktırılır.

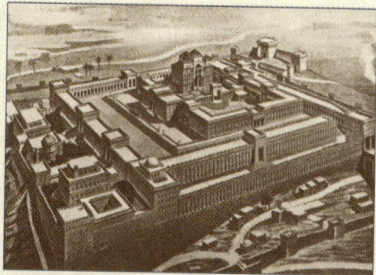

Süleyman Mabedi'nin hayalî bir çizimi

Bununla yetinmeyen Babil Kralı 40 bin Yahudi'yi, başkent Ba-
bil'e sürgüne götürür. Yıllar sonra Babil Devleti'nin
yerine kurulan Pers Devleti'nin hükümdarı Kiros,
Yahudilerin arzu ettikleri takdirde memleketlerine
dönmelerine izin verir. Geri dönüp Kudüs ve civarı-
na yerleşenler daha sonra zuhur edecek peygamberler
ile tanışır, (Üzeyir⁽ᵃˢ⁾, Hz. Zekeriya, Hz. Yahya, Hz. İsa)
Babil'de kalanlar ise sadece Hz. Musa ve O'nun getir-
diklerine tâbi kalır. Buradaki Yahudi topluluğu Babil
Yahudileri olarak zikredilir.

Önce Perslerin ardından Romalıların verdiği izin-
ler doğrultusunda Kudüs'te vassal bir Yahudi Krallığı
kurulur. Yahudilerin Kralı Herod büyük bir inşaat faaliyetine giri-
şir. Kudüs tepeden tırnağa yenilenir. Babil saldırısının izleri büyük
ölçüde silinir, Süleyman Mabedi'nin yerine de ikinci bir mabet
inşa edilir.

Pers Kralı Kiros

Romalılar ve İkinci Yıkım

Herodlu yıllar aynı zamanda Kudüs'te Hz. Meryem ve ardın-
dan Hz. İsa'nın zuhur yıllarıdır. İmran Ailesi'nin beklenen bebe-
ği Mesih'i doğuracak olan Hz. Meryem mabede adanacak, Hz.
Zekeriya'nın gözetiminde burada büyüyecektir. Ardından Hz.
İsa'yı babasız olarak dünyaya getirecek ve Hz. İsa'nın hayatının
önemli bir kısmı Kudüs'te geçecektir. Hz. İsa'nın Yahudiler tara-
fından hor görülüp, Roma valisine yapılan baskılar neticesinde

Titus'un II. Mabed'i yıkılışı

öldürülmeye çalışılması bile Yahudilerin, hükümleri altında yaşadıkları Romalılar ile ipleri nasıl gerdiğini anlatmaya yeter.

Partlar ve Romalılar arasındaki sürtüşmelerde Yahudiler zaman zaman taraf değiştirmiş, Romalıları sıklıkla karşılarına almışlardır. Herod'un ölümü sonrası Romalılarla dengeler iyiden iyiye bozulmuş ve çarpışmalar başlamıştır. O dönemde Roma İmparatorluğu'nun başında Vespasyonus vardır. Ortadoğu'dan gelen çatışma haberlerine bir son vermenin zamanı geldiğini düşünerek oğlu Titus'u Kudüs üzerine gönderir. Şehir, tarihinin ikinci büyük saldırısı ile karşı karşıyadır.

Titus, yaptıkları ile kendisinden beş asır önceki saldırıyı gerçekleştiren Babillileri aratmaz. Tarihler MS 70'i göstermektedir. Titus yağmasında ikinci mabet de yerle bir edilir. Mabet ve şehre ait nice ganimet Roma'ya taşınır. Bugün Titus'un bu yağmasının izleri, Roma İmparatorluğu'nun başkenti Roma'da Forum Meydanı'nın devamındaki Titus Tâkı üzerindeki kabartmalarda görülmektedir.

Titus'un Kudüs işgali Yahudilere büyük zarar verse de yaptıklarından geri durmayacak, şehir huzur ararken daha büyük bir karmaşanın içine düşecektir. Roma

Roma İmparatoru Titus

Roma İmparatoru Hadrian

İmparatoru Hadrian bu duruma bir son vermek için MS 135'te Yahudiler için büyük sürgün kararını çıkarır.

Bir arada bulunan İsrailoğullarının kendilerine ve çevrelerine huzur vermediğine kanaat getirilerek dünyanın dört bir yanına dağıtılmasına karar verilir. Ortadoğu'dan sürgün edilen Yahudilerin bir kısmı Arap Yarımadası'na göç eder. Buraya göçen ve yüzyıllarca Arapların arasında yaşayan bu Yahudilere Mizrahiler denir. Arapça ile karışık İbranice konuşan bu Yahudi toplulukları, İslam'ın ilk yıllarında meydana gelen hadiselerde karşımıza çıkmaktadır. Peygamber Efendimiz'in[(sav)] hicret ettiği şehirde, Medine'de yaşayan Yahudiler, Bedir Savaşı'nda müşriklerle işbirliği yapan Benî Kaynuka, Uhud Savaşı'ndaki Benî Nadir ve Hendek Savaşı'nda Müslümanları arkadan vuran Benî Kurayza Yahudileri işte bu Mizrahi gruptandır.

Bosna'dan bir Seferad ailesi

Bunun dışında, Yahudi grupların bir kısmı Kuzey Afrika'ya, bir kısmı da İspanya'ya göç eder. Bu yeni topraklarda İspanyolca ile karışık İbranice (Ladino Dili) konuşan bu Yahudiler ise Seferad adıyla anılır. 1492 yılında Katolik İsabel'in katliamlarında Müslümanlar ile birlikte Osmanlı Padişahı II. Bayezid tarafından kurtarılarak Fas, Balkanlar ve İstanbul'a taşınmışlardır. Bazı Yahudi gruplar Avrupa içlerinde daha da ilerleyerek Rusya ve Polonya'ya kadar uzanmıştır. Rusça ile karışık İbranice (Yidiş) konuşan bu Yahudilere Aşkenazlar denir.

Yemenli Arap Yahudileri

Kudüs'ü Putperestleştirmek

Yahudilerin Romalılara başkaldırdığı Bar Kohba Ayaklanması Romalılara da ciddi zarar verse de binlerce Yahudi öldürülmüş, İmparator Hadrian'ın Yahudiliği zihinlerden silme mücadelesini başlatmasına sebep olmuştur. Kudüs Yahudilerden temizlenmiş, sadece yılda bir kez şehri ziyaretlerine izin verilmiştir. Kutsal Kitap ve yazıtları Mescid-i Aksa alanında törenlerle tahrip edilmiş, Hadrian buraya iki büyük tapınak inşa ettirmiştir. Bu putperest tapınakların kalıntıları, sütun ve sütun başlıkları bugün Mescid-i Aksa alanında hâlâ görülebilmektedir. Hadrian Kudüs şehrini kendi ölçüleri ile yeniden imar ettirmiş ve adını Aelia olarak değiştirmiştir. Bugün Hadrian'ın kurduğu şehre ait Corda Caddesi ve Kanuni'nin Şam Kapısı altında görülebilen Hadrian Kapısı bu izleri günümüze taşımıştır.

Yahudilerin Bar Kohba ayaklanmalarının dinler tarihindeki en önemli etkilerinden biri de Yahudiler arasından çıkmış ilk Hristiyanların bu hadise ile birlikte Yahudilerden ayrışmaya başlaması olmuştur. Kohba ayaklanmasında bu ilk Hristiyan gruplar Yahudilere destek vermemiştir.

Konstantin ile birlikte Roma İmparatorluğu'nun resmî dini Hristiyanlık olana kadar Hadrian Tapınağı Mabed Tepesi'nde tüm ihtişamı ile ayakta kalmış, Hristiyanlık sonrası bakımsız kalarak bir mezbelelik haline gelmiştir. Kudüs, Konstantin'in annesi Helena'nın imar faaliyetleri ile 200 bin kişilik bir Hristiyan şehrine dönüşürken Mabed Tepesi ilgiden epeyce yoksun kalacağı bir döneme girmiştir.

Bar Kohba'nın sikkesi

Ötelere Huruç Edilen Mekân: Kudüs

Önce Hadrian'ın kutsal alanı putperestleştirmesi, ardından Hristiyanların bu özel bölgeyi çöplük haline getirmesi manevi anlamı büyük olan bu araziye karşı çok büyük bir saygısızlıktır, ancak tüm bunlara rağmen Kudüs bu manevi özelliğini korumaya devam etmektedir. Nitekim tarihler 620'yi gösterdiğinde (Hicret'ten 16 ay önce) -İsra Suresi'nde anlatıldığı üzere- Hz. Muhammed[sas] Burak isimli bir binit ile Mekke'den Kudüs'e gelecek, Mescid-i Aksa üzerindeki mübarek kayanın üzerinden ötelere huruç edecek ve o büyük Mirac hadisesi yaşanacaktır. Hem Müslümanların ilk kıblesinin Mescid-i Aksa (Uzak Mescid) olması hem de Mirac hadisesinin Kudüs'ten gerçekleşmesi, Kudüs'ü Müslümanların gönlüne silinmez bir şekilde yazmıştır. Artık Mekke ve Medine'den sonra hadis-i şerif ile sabit olduğu gibi üçüncü mabet Kudüs'teki Mescid-i Aksa'dır.

İslam Fütühatı ve İmar Faaliyetleri

Hz. Ömer[as] zamanında Müslümanların Kudüs'ü fethi, gözleri yeniden Mabed (Aksa) Tepesi'ne çevirecektir. Hz. Ömer'i karşılayan Kudüs Patriği Safranius, Hz. Ömer'i önce kendi kutsallarına götürecek ve Müslümanların buraları benimsemesini isteyecektir. Hz. Ömer getirildiği Kıyamet Kilisesi'ni görünce, "Burası Peygamberimiz'in[sas] Mirac'a yükseldiği yer değil," diyecek, ardından Davud Dağı'na getirilecek, en nihayet Mabed Tepesi'ne geldiğinde tekbir getirerek, "Burası Peygamberimiz'in[sas]

Velid bin Abdülmelik sikkesi

bize tarif ettiği yerdir," diyerek bugünkü Mescid-i Aksa'nın (Kible Mescidi) olduğu yere ahşap bir cami inşa ettirecektir.

Emeviler döneminde Mabed Tepesi tam bir şantiyeye dönüşecek, Abdülmelik bin Mervan'ın Kubbetü's-Sahra'sı ile Velid bin Abdülmelik'in Mescid-i Aksa'sı tepeye kondurulacaktır. Ancak Herod döneminde zeminin düzleştirilmesi amacı ile yapılan istinat duvarları ve bu dolgunun üzerine kondurulan Mescid-i Aksa Cuma Camii art arda gelen depremlerde büyük hasara uğrayacaktır. Emevilerden sonra Abbasiler, Fatımiler ve Eyyübiler döneminde, üçüncü makam olan bu önemli eser defalarca tamir ettirilmiştir.

Tapınakçıların Merkezi: Mescid-i Aksa

Tarihler 1099'u gösterdiğinde Avrupa üzerinden kutsal topraklara doğru Haçlı Seferleri başlamıştır. Aynı yıl Kudüs'e giren Haçlılar büyük bir katliam gerçekleştirecektir. Mabed Tepesi tahrip edilecek, buradaki İslami eserler önce kraliyet ikametgâhı, ardından ahır olarak kullanılacaktır. Bir süre sonra bu eserler Tapınak Şövalyelerine ikamet yeri olarak tahsis edilecektir.

1187 yılında Eyyübi Devleti'nin kurucusu Selahaddin Eyyübi Kudüs'ü geri alacaktır. Mabed Tepesi'ndeki İslami yapılar haçlı eklemelerinden temizlenecek ve aslına uygun olarak ibadete açılacaktır. Nureddin Zengi'nin vasiyeti üzerine, onun hazırlatıp Mescid-i Aksa'ya konulmasını istediği ahşap kündekari minber de cami olarak yeniden düzenlenen Mescid-i Aksa'ya yerleştirilecektir.

Hıttin Savaşı

Eyyübiler döneminde başlayan imar hareketleri Memlüklüler döneminde hız kazanmış, Mescid-i Aksa avlusunun etrafı medrese ve hankâhlar ile donatılmıştır. Birçok sultan, emir ve kadınefendi eser inşasında yarışmıştır. Osmanlılar döneminde hem Harem-i Şerif alanında hem de şehirde, büyük imar faaliyetlerine girişilmiştir. Harem-i Şerif'teki Kasım Paşa Şadırvanı'ndan onlarca halvethaneye kadar birçok eser Osmanlı eli ile hayat bulmuştur. Şehrin bütün surları Kanuni Sultan Süleyman tarafından inşa edilirken Kubbetü's-Sahra'nın dış kaplama mozaikleri İznik çinileri ile yenilenmiş, Hürrem Sultan imaret ve hamamı ile Sultan Süleyman Barajı'ndan, Abdülhamid Han'ın Saat Kulesi'ne kadar beş asır boyunca onlarca yapı, yüzlerce tamirat Harem-i Şerif'e hayat vermiştir.

Tapınak şövalyesi

Dostluğa Muhtaç Dostlar Şehri

İngilizlerin Kudüs'ü işgal yıllarında Mimar Kemaleddin Bey'in tamiratları ile başlayan bir restorasyon dönemi süregelmiştir. 1969 yılında Avusturalyalı bir Yahudi, Mescid-i Aksa'ya sabotaj düzenlemiş ve yakmaya çalışmıştır. Meydana gelen yangında mescidin önemli bir kısmı tahrip edilmiştir. Başta Nureddin Zengi'nin ahşap minberi olmak üzere çatı aksamının büyük kısmı yok olmuştur. O günden bugüne Siyonist grupların Mabed Tepesi'ne karşı tazyikleri, provakosyonları sürmekte, üçüncü mabedin inşa edilmesi için üzerindeki İslami yapıların ortadan kaldırılması amacı ile saldırı planları yapılmaktadır. Açık konuşmak gerekirse Osmanlı gibi her inanca saygılı, hoşgörülü bir anlayışa Kudüs topraklarında bugün dünden çok daha fazla ihtiyaç vardır.

Beytü'l-Makdis,
Mescid-i Aksa ve Kubbetü's-Sahra Neresi?

Buraya kadar anlattıklarımızdan sonra hazırsanız artık içeri girme zamanı. Burası yeryüzünün en özel toprak parçalarından biri. Burası birçok ilahi dinde önemi vurgulanmış, hayatında hiç yalanı, abartısı olmayan peygamberlerin dilinde övülmüş ve hakkı teslim edilmiş bir yer, burası Peygamber Efendimiz'in[sav] hadislerinde, "Yeryüzünde sadece üç yere Allah rızası için gidilir: Mescid-i Haram, Mescid-i Nebevi ve Mescid-i Aksa," diyerek övdüğü bir yer.

Birçok insan, Mescid-i Aksa denildiğinde sadece bir yapıdan bahsedildiğini sanır. Halbuki Kur'an-ı Kerim'in bize anlattığı Mescid-i Aksa (Uzak Mescid) alelade bir bina değil, Allahu Teala'nın kıymet verdiği bir toprak parçasıdır. Tabii ki böyle önemli bir arazi üzerinde inşa edilmiş olan yapılar da kıymet arz edecektir.

Peygamber Efendimiz[sas] yeryüzünde yapılan ibadet mekânlarının derecelerini bildirirken şöyle buyurmaktadır, "Mescid-i Haram'da yapılan her bir ibadetin sevabı yüz bin ile, Mescid-i Nebevi ve Mescid-i Aksa'da yapılan ibadetin sevabı ise bin ile çarpılmaktadır."

Peygamber Efendimiz'in[sas] mübarek eşleri Hz. Meymune'nin rivayeti ile bize ulaşan bu müjdeli hadis-i şerif bugün Mescid-i Aksa'nın içinde hem Arapça hem Türkçe olarak, gelen ziyaretçileri karşılamaktadır.

Bu kutsal mekândan içeri girdiğimiz vakit bizi dikdörtgen bir arazi karşılar. Etrafı bir taraftan şehir surları, diğer taraftan

Zeytin Dağı'ndan Harem-i Şerif manzarası

Memlüklü Medreseleri ile çevrili bu arazi yukarıda anlatmaya çalıştığımız arazidir. İçinde son derece kıymetli bir yer daha vardır: Kubbetü's-Sahra, yani Kaya Kubbesi. Kubbeden ziyade kayanın kendisi son derece kıymetlidir. Allahu Teala yeryüzünü yaratmaya önce bu kayadan

Kutsal Kaya'nın altında Ruhlar Mağarası

başlamıştır. Nice peygamber bu kayaya yüz sürmüş, altında ve üstünde kurbanlar kesmiş, ibadet etmiş ve hepsinden önemlisi Peygamber Efendimiz[(sav)] bu kayanın üzerinden Mirac'a yükselmiştir. Kısaca ifade etmek gerekirse yeryüzünde Allah'a yakın olmanın son noktası bu kayadır.

Beyt, Arapçada ev demektir. Makdis kelimesi de mukaddesten gelir. Yani Beytü'l-Makdis, Mukaddes Ev anlamına gelir. Hz. Süleyman'ın, mabedini buraya inşa ettiğini biliyoruz. Yani Mukaddes Ev'den kasıt Allah'ın kutsal saydığı bu yer ve buraya inşa edilen mukaddes yapılardır. Kitap boyunca Beytü'l-Makdis adının geçtiği her yerde Allahu Teala'nın kutsal saydığı ve bire bin sevap verilen bu arazinin anlaşılması gerekir. Kur'an-ı Kerim bu kutsal alandan Mescid-i Aksa olarak bahseder, yani Uzak Mescid. Bu ifadede kastedilen husus, Kâbe'ye uzak olmasıdır. Allahu Teala yeryüzünde Kâbe'nin kapladığı alan ile bu araziyi mukaddes saymıştır. Fakat ne ilginçtir ki Kur'an-ı Kerim'in Mescid-i Aksa olarak adlandırdığı bu mukaddes arazinin ismi yüzyıllar içinde Emevilerin inşa ettiği yapılara verilir olmuştur. Hatta ülkemizde bu tartışma öyle almış yürümüştür ki Kutsal Arazi unutulmuş, Mescid-i Aksa, Emevilerin yaptırdığı Cuma Camii mi, yoksa Kutsal Kaya'nın üzerindeki Kubbet's-Sahra mı diye insanlar birbirine girer olmuştur. İşte biz de bu karışıklığa mahal vermemek için kutsal araziye Beytü'l-Makdis, Emevilerin yaptırdığı Cuma Camii'ne Mescid-i Aksa Cuma Camii, Kutsal Kaya'nın üzerindeki Altın Kubbeli yapıya ise orijinal adı ile Kubbetü's-Sahra diyeceğiz.

Beytü'l-Makdis'te Neler Oldu?

Yeryüzünün en önemli iki toprak parçasından biri olan bu küçücük arazi üzerinde farklı dinlerin inanışlarına göre neler meydana gelmiştir neler…

- Her şeyden evvel Allahu Teala yeryüzünü yaratmaya Beytü'l-Makdis'in kalbi olan Kutsal Kaya'dan başlamıştır.

- Bir rivayete göre Hz. Adem'in mezarı Beytü'l-Makdis arazisindedir.

- Nuh Tufanı sonrasında sular çekilmeye başladığında ilk ortaya çıkan kara parçası Beytü'l-Makdis arazisidir.

- Yahudilere göre Hz. İbrahim oğlu Hz. İshak'ı kurban etmek için buraya getirmiştir.

- Yıllarca çocuk isteyen Hz. Zekeriya'ya Hz. Yahya'nın doğum müjdesi Beytü'l-Makdis'te verilmiştir.

- Hz. Meryem küçük bir çocuk olarak Beytü'l-Makdis'teki hücresinde ibadette iken (Kur'an-ı Kerim'in de tasdiki ile) yazın kış, kışın yaz meyveleri kendisine burada sunulmuştur.

- Hz. İsa henüz beşikte bir bebek iken burada konuşmuştur.

Şimdi, daha nice önemli ve mübarek hadisenin vuku bulduğu bu kutsal beyti gezme, görme ve idrak etme zamanı…

Sağda Kubbetü's-Sahra, solda Mescid-i Aksa Kıble Camii

Sıbtlar Kapısı

Binlerce yılı yumak gibi saracağımız, tarihin farklı dönemlerinin iç içe geçtiği bir kapının altından geçerek bu kutsal alana adım atıyoruz. Bu kapı, Mescid-i Aksa avlusunu oluşturan dikdörtgen arazinin kuzey kısa kenarının en doğusunda bulunur ve Babü'l-Esbat yani Sıbtlar Kapısı (Kavimler Kapısı) olarak adlandırılır. Burada kastedilen kavimler, Mısır'dan çıkıp vadedilmiş toprakları bulmak üzere buralara kadar gelen İsrailoğulları kavimleridir.

Hz. Yusuf hikâyesinden bahsetmiştik. 11 kardeşten en küçükleri olan Bünyamin dışındaki kardeşleri birlik olup Hz. Yusuf'u kuyuya atmıştır. Yıllar sonra Hz. Yusuf babası Hz. Yakup ile birlikte kardeşlerini de Mısır'a aldırmış, orada yaşamalarını sağlamıştır. İşte bu kardeşlerden zuhur eden kavimler İsrailoğulları kavmini (Yakupoğulları) oluşturmuşlardır. Birbirleri ile bir türlü geçinemeyen, her defasında hır gür çıkaran bu kavimler, yine kendi kitaplarındaki anlatıma göre Kızıldeniz'den geçerken dahi Hz. Musa'yı üzmüşlerdir.

Hz. Musa Kızıldeniz'i geçip Firavun'un zulmünden kurtulmak için suya yöneldiğinde asasını suya dokundurmuş ve önünde devasa bir kanal açılmıştır. Sular adeta kenara çekilmiş bir duvar gibi durmuş, ortada boş bir yol oluşmuştur. İsrailoğullarının bu kanal ile karşı sahile çıkıp kurtulmak için bir an önce buraya yönelmeleri gerekmektedir. Ancak böyle olmaz. Her bir kavim, bir diğer kavmin geçeceği bu yoldan geçmeyeceğini, kendileri için ayrı bir yol açılmasını ihtar eder. İsrailiyyat kaynaklarına göre Hz. Musa asasını suya 12 defa dokundurmuş ve açılan her bir yoldan ayrı bir İsrailoğlu kavmi geçerek kurtulmuşlardır.

Karşıya geçtiklerinde Hz. Musa asası ile kayalara dokunup su çıkardığında da yine aynı şey olmuştur. Bir kavim, diğer kavmin su

Sıbtlar Kapısı (Babü'l-Esbat)

içtiği yerden içmeyi reddetmiştir. Kavimlerin bu şekilde diretmeleri üzerine Hz. Musa kayalara 12 kez dokunarak 12 su kaynağı çıkarmış ve İsrailoğulları ancak bundan sonra su içmeye yanaşmıştır. Hem Tevrat ve Tora hem de Kur'an-ı Kerim bizlere İsrailoğullarının bu kapıya isim veren kavimlerini anlatmaktadır.

İsrailoğulları kavimlerinin sembolleri

Davud Peygamberin de içinde bulunduğu bir ordu ile Calut'un yenilmesi sonrasında İsrailoğulları MÖ 1000'de Kudüs'ü ele geçirmiş ve bu kapıdan Beyrü'l-Makdis'e girmişlcrdir. İsrailoğlu kavimlerinin tek tek girdiği bu kapıya Sıbtlar (Kavimler) ismi işte bu nedenle verilmiştir.

Kapının yanındaki minare de Benî İsrail Minaresi olarak adlandırılmıştır. Bu bölgede İsrailoğullarını hatırlatacak birkaç yapı daha vardır. Örneğin bugün ayakta olmayan, ancak geçmişte bu kapının hemen yanında var olduğu bilinen Levililer Zaviyesi de bizi o günlere götürmektedir. Benî İsrail Kavimleri içinde Levililer olarak adlandırılan grup, mabedin bakımı ile ilgilenen bir topluluğu teşkil ediyordu. İşte bu vazifeleri dolayısı ile bugün ayakta olmayan buradaki bir zaviyeye onların isimleri verilmiştir.

Artık içeri girme zamanı… Az sonra, her bir ibadetimiz, zikrimiz ve tebessümümüze bin kat ecir ve sevap verileceği ifade buyurulan kutlu ve bereketli bir arazide olacağız.

Sıbtlar Kapısı, Harem tarafından

Aksa'da Gadiriyye Medresesi

KUDÜS'TE BİR DULKADİROĞLU ESERİ
Gadiriyye Medresesi

Kudüs'ü özel kılan hususlardan biri, her köşesinde ayrı bir medeniyetin izini taşıyor olmasıdır. Farklı dinlere, kültürlere ve milletlere hitap ettiği için tarih boyunca birçok önemli kurum ve şahıs buraya eser yağdırmış, bu özel topraklarda bir izi olsun istemiştir. Bu mukaddes avluya Sıbtlar Kapısı'ndan girdiğimizde kısa kenar boyunca uzanan devasa binalar karşılar bizi. Kapıdan girişte sağımızda ucu gözükmeyecek şekilde devam eden bu binaların bir kısmı Eyyübi, bir kısmı Memlüklü yapısıdır. Üst üste, yan yana, hatta iç içe geçmiş bu binaları incelerken gözümüze ilk takılan eser, Sıbtlar Kapısı'nın dibinden başlayıp sağa doğru uzanan devasa bir bina olan Gadiriyye Medresesi'dir.

Mescid-i Aksa avlusunda gezerken Gadiriyye Medresesi üzerinde hiç beklemediğimiz bir topluluğun izi ile karşılaşırız. Hıtta Kapısı ile Kerimiyye Medresesi arasındaki bu medrese Anadolu ikinci dönem beyliklerinden biri olan Dulkadiroğullarına aittir.

Oğuzların Bozok koluna bağlı bu Türkmen Beyliği'nin kurucusu Zeyneddin Karaca Bey'dir. Dulkadiroğulları 1298 yılında Elbistan merkez olmak üzere bugünkü Kahramanmaraş topraklarını kendilerine yurt edinmişlerdir. O günlerde bölgenin en büyük gücü Memlüklülerdir. Dulkadiroğulları da Memlükluler ile iyi ilişkiler kurmaya dikkat etmişlerdir.

Osmanlı Devleti o zamanlar tarih sahnesinde değildir. Ancak bir süre sonra Batı Anadolu'da Osmanoğulları adında bir topluluk ansızın Anadolu'nun en büyük gücü olarak ortaya çıkar. Önceleri Karasi, Aydın, Saruhanoğulları ile mücadele eden, Roma Tekfurlukları ile savaşan Osmanlılar bir anda Anadolu'nun en büyük iki beyliğini (Karamanoğulları ve Germiyanoğulları) egemenlik altına alınca işler değişir. Yıldırım Bayezid, Karamanoğullarının başkenti Konya ve asıl başkentleri Karaman'a kadar girip, buradan Torosları aşıp Silifke ve Mersin'e kadar gidince Memlüklülerle sınır olur Osmanlılar. Yıldırım Bayezid dönemindeki bu hızlı büyüme, Osmanlıların yakın zamanda Memlükluleri yeneceği izlenimini uyandırır Anadolu'da. Memlüklülere bağlı her bir güç Osmanlılara ufak ufak yaklaşmanın yollarını arar.

Memlüklü'ye değil, Osmanlı'ya

Yıldırım Bayezid zamanında, Dulkadiroğullarının başında beşinci hükümdarları Nasıreddin Muhammed Bey vardır. Tahta geçtiği zaman, başına geçtiği Maraş topraklarına ait naiplik vazifesini kime onaylatacağı konusunda kararsız kalır. O güne kadarki bütün Dulkadir beyleri naipliklerini Memlüklülere onaylatmıştır. Ama Nasıreddin Bey 1399'da Osmanlı'ya başvurur. Çünkü ortada görünen bir köy vardır. Başkenti Bursa olmasına rağmen Mersin'e kadar sokulabilen, doğuda Erzincan'a kadar gelebilen bir Osmanlı vardır. Memlüklüler ise her geçen gün daha da zayıflamaktadır. Ancak kısa bir süre sonra Yıldırım Bayezid, Ankara Savaşı'nda

Yıldırım Bayezid'in cülus töreni

Timur'a yenilince Osmanlı'nın bölgedeki siyasi otoritesi durma noktasına gelir. Yıldırım Bayezid'in oğulları arasında başlayan ve tam 11 yıl sürecek olan taht kavgası bir anda Memlüklülerin iktidarını perçinler. Güneydoğu Anadolu'da Memlüklülerin gücü daha da artar.

Kozan Kale Kapısı'nın kemerinin sağ tarafı

Nasıreddin Muhammed Bey bu kez Memlüklülere yaklaşmaya çalışır. Böylelikle Osmanlı ile yakınlaşmasının Memlüklülerde meydana getirdiği problemleri çözmeyi de umar. O günlerde Memlük hükümdarı olan Sultan Çakmak'ı sıklıkla ziyaret eder ve bağlılığını bildirir. Bugün Adana Kozan Kalesi'nin giriş kapısındaki Memlük Sultanı Çakmak'a ait kitabeler, başkentleri Kahire olan bir topluluğun gücünü göstermesi bakımından ilginçtir. Yani başkenti Elbistan olup Maraş ve civarını yöneten Dulkadiroğulları ile bu büyük devlet dip dibedir. Tabir yerinde ise Memlüklülerin nefesi Dulkadir Beyi Nasıreddin Mehmed Bey'in ensesindedir.

Kozan Kale Kapısı'nın kemerinin sol tarafı

Kozan Kale Kapısı

İzdivaç En İyi Çözüm

Dulkadir Beyi Nasıreddin, büyük çabalar neticesinde Memlüklülerin güvenini kazanır, hatta Sultan Çakmak'ın kızı ile evlenerek akrabalık bağı kurar. Tabii ki Sultan Çakmak, kızını durup dururken vermez Dulkadirlilere. Bu son derece cevval ve çalışkan Türkmen beyliğinin yarın yeniden Osmanlılara ya da başka bir gücün peşine takılmaması için sultanını kendi ailesinden biri ile bağlar. Unutmayalım tarihte idareci ailelerde her şey siyaset çerçevesinde ilerler. Buna evlilikler de dahildir.

Fakat bir süre sonra aralarında sorunlar baş gösterir. Dulkadir Beyi Nasıreddin, topraklarına dönmek ister. Karısını ve yeni doğan çocuğunu alarak Elbistan'a yerleşmeyi arzu eder. Ancak kayınpeder Çakmak buna razı olmaz. Nasıreddin Bey memleketine gittikten sonra bir başka devletin peşine düşer ve Memlüklüleri karşısına alır endişesi ile bir karar alır.

Sultan Çakmak, Nasıreddin Mehmed Bey kendi topraklarına döneceği zaman, garanti sağlamak için çocuklarını Memlük topraklarında bırakmasını ister. Dilediği zaman gelip eşini ve çocuklarını görebilecek ama Dulkadir topraklarına eşi Mısır Hatun ile çocuklarını götüremeyecektir. Böylelikle Memlüklülere karşı herhangi bir hareketin içinde yer alamayacaktır. Nasıreddin Bey çaresiz, kayınpederinin bu isteğini yerine getirmek, eşini ve çocuklarını Memlüklü topraklarında bırakmak zorunda kalacaktır. Ancak Kahire Elbistan'a çok uzaktır. Eşini ve çocuklarını görmek için her defasında Kahire'ye kadar gitmek, hele ki bir devlet başkanı için hiç de kolay değildir. Bu sebeple eşinin daha yakın bir yerde ikametini rica eder. Bu yer hem Anadolu'ya yakın olmalı hem de muhafazalı bir bölge olmalıdır. Bir de kutsal olursa bu ayrılık için biraz teselli bulabilecekleri anlamına gelecektir. Aranan yer bulunur ve Memlüklülerin en çok yatırım yaptıkları şehir Kudüs'te karar kılınır. Memlük Sultanı Çakmak'ın kızı ve Nasıreddin Mehmed Bey'in eşi Mısır Hatun çocukları ile Kudüs'te ikamet edecektir.

Türkmen düğünü

Eşinin ve çocuklarının burada ikameti sebebi ile Nasıreddin Muhammed Bey sıklıkla Memlük topraklarına gelecek, bu vesile ile de Kudüs ziyaretlerinde bulunacaktır. Bu ziyaretler sırasında Mescid-i Aksa kutsal alanında bir okul yaptırma arzusu doğar. İnşaat başlar ama kendisinin beyliğin başkenti Elbistan'da bulunması gerektiği için bu inşaatı Sultan Çakmak'ın kızı, Dulkadir beyinin eşi Mısr Hatun takip eder.

Açık konuşmak gerekirse yıllar önce Mescid-i Aksa'nın en büyük medresesinin, yani Gadiriyye Medresesi'nin adını duyduğumda bu Kadir isminin Dulkadiroğullarından gelmiş olacağını tahmin edemezdim. Mescid-i Aksa'nın bilinen tek Dulkadir eseri olan Gadiriyye Medresesi'nin vakfiyesi de son derece ilgi çekicidir. Dulkadiroğulları bir Türkmen Beyliği'dir. Oğuzların Bozok koluna bağlı bu beyliğin hükümdarının, hemen birçok milletin unsurunu içinde barındıran Kudüs'te yaptırdığı medresede asli unsurlarını unutmamış olması takdire şayandır. Gadiriyye Medresesi'nin vakfiyesinde, kurum yöneticiliğinin sürekli olarak bir Türk tarafından yürütülmesi şartı koşulmuştur. İleriki yüzyıllarda burada vazife alacak kişilerin de özellikle Anadolu'dan getirilen Türk kökenli insanlardan seçilmesine dikkat edilmiştir.

Gadiriyye Medresesi 1960'lı yıllarda talihsiz bir çökme yaşamış, yapının ikinci katı büyük oranda yok olmuştur. Filistinliler yapı tamamen yıkılmasın diye ön cephesini tahkim etmiş, tamir edilemeyecek kadar kötü durumda olan bazı kısımlarını yenilemiştir. Üst kat da tamamlanmak istenmiş, ancak İsrail hükümeti buna izin vermemiştir. Bugün Gadiriyye Medresesi, üst katına ait örtü sistemi yaptırılmamış, oda ve sahınları elektrikli tellerle çevrilmiş ve Filistinlilerin müdahalesine kapatılmış vaziyette beklemektedir.

Bu medrese ile birlikte Mescid-i Aksa avlusunun kuzey cephesini tanımaya başlamış oluyoruz. Sıbtlar Kapısı'nın ardından gelen ilk eserimiz Gadiriyye Medresesi idi. Bu medresenin hemen yanında da Kerimiyye Medresesi bulunur.

*Gadiriye Medresesi'nde
eğitim hâlâ devam ediyor*

"Maraş kadısı Seyyid Ahmed'in arzı üzerine Kudüs'te bulunan Alauddevle Vakfı'na bağlı ve Maraş âlimlerine meşrut Gadiriyye Medresesi müderrislik ve mütevellilik görevinin Hacı Ahmed Efendi'nin ölümü üzerine Maraş'ta sakin ilim ve fazilet ile maruf, salah ve takva ile mevsuf otuz seneden fazla ilim neşri ve eğitimi ile vaktini geçiren Ceridzade Hasan Efendi'ye verilmesi."

18 Aralık 1770 / BOA, C.MF, 10/472

Kerimiyye Medresesi

Hıtta Kapısı'nın doğusunda, Evhadiyye Medresesi'nin karşısında bulunan Kerimiyye Medresesi bir Memlüklü eseridir. Sultan Muhammed Nasır döneminde; yani Memlüklü Devleti'nin her yerinde, özellikle de Kudüs'te imar faaliyetlerinin hızlandığı bu dönemde inşa edilmiş bir eğitim kurumudur.

Beytü'l-Makdis'in kuzey revakları boyunca içeride ve dışarıda birçok medrese ve zaviye inşa edilirken, Kerimiyye Medresesi'nin bulunduğu kısımda revak sırası görülmemektedir. Anlaşılan o ki medresenin boyutlarını büyütmek amacı ile bu kısımdaki revaklar iptal edilmiş ve kapladığı alan medreseye dahil edilmiştir.

Kerimiyye Medresesi, Hristiyan Kıpti asıllı olan Kerimiddin Abdülkerim tarafından 1319 yılında inşa ettirilmiştir. Onun bu farklı kimliği Memlüklülerin sadece Orta Asya'dan devşirilmiş Kıpçak Türkleri ve sonradan yönetimi ele geçiren Çerkezlerden oluşmadığını göstermektedir. Kerimiddin Abdülkerim yönetim merkezleri olan Mısır'ın Hristiyanlarına da kucak açmış ve onların eğitilmesi, İslamlaştırılması ve yönetime kazandırılma çabalarında da yer almıştır. Kerimiddin Abdülkerim'in farklı kimliğini bu ve benzer faaliyetlerinde de görebiliriz.

Kahire ve Kudüs başta olmak üzere birçok yerde son derece hayırsever bir zat olan Kerimiddin'e ait hayır eseri vardır. Sultan

Kerimiyye Medresesi, Gadiriyye ve Hıtta Kapısı arasındadır

Kudüs'te bir Kıpti manastırı

Nasır'ın hazine müfettişliğine kadar yükselmesine rağmen geçmişindeki Kıptilik, rakiplerinin onunla uğraşmasına sebep olmuştur. Memlük hükümdarı Muhammed Nasır'ın bile üç kez iktidara gelip ayrılmak zorunda kaldığı o çalkantılı günlerde Kerimiddin, ne yazık ki düşmanları tarafından tertip edilen bir suikast neticesinde ölmüştür.

Kudüs tılsımlı bir şehirdir. Farklı dinlerden, mezheplerden nice insan bu küçücük coğrafyada iç içe yaşamaya çalışmaktadır. Müslüman'ı, Hristiyan'ı, Musevi'si; Eyyübilerin, Memlüklülerin ve Osmanlıların hoşgörülü yönetiminde birbirlerini kırmadıkları gibi aynı yönetim altındaki mezhepler de kardeşçe yaşamayı bilmişlerdir. Filistin topraklarındaki Müslümanların çoğu Şafi'dir örneğin. Osmanlı yönetim sisteminde ise Hanefilik ağırlıktadır. Ancak bu fark hiçbir zaman toplum içinde bir ayrışmaya sebep olmamıştır. Anadolu'da bir tekke, Kâdirilik üzere kurulabilir, akabinde Bayramiliğe, Rufailiğe veya Şabaniliğe geçebilir. Bu durum kimseyi rahatsız etmez, aynı kural Kudüs'teki İslami müesseseler için de geçerlidir. Bu bölümün konusu olan Kerimiyye Medresesi uzun yıllar Şafi bir aile olan Kelkeşandilerin idaresinde kalmıştır. Sonraki yüzyıllarda Hanefi bir aile olan Cârallah Ailesi'ne geçmiş, medresenin hamiliğini bu kez onlar yapmıştır. Bugün bu ailenin devamı olan kişiler tarafından Kudüs'teki nice İslami vakıf yapısı gibi bu eser de özel mülk konumunda tutulmakta, konut olarak kullanılmaktadır.

Kerimiyye Medresesi'nin yanında bizi bu kez Mescid-i Aksa'ya ait bir başka kapı karşılar: Hıtta Kapısı. Kerimiyye ve Evhadiye Medreselerinin arasında kalan bu kapı o kadar özeldir ki ismi Kur'an-ı Kerim'de bile geçmektedir. Şimdi o kapıya yönelelim ve içeriden dışarı doğru inceleyelim.

İSRAİLOĞULLARININ KAYBETTİĞİ BİR SINAV DAHA
Hıtta (Günah) Kapısı

Mescid-i Aksa kutsal alanında gezerken uyanık olmak gerekir. Çünkü yerdeki taştan duvardaki ize, çatıdaki saçaktan, oradaki bir yapının ismine her şey sizi alıp yüzlerce, hatta binlerce yıl ötesine götürebilir. İşte şimdi anlatacağımız yer böyle bir yerdir. Beytü'l-Makdis'in kuzeydoğu köşesindeki Sıbtlar Kapısı'ndan sonra batıya doğru ilerlediğimizde önümüze gelen ilk kapının ismi bizi Hz. Davud dönemine götürür: Hıtta Kapısı, yani Babü'l-Heta.

Hz. Musa, kavmini Mısırlıların zulmünden kurtarıp Kızıldeniz'in karşısına geçirir geçirmesine ama acaba bu kavim vadedilmiş topraklara girmeye layık mıdır? Sina ve Ürdün çöllerinde başlar imtihan. Allah'ın gönderdiklerine sadakat gösterecekler mi, yoksa eski firavunların dini olan putlara tapmaya devam mı edecekler?

İlk sınavı Hz. Musa Sina Dağı'na çıktığında verecekler ve peygamberlerine oracıkta ihanet edip Eski Mısır Tanrısı Hator'a (inek-buzağı tanrı) dönüvereceklerdir. Çöl tevekkül gerektirir. Her gün bıldırcın eti ve kudret helvası gelse de... Ama olmuyor, evvelki bölümlerde de anlattığımız üzere isyanları, itaatsizlikleri devam ediyor.

Onca imtihan ve savaştan sonra Musa[as] kavmi artık Kudüs önlerindedir. Allahu Teala onlardan şehre girerken günahlarını

Hıtta Kapısı

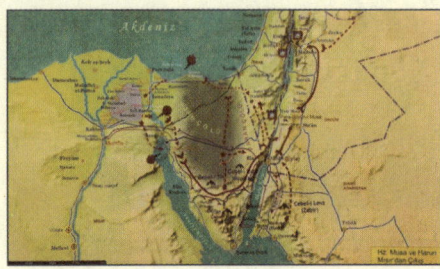

İsrailoğullarının Mısır sonrası güzergâhları

itiraf etmelerini ve tevbe ile içeriye girmelerini ister. Mabed Tepesi'ni gördüklerinde, "Het het" (Günah günah) diye haykırmaları ve arınma talebi ile girmeleri istenir. Ancak İsrailoğulları böyle yapmaz. Beytü'l-Makdis'i görür görmez "Hınta hınta" (Buğday buğday) diye bağırırlar. Yani günahlarını itiraf etmek, hataları ile yüzleşmek istemezler. Onların bu itaatsizliği, arkasından gazap getirir. Kavmin içinde salgın hastalıklar zuhur eder ve itaatsizliğe devam eden niceleri helak olur. İşte bu hadiselerin yaşandığı yer olması sebebi ile bu kapıya Babü'l-Heta denir. Tarihte meydana gelmiş bu ibretlik hadise elbette hem İsrailoğullarının hem de Allah'ın kulu nice insanın kulağına küpe olmuş olmalıdır ki İslam sonrasında bu kapı, içinden geçilirken daima tevbe edilen bir kapı haline gelmiştir. Hıtta Kapısı'ndan geçerken günahlarından af dileyenlerin affedileceğine inanılmıştır.

Tefsir âlimlerinin ekserisinin tasdiki ile Bakara Suresi'nin 58 ve 59. ayetlerinde bu kapıdan ve bu kapı civarında İsrailoğullarının başından geçen hadiselerden bahsedilmektedir.

Hıtta Kapısı'nın bugünkü hali Eyyübilerden kalmadır. Selahaddin Eyyübi'nin kardeşi ve daha sonra Eyyübi Sultanı olan Melik Adil Seyfeddin'in oğlu Melik Muazzam İsa tarafından tamir edilmiştir. Kapının dışa bakan yüzünde olması gereken tamir kitabesi bugün ne yazık ki mevcut değildir. Bugün mevcut olmayan kitabede şunlar yazıyordu:

"Bu kapı el-Melik el-Adil Seyfeddin Ebubekir oğlu Sultan el-Melik Muazzam Şeref el-Din İsa Hanedanlığı'nda 1220 yılının Recep ayında tamir edilmiştir."

Hıtta Kapısı'nın Aksa avlusuna bakan yüzü ve kapı sebili

Hıtta Kapısı'ndan Bey-
tü'l-Makdis'e girmeden önce
sağ ve solda iki medrese göz
kırpar. Bunlardan biri Ey-
yübi, diğeri Memlüklü'dür.
Sağda bulunan yapı aynı za-
manda zaviye hizmeti de ve-
rir Eyyübi şehzadelerinden
Emir Evhad'ın eseri olup

Hıtta Kapısı tabelası

kabri de içeridedir. Soldaki Kerimiyye Medresesi Memlüklü eseri
olup Memlüklü Sultanı Muhammed Nasır'ın hazine müfettişi
Kerimiddin Abdülkerim tarafından yaptırılmıştır.

Bu kapıya yakın bir noktada ismi bize çok tanıdık bir de
hankâh vardır. Kudüs'e gelen ve Mescid-i Aksa'ya yakın olmak
isteyenleri ağırlamak üzere inşa edilen bu konaklama yapısının
adı Mardinliler Hankâhı'dır. Bu eser Hıtta Kapısı'nın açıldı-
ğı yolun sonundadır. Bu hankâhı bu bölümde değil, Mescid-i
Aksa'nın bir sonraki kapısı olan Karanlık Kapı (Faysal Kapısı)
bahsinde anlatacağız. Çünkü devasa bir büyüklükte olan Artuklu
Hankâhı Hıtta Kapısı'nın çıkışından başlayıp Faysal Kapısı'nın
çıkışına kadar uzanmaktadır. Faysal Kapısı bahsi sonrasında bu
yapıyı anlatırken yine bu kapının tam karşısında bulunan Artuk
Bey'in kabrinden de bahsedeceğiz.

Şimdi sırada bu kapının diğer bitişiğinde olan Evhadiye Med-
resesi var. İşte karşımızda bir Eyyübi eseri!

Hıtta Kapısı'ndan çıkış

Not: Gündüzleri Aksa avlusunun hemen her
kapısı açıkken akşamları kuzey cephesinde
sadece Hıtta Kapısı açık bırakılmaktadır. Yani
gezinizde yatsı namazı için mescide geldiğinizde
çıkışta ancak bu kapıyı kullanmak zorunda
kalacağınızı unutmayınız. Üç dört günlük Kudüs
turuna gelen herkesin, her gece bir kez içinden
geçtiği bu kapının Kur'an'daki yerini bilmesi
ve kapının her iki yanındaki medreseleri görüp
bunun idrakinde olarak buradan ilerlemesi
önem arz etmektedir.

BİR EYYÛBİ ŞEHZADESİNİN SIRLANDIĞI MEKÂN
Evhâdiyye Medresesi

Mescid-i Aksa'da avluyu çeviren medrese binalarının yanı sıra, bu binaların ve revakların arkasında, ilk bakışta belli olmayan okul binaları da mevcuttur. Açıkçası Eyyûbiler, Memlüklüler ve Osmanlılar Beytü'l-Makdis kutsal alanını resmen bir eğitim merkezi, manevi bir rehabilitasyon alanı olarak görmüş ve bu şekilde dizayn etmişlerdir. Mescid-i Aksa'ya gelenlerin gözünden kendini saklayan eğitim kurumlarından biri de Evhâdiyye Medresesi'dir.

Haçlılar dönemine ait devşirme malzemelerin kullanıldığı Evhâdiyye Medresesi'nin kapısının her iki kenarındaki sütun başlıkları Haçlıların 1099-1187 Kudüs İşgali dönemine aittir. Karşılıklı bu iki yapının aynı zamanda zaviye olarak da kullanıldığı düşünülmektedir. Yani Kudüs'e gelen ve Mescid-i Aksa civarında konaklayan âlim, mutasavvıf, zahid gibi ilim erbabının konakladığı yerlerdir bu mekânlar. Genel anlamda kural şudur, Mescid-i Aksa arazisi içindeki yapılar, ibadet, inziva, halvet, eğitim maksadı ile kullanılırken, alanın hemen dışındaki binalar konaklama, barındırma, yedirme, himaye gibi amaçlara binaen inşa edilmiştir.

Eyyûbiler, Haçlılar sonrası Kudüs'ü yeniden ele geçirdiklerinde şehrin İslami yüzünü geliştirmek için ciddi gayret sarf etmiştir. Başta Selahaddin Eyyûbi olmak üzere onun ardılı hükümdar ve hükümdar aileleri bizzat kendi malvarlıklarından yatırımlarla buralara eserler bırakmışlardır. İşte bu medrese de bir Eyyûbi eseri olup banisi, Selahaddin

Hıtta Kapısı'ndan girerken sağdaki yapı Evhâdiyye Zaviyesi'dir

Eyyübi'nin kardeşi Melik Adil Seyfeddin'in oğlu Melik Muazzam İsa'nın torunlarından Melik el-Evhad'dır.

Aynen büyük amcası Selahaddin Eyyübi gibi askerlik, idarecilik gibi hasletlerinin yanında âlim bir kişi olan (hadis âlimi) bu zat son derece hayırseverdir. Kudüs ve civarındaki nice hayır kurumunu desteklemiş, onların temadisini sağlamıştır. Nice Müslüman'ın arzu edeceği şekilde, bu kutsal alanın bir köşesine kıvrılmak, onun da arzusudur. Hayatta iken yaptırdığı bu medreseye defnedilmek istemiş, arzusu vefatı sonrasında yerine getirilmiştir. Halihazırda bu medresenin alt katında medfundur. Her gece yüzlerce insan Mescid-i Aksa'da yatsı namazının akabinde açık bırakılan tek kapı olan Hıtta'dan geçerken onun da kabrinin önünden geçmektedir.

Evhadiyye Medresesi'nin kapı süslemeleri

Evhadiyye Zaviyesi'nin ana kapısı

*Geometrik formda
duvar süslemeleri*

Evhadiyye Medresesi'nin Aksa'ya bakan cephesi

Duvardaki Gizli Kabir

Hıtta Kapısı'ndan girerken sağınızdaki süslü kenar sütunlarına sahip kapı Evhâdiyye Zaviyesi'nin kapısıdır. Birkaç adım sonra zaviyenin ikinci penceresi gelir. Bu pencerenin az ilerisinde kapının iyiden iyiye içinde kalmış üçüncü penceresi görülür. Ne yazık ki içi taşlar ile örülmüş olan bu pencere aslında Emir Evhad'ın türbesine açılan hacet, yani dua penceresidir.

Bu kitabı hazırlarken Emir Evhad'ın kabrini görmek için nasıl çırpındığımı tahmin edemezsiniz! Nihayetinde gerekli izinler alındıktan sonra iyi niyetli bir yetkilinin gözetiminde bu örülü pencerenin açıldığı odaya avlu tarafından girmek nasip oldu. O

Zaviye bugün okul olarak hizmet veriyor

gün okullar açıktı. Mescid-i Aksa av-
lusundaki Memlüklü ve Eyyübi yapı-
ları günümüzde okul olarak kullanıl-
dığı için çocuklar bu tarihî binalarda
eğitimlerine devam ediyorlardı.

Ders zili çalmış, çocuklar sınıflarına
na girmişti. Önüme düşen yetkilinin
arkasından Hıtta Kapısı'nın solun-
daki sınıfa girdik. Öğrenciler ders
işliyorlardı. Genç bir Filistinli bayan
öğretmen içeri girmemiz ile birlikte
derse ara verdi. Pırıl pırıl çocuklar he-
yecanla bana bakıyordu. Türkiye'den
gelen bu zat, elinde fotoğraf makine-
siyle derslerini neden bölmüştü aca-
ba? Açıkçası ben de şaşırmıştım. Bu
küçücük hücrede en az 30 öğrenci üst
üste ders dinlemeye çalışıyordu. Bu
minik hücrenin neresinde kabir ola-
bilirdi ki? Yoksa buradan başka bir ya-
pıya mı geçecektik? Sınıfa giren mü-
dür bey en arka sırada oturan çocuk-
lardan kalkmalarını istedi. Çocuklar
kalktıktan sonra oturdukları sırayı
kenara çekti. Sınıfın arkasında yarım
metrelik bir boşluk oluşmuştu. Du-
vara dayalı sıranın çekilmesi ile arka
duvara gömülü iki sütun ortaya çıktı.
Evet, haftalardır görmeye çalıştığım,
onlarca insana yerini sorduğum zat
işte tam karşımda yatıyordu! Selahad-
din Eyyübi'nin âlim torunu, Aksa'ya
yürekten emek vermiş evladı Emir
Evhad'in kabri tam önümüzdeydi!

*Hıtta Kapısı'na bakan, ancak
günümüzde taşlarla örülmüş
türbe hacet penceresi*

*Sınıfın arkasına sonradan
örülen duvar ve Emir Evhad'ın
sandukasından görünen bir
parça*

AKKA FATİHİ'NİN ÖĞRETMEN EVİ
Devâdariyye Hankâhı

Mescid-i Aksa kutsal alanını çeviren Memlüklü medreselerinden biri de Akka Fatihi Emir Sancar et-Türki ed-Devâdar'a aittir. Eyyübiler döneminde devşirilen Emir Sancar, Memlüklüler döneminde beş hükümdara hizmet etmiştir. Eyyübiler döneminin sonlarında ciddi kaoslar yaşanmıştır. Moğolların ilerleyişi, Eyyübilerin üç yönetim birimine ayrılması, Kahire'deki hakim gücün etkisini yitirmesi gibi nedenlerden dolayı Emir Sancar Kahire'de eğitim almaktadır. Zaruretler ortaya yeni bir devlet çıkarmış, Emir Sancar; İzzeddin Aybek, Seyfeddin Kutuz, Rükneddin Baybars, Berke ve Kalavun dönemlerinde devletin bu ilk yöneticilerine destek olmuştur.

Selahaddin Eyyübi'nin 1187'de Kudüs'ü fethinden sonra Haçlıların Ortadoğu hakimiyeti zayıflamaya başlamıştır. Ancak Avrupa'nın desteklediği bu güçlü şövalye hiyerarşisini bir anda kırmak mümkün olamamıştır. Selahaddin Eyyübi Hıttin Savaşı'nda şövalyelerin belini kırmış olsa da arkasından gelen III. Haçlı Seferi'nde bizzat Avrupa krallarının yönettiği ordularla karşılaşmak zorunda kalmıştır.

Selahaddin Eyyubi Kudüs sonrasında Akka'yı da ele geçirmiş, ama İngiltere Kralı Rişar, Akka'yı uzun bir kuşatma neticesinde geri almıştır. Orduları o kadar devasadır ki Selahaddin Eyyübi'nin kuvvetleri bu kuşatma sırasında içerideki 2000 civarındaki askere yiyecek yardımı için ancak bir koridor açabilmektedir. Akka'yı ele geçiren ve Eyyübilerin gücünün çok üstünde isteklerde bulunan

Devâdariyye Hankâhı

Haçlılar, Selahaddin bu talepleri karşılayamayınca İslam ordusunun gözü önünde bu 2000 askeri tek tek şehit etmiştir. Aslan Yürekli lakabını hak etmeyen İngiliz kralı zalim adamın yaptıkları karşısında, Akka mı daha kıymetli, yoksa bu 2000 civan delikanlı mı denecek bir sahne vardır ortada. Kudüs Selahaddin'den

Rişar'ın Akka Kuşatması

sonra birkaç kez Müslümanların elinden çıksa da bu hep kısa süreli olmuş, ancak Akka uzun yıllar ele geçirilememiştir.

Bir Türlü Düşmeyen Haçlı Kalesi

Memlüklüler döneminde de bölgedeki Haçlı kalıntılarıyla amansız mücadele devam etmiştir. Haçlıların en önemli kaleleri hâlâ Akka'dır. Burayı düşürmek Haçlıları bertaraf etmek anlamına gelecektir. O günlerde Memlüklüler son derece güçlüdür. Eyyübilerden sonra yönetimi devralan bu kölelikten gelme hükümdarlar toplumun en kabiliyetlilerinden seçildikleri ve müthiş bir eğitim aldıkları için askerî ve idari kabiliyetleri de çok üstündür. Baybars döneminde Moğolların beli iki kez kırılmış, Ortadoğu'daki keşmekeşe son verilmiştir. İslam halifeliği yeniden ayağa kaldırılmış, dört bir yanda sanat eserleri inşası başlamıştır. Dönem, Baybars'ın yerine geçen ve kabiliyet bakımından zirveyi zorlayan Mansur Kalavun dönemidir. Ortadoğu'da onları zorlayan Haçlı kalıntıları ile birtakım Ermeni unsurları kalmıştır.

1291 yılında Emir Sancar'ın kumanda ettiği bir Memlüklü ordusu Akka'ya doğru hareket eder. Bu önemli liman şehrini almanın zamanıdır artık. Zira Akka, İstanbul ve İskenderiye'den sonra o günlerin dünyasının en büyük üçüncü ticaret limanına sahiptir. Akka şövalyeleri yıllarca, başta Moğollar olmak üzere İslamiyet ve Müslümanlar ile kim savaşıyorsa onların yanında olmuştur. Son ittifaklarını İslam halifeliğini yok eden Hülagu'nun oğlu Abaka ile yapmışlardır. Ancak şimdi onların arkasını kollayacak kimse kalmamıştır. Avrupa da kendi dertleri ile meşguldür. Akka'yı ele geçirmenin zamanı gelmiştir. Emir Sancar et-Türki ed-Devâdar çok fazla uğraşmadan Akka'yı almayı başarır. Eyyübilerin 2000 şehidi başta olmak üzere iki asırlık fitneler neticesinde dökülen on binlerce Müslüman'ın kanı yerde kalmamıştır.

O günlerde Moğollar hâlâ Anadolu'ya hakim, büyük bir güç olarak durmaktadır. Anadolu Selçuklularını vergiye bağlamış, aralarından seçtikleri iki ayrı Selçuklu hükümdarını birbiriyle çarptırarak hakim güç olma durumlarını devam ettirmişlerdir. Tabii ki zulüm dalgaları Anadolu üzerinden eksik olmaz. Moğolların zulmünden kaçan binlerce muhacir, Memlüklü Sultanı Adil Kitbuğa'nın gözünden kaçmaz. Adil Kitbuğa onuncu Memlük Sultanı olup aslen Moğol kökenlidir. Moğollar ile yapılan savaşlarda esir edilmiş, Kahire'de yetiştirilmiş ve üstün kabiliyeti fark edilince azad edilerek idari vazifelere getirilmiştir. Yönetici Memlüklüler, Kıpçak Türklerinden oluşmasına rağmen Müslüman olmuş, yetenekli bir Moğol gencinin önünün açılması Türklerin ne kadar hoşgörülü bir yönetim sergilediklerini ibretle göstermektedir.

Aşılması zor Akka surları

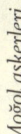

Moğol askerleri

O günlerde Ortadoğu'ya doğru gerçekleşen ve binlerce insandan oluşan bu göç hareketi Adil Kitboğa'nın korumacı tavırlarıyla güvenli bir zemine oturtulmuştur. İşin ilginç yanı göç edenlerin çoğu Moğol asıllıdır. Memlük topraklarına göç eden bu Moğol asıllı toplulukların düzenli bir şekilde yerleştirilmesi vazifesi Emir Sancar et-Türki'ye verilmiştir. Başta Yafa ve Hayfa olmak üzere Kahire'ye kadar güvenli bir şekilde dağıtılan bu insanlar, eğitim görecek şekilde istihdam edilmiş, çoğu kısa sürede Müslüman olmuş ve yerleştirildikleri toplumlarla kaynaşmışlardır.

Bu bölgedeki imar faaliyetlerini yöneten Sancar ed-Devâdar, aynı günlerde Kudüs'e bir hankâh ile bir medrese yaptırmıştır. Memlüklülerde Devâdar, dertlere deva olan kişi anlamına da gelen sivil toplumun başındaki zat anlamındadır.

Tarihler 1299'u gösterdiğinde Moğollar, kendilerine yenilgiyi tattıran tek devlet olan Memlüklülere karşı son bir sefer planlamış, ancak karşılarında Muhammed Nasır'ın ordularını bulmuş ve yine hüsranla geri çekilmek zorunda kalmışlardır. O gün Emir Sancar 70 yaşının üzerinde bir ihtiyar delikanlı olarak bu sefere bizzat öncülük etmiştir. Sefer dönüşünden kısa bir süre sonra da vefat etmiştir.

Akka mücadelesi

BİR YETİM, YETİMLER OKULU YAPTIRIRSA!
Bâsıtiyye Medresesi

Devâdariyye Medresesi'nin üst katında bulunan, uzaktan tek bir yapı gibi görülse de farklı zamanlarda inşa edilen ikinci bina Bâsıtiyye Medresesi'dir. Yine bir Memlüklü eseri olsa da farklı bir tarafı vardır. Bu eserin banisi Abdülbâsit, Memlüklülerin ilk dönemi olan Kıpçaklardan değil, ikinci dönemin Çerkez Memlüklülerindendir. Memlüklüler Eyyübiler eliyle devşirildiklerinde bir kısmı Nil Nehri'nin ortasındaki bir adada eğitime tâbi tutulmuştur. Burada eğitim görenlere, Nil Nehri'nin deniz gibi engin olması dolayısıyla Bahrî (Deniz) Memlüklüler adı verilmiştir. Sultan Berkuk ile başlayan ve kalelerde eğitim alan Memlüklülere ise Burcî Memlüklüler denilmiştir. Kitabımıza konu olan Aksa medreselerinden Bâsıtiyye'nin kurucusu Abdülbâsit de işte bu Burcî Memlüklülerden biridir.

Memlüklü Devleti'nin hükümdarı Melik Müeyyed öldüğünde yerine bıraktığı oğlu Ahmed daha kundakta idi. Bu bebek sultana naiblik yapmakta olan Seyfeddin Tartar bu kadar küçük bir sultan ile işlerin idare edilemeyeceğini görmüş ve idare heyeti ile yaptığı istişarede Tatar'ın hükümdar ilan edilmesi kararı alınmıştır. Vefat eden Melik Müeyyed'in karısı ile izdivaç eden Seyfeddin Tartar Burcî Memlüklülerin hükümdarı olur. İşte o günlerde

Bâsıtiyye Medresesi

Kahire'de bulunan Emir Abdülbâsit ordu müfettişliği yapmaktadır.

Bir sonraki Memlük Sultanı Barsbay ölürken oğlunun naibliğini Zahir Çakmak'a vermişti. Ancak çok genç yaşta olan Yusuf, devleti yönetemeyeceği için Zahir Çakmak'ın hükümdarlığı ilan edildi. Timurlular ile son derece iyi ilişkiler kuran Çakmak, Anadolu beyliklerini de yakın takibe almıştı. Karamanoğullarına karşı Dulkadiroğullarını destekliyordu. O günlerde Dulkadiroğullarının başında Süleyman Bey vardı. Beylik zor bir dönemden geçiyordu. Çünkü bir tarafta Sultan Çakmak ve orduları Adana Kozan'da at koşturuyor, diğer tarafta Sultan II. Murad Karamanoğullarının elinden Kayseri'yi alabiliyordu. O da her iki devlet ile iyi geçinme yoluna giderek kızlarını Memlüklü ve Osmanlı şehzadeleri ile evlendirecekti. Kızlarından biri II. Murad'ın oğlu Fatih ile evlendirilirken diğer kızı Kahire'ye gelin gönderildi.

Aynı dönemde kitabımıza konu olan Bâsıtiyye Medresesi'nin bânisi Abdülbâsit de Memlüklü yönetiminde son derece yüksek mevkilere gelmiş ve Sultan Çakmak'ın yanında özel bir yere sahip olmuştu. Hatta bu yakınlık o kadar ileri dereceye varmıştı ki Emir Abdülbâsit, kızı ile Sultan Çakmak'ı evlendirmiştir.

Mescid-i Aksa avlusundaki Bâsıtiyye Medresesi'nin en dikkat çeken yanlarından biri yetimlere gösterilen ihtimamdır. Bu eğitim kurumunu yaptıran Abdülbâsit küçük yaşta yetim kalmıştır. Bu nedenle okulunu, özellikle yetimlerin okuması için vakfetmiştir. Vakfiyesinde yetim vurgusu yapılmış ve ileride yetim olmayan çocukların istihdamı söz konusu olsa dahi en az on yetim çocuğun, medresede daimi olarak barındırılması kuralı getirilmiştir.

Devâdariyye Hankâhı ve üzerindeki Bâsıtiyye Medresesi'nin nihayete erdiği noktada bizi Mescid-i Aksa avlusundan dışarı taşıyacak yeni bir kapı ile karşılaşırız. Devâdariyye Hankâhı'na bitişik olması ve Sancar et-Türki ed-Devâdar tarafından yaptırılması sebebiyle Devâdar Kapısı, karanlık bir kemere açılması sebebi ile Atm ya da Karanlık Kapı, 1930'larda Melik Faysal bu kapıdan geçtiği için Faysal Kapısı olarak adlandırılan bu ilginç kapıyı dikkatlice incelemek gerekir. Çünkü bu kapıdan dışarı adım attığımızda Artuk Bey'in kabri ile ribatı karşılayacak bizi.

Emir Sancar Devâdar Kapısı
Nasıl Faysal Kapısı Oldu?

Beytü'l-Makdis'te kutsal alanı çeviren kuzey revakları üzerinde Devâdar Hankâhı'nın altından geçen bu kapı farklı isimler ile anılır. Bilinen en eski ismi karanlık anlamına gelen Atm Kapısı'dır. Altında bulunduğu hankâhın bânisinin ismi ile Devâdar Kapısı olarak da anılmıştır. Faysal isminin hikâyesine gelirsek... Şerif Hüseyin'in iki oğlu Faysal ve Abdullah, Osmanlı'yı arkadan vurmalarının mükafatı olarak İngilizler tarafından cetvelle çizilmiş toprak parçalarına kral tayin edilirler. Abdullah Ürdün, Faysal Irak kralı olur. 1930'da Irak Kralı Faysal, kardeşi Abdullah'ı ziyarete Ürdün'e gelmiş, o günlerde İngiliz kontrolünde olsa da rahatlıkla gelebildiği Kudüs'te Mescid-i Aksa'ya girmek için Atm Kapısı'nı kullanmıştır.

İşte bu hadisenin hatırasına bugün bu kapıya Kral Faysal Kapısı da denmektedir. Devasa bir bina yaptırarak binaya ve binanın altındaki kapıya adını veren Emir Sancar ed-Devâdar'ın ismini değiştirip, bu kapıdan sadece bir kez geçmiş bir başka kişinin adını vermek, bu topraklara hizmet etmiş Memlük Türklerinin adını hem mekânlardan hem de zihinlerden silmek isteyen İngiliz politikasını apaçık bir şekilde gözler önüne sermektedir.

Devâdar (Faysal) Kapısı

Orijinalinde üç kemerli ve üç gözlü olan bu kapı, Memlüklülerin Kudüs yöneticilerinden Devâdar tarafından buraya bir hankâh yapılırken küçültülmüş, sağ ve soldaki kapıları kapatılarak hankâha dahil edilmiştir.

Mescid-i Aksa avlusunda bulunan Devâdar Kapısı'nı (Melik Faysal) incelemek için kapıdan dışarı süzülüp, Devâdariyye Hankâhı'nın altından geçtiğimizin farkında olarak kemerin içinde ilerliyoruz. Gerçekten de Karanlık Kapı dendiği kadar var; son derece loş ve uzun bir kemerin altından geçiyoruz. Bu kemerin bitiminde sağ tarafta Muzafferiye Medresesi bulunur. Onun da devamında Faysal Kapısı'nın uzun kemerleri biter ve yolumuz Via Dolorosa (Çile Yolu) ile kesişir. Buradan sola dönersek bu yol bizi hem Çile Yolu'nun diğer duraklarına götürür hem de eski şehrin son derece otantik çarşıları ile karşılaşırız. Tabii en önemli detayı atlamamak gerekir. Faysal Kapısı'nın bittiği, Çile Yolu ile kesiştiği noktada tam karşımızda bir pencere vardır. İşte bu pencerenin içinde Büyük Selçuklu'nun Kudüs Muhafızı Artuk Bey medfundur. Kitabımızın ilerleyen sayfalarında bu zattan bahsedeceğiz.

Faysal'ım buradan geçtiğini anlatan kitabe

ARTUK BEY KUDÜS'TE Mİ YATIYORMUŞ?
Artuk Bey Kabri ve Mardinliler Hankâhı

İlk okuduğunuzda siz de şaşırdınız değil mi? Artuk Bey! Hani şu Anadolu beyliklerinden Artukluları kuran zat. Başkentleri Mardin değil miydi? Mardin neresi, Kudüs neresi! Ayrıca Artuk Bey'in eşi Raziye Hatun Mardin'de Hatuniyye Medresesi'nde yatmıyor mu? Evet, üstelik oğlu Kutbeddin İlgazi de yanında! Karısı ile oğlu Mardin'de medfun iken Artuk Bey'in Kudüs'te ne işi var?

Ortadoğu'daki Türkmen varlığının sebeplerini kavrayabilmek amacı ile baştan başlayalım ve Dandanakan Savaşı'nın hemen sonrasına gidelim. İsfahan'dayız, Tuğrul Bey artık Büyük Selçuklu Devleti'nin başında bulunuyor ve iki hedefi var: Doğu Roma ve Fatımiler. Bu arada Abbasi Halifesi Kaim Biemrillah da Fatımilerle işbirliği yapan Şii Büveyhilerden dolayı büyük sıkıntı içinde ve Tuğrul Bey'i hararetle Bağdat'a davet ediyor. Gerçekten de Tuğrul Bey, ordusu ile Bağdat'a geliyor, hatta halifenin kızı ile evleniyor.

Şimdi gelelim Alparslan dönemine. Sultan Alparslan, amcasının politikalarını aynen devam ettirdi ve 1071 Malazgirt Meydan Muharebesi ile Doğu Roma'nın belini kırdı. Artık ikinci düşmanla ilgilenebilir, Fatımilerin üzerine yürüyebilirdi. Ancak 1072'deki talihsiz ölümü, Alparslan'ın Fatımi Seferi'ni başlamadan bitirdi. Yerine geçen oğlu Sultan Melikşah ise Filistin ve Suriye meselesini çözmek için Atsız adında bir Türkmen beyini görevlendirdi.

Büyük Selçuklu ailesi

Türkmen Göçü ve Kudüs'ün Türkler Tarafından Fethi

Alparslan'ın Romanos Diogenes'i karşılamak üzere Azerbaycan'a çekildiği günlerde Suriye topraklarına büyük bir Türkmen akını gerçekleşti. Bunlar Selçuk Bey'in oğlu Aslan Yabgu'ya bağlı Türkmenlerdi. Başlarında da Atsız, Kızıl ve Şöklü gibi beyler bulunuyordu.

Türkmenler

Kudüs'e bir saat uzaklıktaki Ramle'ye yerleşen ve burayı kısa sürede bir kültür ve sanat şehrine dönüştüren Türkmenlerin yeni hedefi Kudüs'tü. Atsız Bey önderliğinde kuşatılan şehir kolayca ele geçirildi. Fatımilerin Kudüs valisi Türk kökenli idi ve eman verilmesi halinde şehri teslim edeceğini bildirdi. Selçuklular hiç kan dökmeden bu mukaddes şehre girdiler. Tarihler 1073'ü gösteriyordu. İlk cuma namazında Sultan Melikşah ve Abbasi Halifesi adına Sünni usulde hutbe okundu. Türklerin Kudüs hakimiyeti böylelikle başlamış oldu, Filistin'de Büyük Selçuklulara bağlı vassal bir Türkmen Devleti kurulmuştu ve bu devletin başkenti Kudüs'tü.

Ancak çok geçmeden işler karıştı; yaşanan talihsizlikler, ihanetler ve kardeş kavgaları sonucu harita yine değişmişti. Kudüs dahil birçok şehir yeniden Fatımilere bağlandığını ilan etti. Atsız Bey, durumu toparlayıp Kudüs'ü yeniden ele geçirdi ama Melikşah'ın kardeşi Tutuş'un şahsi ihtirasları neticesinde öldürüldü.

Artuk Bey Geliyor

Tutuş'un Atsız Bey'i öldürmesi, yanındaki Türkmen beylerini ürkütmüştü. Aynı akıbetin kendi başlarına gelmesinden

Aralarında Artuk Bey'in kabrinin de bulunduğu Türkmen mezarları

çekinerek Tutuş'u bir bir terk ettiler. Şam ve Kudüs itaat altına alınmıştı ama durum yeterince kuvvetli değildi. Bu kritik bölgede Kudüs'ün hamiliğini yapacak kuvvetli bir beye ihtiyaç vardı. Bölgeye en yakın büyük güç Artuklulardı. Malazgirt sonrası Anadolu'nun fethi için görevlendirilen ünlü komutanlardan biriydi Artuk Bey. Mardin merkezli, Hasankeyf, Urfa, Meyyafarikin ve Harput bölgesindeki hakimiyetini günden güne pekiştiriyordu. Ancak Kudüs'ün Fatımi işgaline açık olması sebebiyle, Artuk Bey, Sultan Melikşah'ın onayı ile beyliğini eşinin ve oğullarının idaresine bırakarak Kudüs'e geldi; bölgedeki Selçuklu egemenliğini pekiştirecek, ayrıca Melikşah'ın kardeşi Tutuş'u fevri hareketlerden sakındıracaktı.

Melikşah'ın Hasan Sabbah'ın suikastçıları tarafından şehit edilmesinden sonra Tutuş bu kez Büyük Selçuklu'ya kafa tutacak, orduları ile Rey yakınlarına kadar gelecek, ancak savaşı kaybedip öldürülecekti. Bu sıkıntı ve fitne günlerinde Artuk Bey Kudüs'ü muhafaza etti, ülkenin iç savaşa sürüklenmesine rağmen bu mukaddes şehre kin ve ateşin sıçramasını engelledi. 1091 yılındaki vefatına kadar da son derece kıymetli bu vazifesini yerine getirmeye, Kudüs'ü beklemeye devam etti.

Artuk Bey türbe hacet penceresinden Mardinliler Hankâhı manzarası

Kudüs'te Artukluların İzinde Mardinliler Hankâhı

Uzun zamandır kafamı kurcalayan bir konu idi Artuk Bey'in kabri. Sadece Artuk Bey değil, Altınordu Hükümdarı Berke Han, Sultan Baybars'ın Hanımı Türkan Hatun, Memlüklü Melikesi Tunşuk Hatun, bir başka Memlüklü Hanımı Aymelek Hatun ve diğerleri... Tüm bu zevat son bir asırda unutulmuştu. Hem Kudüs'te yaşayanlar hem de bizim gibi uzak coğrafyalarda olanlar unutmuştu onları. Şükürler olsun, zor da olsa kabirlerini tek tek tespit etmek ve fotoğraflamak nasip oldu.

Artuk Bey'in kabrini ararken karşıma ilk çıkan şey Mardinliler hankâhı olmuştu. Kudüs'te, Mescid-i Aksa'nın bitişiğinde Mardin adını taşıyan bir hankâh. Hem de öyle basit küçük bir yapı değil, devasa boyutlarda bir hankâh. Memlük Sultanı Kalavun'un ribatı ile yarışacak kadar büyük. Mescid-i Aksa avlusundaki hemen bütün medrese binalarından daha geniş ve yüksek bir yapı. Bânisi sıradan biri olamaz demiştim. Bu eseri yapan kişi şehrin yöneticisi olmalıydı. Sonra şehrin daha sonraki yöneticilerinin eserlerine baktım, onlara nazaran bu eser çok daha görkemliydi. Bir şehir valisinden çok daha güçlü olmalıydı bu zat.

Ancak bir sultan ya da sultan kadar yetkili biri. Bütün adresler Artuk Bey'i gösteriyordu. Birinci dönem Anadolu beyliklerinin en zengini idi Artuklular. Ticaret yolları onların ülkesinden geçiyordu. Kara ve su taşımacılığı had safhada ileri idi. Müthiş bir vergi ağları vardı. Toprakları son derece verimli idi. Bir dönem dünyanın gözbebeği olan ilim ve sanat merkezleri onların yönetimindeydi. Binlerce âlim çıkaran Cizre, dünyanın en prestijli üniversitesinin bulunduğu Harran, ticaretin kalbinin attığı Meyyafarikin (Silvan), Hasankeyf, Urfa ve tabii ki Mardin. Artuk Bey son derece zengin bir adamdı. Şanına yakışanı yapmış ve Kudüs'e bu muhteşem eseri ile damgasını vurmuştu.

Hankâhını bulduğumda ilk düşündüğüm şeylerden biri, Artuk Bey'in kendi eserinin yanında medfun olmayı arzu edeceği düşüncesi idi. Bizde binlerce örneği vardır bu durumun. Bizim anlayışımızda bir insan başkaları için yaşar, eser verir ve sonra da bu eserin gölgesinde defnedilmek isterdi. Artuk Bey de aynısını yapmış olabilirdi. Artuk Bey bizi şaşırtmadı. Aslında buraya sadece bir hankâh değil, tam karşı cepheye bir de medrese yaptırmış, bu eğitim kurumunun bahçesinde sırlanmak istemişti. Üzücü olan, bu ikinci binanın günümüze ulaşamamış olması, bu küçük hazirenin de sonradan kondurulan binalar ile gözlerden saklanmış olmasıdır.

Araştırmalarımız sadece bu eserle sınırlı kalmadı. Kudüs'te Artukluların izini sürerken Kudüs İslam Müzesi'ne Halil Ulucamii'nden getirilmiş bir mum ayağı fark ettik. Bu muhteşem eser ilginç bir şekilde Mardin'den getirilmişti. Üzerindeki yazılara bakarsanız Artuk Bey'in oğlu Kutbettin İlgazi'nin oğlu Artuk Arslan'a aitti. Demek ki Artuk Bey'in Kudüs muhafızlığı döneminde Artuklu Ailesi de sıklıkla bu şehre geliyor ve yanlarında Anadolu'dan hediyeler getiriyorlardı.

Çeşme aynasında Osmanlıca ve Arapça iki kitabe

NAMAZGÂH ÇEŞME İLE BULUŞTU
Karanlık Kapı Sebili

Kafesli, içinde insanların hizmet ettiği, yazın soğuk, kışın ılık şerbet dağıtılan hayır mekânlarına sebil denir. Sadece kurnası olan ve su akıtan yapılara da çeşme… Ancak çoğu yerde düşülen hataya bu topraklarda da düşülmüş ve çeşmelere de sebil denmiştir. Bu söyleme göre Beytü'l-Makdis'in en gösterişli sebili (çeşmesi) tabii ki yine Kanuni Sultan Süleyman'a aittir. Kanuni'nin

*Eminiyye Medresesi'nden
kuşbakışı manzara*

Kudüs şehri içinde on civarında çeşmesi vardır. Eski şehri gezerken sıklıkla karşımıza çıkar bu muhteşem hayratlar. Ancak Sultan Süleyman'ın kutsal alan içinde bir çeşmesi vardır ki görkemiyle dillere destandır. Birkaç ismi vardır bu anıtsal çeşmenin. Atm (Karanlık) Kapı'nın önünde bulunduğu için Sebilü Babü'l-Atm ya da Karanlık Kapı Sebili denir. Bu kapının bir diğer adı Devâdariyye olduğu ve Devâdariyye Hankâhı'nın altında bulunduğu için Devâdariyye Sebili olarak da adlandırılır. Sultan Süleyman Sebili dendiği gibi hemen yakınında II. Mahmud tarafından yaptırılan Uşşak Kubbesi dolayısıyla Kubbetü'l-Uşşak Sebili olarak da anılır.

Kanuni Sultan Süleyman

Sultan Süleyman'ın Kudüs'teki en büyük çeşmesi olan bu eser, 1537 yılında inşa edilmiş olup zikzaklı bir kemer yapısına sahiptir. Kemerin içi mukarnaslarla doldurulmuştur.

Karanlık Kapı Sebili

Çeşme sırtındaki namazgâh

Çeşme iç aynasında iki kitabe bulunmaktadır. Bunlardan küçük boyutlu üstteki kitabe Osmanlıcadır. İki satırlık kitabe siliktir. Anlaşıldığı kadarı ile tarih düşürülerek bir şiir yazılmıştır. Alttaki üç satırlık kitabe Arapça olup şöyle yazmaktadır:

"Bu mübarek sebilin inşasını Nebi'nin[(sas)] Hicret'inin 943'üncü senesinde aylardan Şabanü'l-muazzam ayının başları tarihinde Efendimiz, Büyük Mülk Sultanı, Mükerrem Hakan, Rum'un ve Arab'ın ve Acem'in Sultanı Sultan Selim Han oğlu Sultan Süleyman emretmiştir. Allah mülkünü ve saltanatını daim eylesin. Muhammed'e ve âlinin hepsine selam olsun."

Mescid-i Aksa avlusu içindeki Sultan Süleyman Çeşmesi'ni farklı kılan en önemli özellik, yapının tam arkasında bir de namazgâhının olmasıdır. Çeşmenin arka yüzünde kesme taştan örülme bir namazgâh yükseltisi olup, bu namaz sahnı arkadan çeşmeyle bitişmektedir. Çeşmenin bu sahna bakan yüzünde bir mihrap nişi bulunmaktadır. Bu namazgâh mihrabının üzerinde de bir kitabe vardır. Bu kitabede ise şöyle yazmaktadır:

Namazgâh mihrabındaki kitabe

"Sultan Selim Han'ın oğlu Efendimiz Sultan Süleyman'ın sultanlığında bu mübarek mihrap yenilenmiştir. Allah idaresini desteklesin."

Bu kitabedeki "yenilenmiştir" ifadesinden bu çeşme yapılmadan önce burada bir namazgâhın var olduğu, mihrap taşının kaldırılarak, namazgâha bitişik inşa edilen çeşmenin sırtına bir mihrap nişi açıldığı anlaşılmaktadır. 1997 yılında çeşmenin etrafı U şeklinde bir duvar ve taş taburelerle çevrilerek bir abdesthane inşa edilmiştir.

Sultan Süleyman'ın Karanlık Kapı Sebili'nin yani çeşmesinin hemen yanında baldaken formda, yani dört ayak üzerinde yükselen bir kubbeden oluşan çadır formunda bir yapıyla karşılaşırız. Bu kubbe II. Mahmud'un eseri olan Sultan Mahmud Kubbesi'dir.

II. MAHMUD DA AKSA'DA
Sultan Mahmud Kubbesi

Son dönem Osmanlı padişahlarının mukaddes topraklarda bir hayli inşa ve tamir faaliyeti söz konusudur. Özellikle II. Mahmud, oğulları Sultan Abdülmecid ile Abdülaziz Han ve Sultan II. Abdülhamid Han bu topraklarda birçok hizmetlerde bulunmuşlardır.

Melik Faysal Kapısı'ndan içeri girdiğimizde karşımıza çıkan dört ayaklı tek kubbeli yapı insanların ibadetlerini gölgede yapmalarını ve öğretmenlerin, öğrencileri ile ders işlemelerini sağlıyor.

Bu eserin bânisi II. Mahmud, son derece girişimci bir padişahtı. Tahta geçtiği ilk yıllarda Yeniçeri Ocağı'nı kaldırmak gibi askerî faaliyetlerinin yanı sıra, bu dönemde ortaya koyduğu Hidayet Camii, Nusretiye Camii gibi eserlerle imar faaliyetlerinde de önemli bir sima olarak tarihe geçmiştir. Yüzyıllarca Topkapı Sarayı'nda yaşayan hanedan üyeleri arasında ilk kez, başka bir yerde yaşamayı tercih eden ve bu amaçla Dolmabahçe Sarayı'nı yaptıran sultan da II. Mahmud'dur.

Kimi zümreler II. Mahmud'un dinî yapıların inşasına, tamirine ve bakımına bu denli önem vermesini, "Gavur Padişah" imajını ortadan kaldırmak amacına bağlamıştır. Bu gerçekten böyle midir, bilemeyiz. Ancak bildiğimiz bir şey var ki Sultan II. Mahmud Han hem dindardır hem de dinî mekânlara son derece saygılıdır. Hem kendisinin hem de eşleri Bezmiâlem Valide Sultan

Sultan Mahmud Kubbesi

Dört ayaklı baldaken açık ders mahalleri

ile Pertevniyal Valide Sultan'ın hayır yapma konusunda adeta yarıştıkları, onlarca eserleri olan hayırsever kişiler olduklarını biliyoruz.

II. Mahmud'un birçok yerde olduğu gibi Mekke ve Medine'de de önemli eserleri ve tamirleri söz konusudur. İşte bu bölümde anlatıyor olduğumuz ibadet ve ilim kubbesi de II. Mahmud'un Kudüs'e olan saygısını göstermesi bakımından son derece önem arz etmektedir. Sultan II. Mahmud'un Kudüs dışında Filistin topraklarında da eserleri mevcuttur. Örneğin Kudüs'e uçakla gelmek durumunda olan herkesin inmek zorunda olduğu havalimanı Telaviv'de, eski adıyla Yafa'dadır. Kudüs ziyaretine gelen gruplar ya uçaktan indikleri gün ya da uçağa binip memleketlerine gidecekleri gün kısa bir Yafa turu yaparlar. Bu turda her grubun muhakkak gezdiği yegâne yer Mahmudiye Külliyesi'dir. İçinde camisi, medresesi ve şadırvanı olan Mahmudiye Külliyesi bu coğrafyada görülmesi gereken en önemli yapılardan biridir.

Sultan Mahmud'un başta Kudüs olmak üzere Şam, Yafa gibi birçok Ortadoğu şehrinde eserler ortaya koymasının birtakım sebepleri olduğunu ifade etmiştik. Şimdi bu sebepleri anlamaya çalışalım. O günlerde Mısır'da Kavalalı Mehmed Ali Paşa, Arabistan'da da Vehhabiler ayaklanmıştı. Bu kuvvetlere karşı dik durmak isteyen padişah, bölgedeki Osmanlı otoritesini pekiştirmek için imar faaliyetlerine ağırlık vermiş, Trablus ve Sayda valilikleri yapmış olan Süleyman Paşa'nın gözetiminde birtakım imar ve tamir faaliyetlerine girişmişti. Bu nedenle Mescid-i Aksa civarındaki tamir kitabelerinin bir kısmında Sultan Mahmud ve Süleyman Paşa'nın isimlerine sık sık rastlarız. Aksa avlusunda Sultan Mahmud Kubbesi'nin az ilerisine geçtiğimizde karşılaştığımız küçük kubbeli yapı Taht-ı Süleyman olarak bilinir. Yani Hz. Süleyman'ın vefat ettiği mekân. Şimdi oraya gidelim ve bu yapıyı yakından tanıyalım.

II. Mahmud Han

CİNLER VE İFRİTLER AYLARCA BURAYI GÖZLEDİ!
Taht-ı Süleyman

Bilindiği üzere kutsal alana ilk mabedi inşa etmeye Davud Peygamber başlamış, oğlu Süleyman(as) da bunu devam ettirmiştir. Süleyman Peygamber'in, inşaat faaliyetinde insanların yanı sıra cinleri de kullandığı bilinmektedir. Süleyman Peygamber, kendisinden sonra gelen nice hükümdar ve sultanı etkileyecek o muhteşem Süleyman Mabedi'nin devasa taşlarını bu farklı yaratılıştaki mahluklarla şekillendirmiş, kaldırıp taşıtmış ve konulması gereken yere yerleştirmeleri için emirler vermiştir. Cinler kendisinden son derece çekinir, inşaat sırasında göz ucuyla sürekli Allah'ın üstün vasıflarla donattığı bu özel insanı takip edermiş. Süleyman Peygamber'in, bu büyük mabedin inşaatını takip ederken genelde bu kubbenin olduğu yerde durduğuna ve çalışanları buradan takip ettiğine inanılır.

Süleyman(as) inşaatın bitmesine az bir zaman kala yaşlı vücudunu, elinde tuttuğu asasına dayamış, mabedin inşaatını takip etmektedir. O sırada emr-i Hak vaki olur ve Süleyman Peygamber vefat eder. Rivayete göre vücudu yere düşmez. Asaya dayanmış bu vücut ruh bedenden ayrılmış olsa da öylece ayakta durmaya devam eder. Mabed inşaatı devam etmektedir ve daha yapılacak

Taht-ı Süleyman

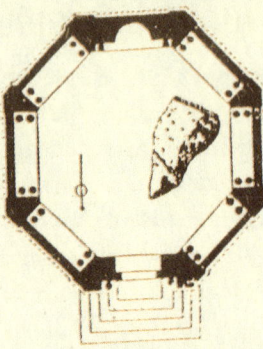

Taht-ı Süleyman içinde kayanın kuşbakışı çizimi

Cinler Süleyman Mabedi'nin inşaatında çalışıyor

Hz. Süleyman cinler ve hayvanlarla

çok iş vardır. Herkes vazifesini büyük bir ciddiyetle sürdürmektedir. Çünkü kendisine büyük saygı duydukları ve bir o kadar da çekindikleri peygamberleri aralarındadır ve keskin gözlerini dikmiş, onları seyretmektedir. Aradan günler ve haftalar geçer. Gündüzler geceyi, haftalar ayları takip eder. Artık inşaatın sonlarına gelinmiştir. Şaşırtıcı olan, Süleyman Peygamber bulunduğu noktadan milim oynamamıştır, asasına dayandığı hali ile inşaatı süzmektedir. Cinler O'nun haşmetinden çekinerek soluksuz çalışmaya devam etmektedir.

Mabed inşaatının son demlerinde ilginç bir olay vuku bulur. Süleyman Peygamber'in dayandığı asanın içine bir tahta kurdu girer, asayı içeriden boydan boya kemirir. Zayıflayan asa kırılır ve Süleyman Peygamber'in vücudu düşer. İnşaatta çalışanlar peygamberlerinin vefatını ancak o zaman anlayabilir. İslam âlimleri bu hadiseyi örnek göstererek cinlerin gaybî değil dünyevi hadiseleri bile net olarak kestiremeyeceklerini ifade eder. Velhasıl, Süleyman Peygamber'in vefat ettiği anlaşıldığında, Süleyman Mabedi'nin inşaatı da tamamlanmış olur.

İşte Aksa avlusunda, Beytü'l-Makdis'in kuzey duvarını kaplayan eğitim kurumlarının önünde, üzeri kubbeli, sekizgen bir duvar yapısıyla çevrili olarak bulunan mekân, Süleyman Peygamber'in son nefesini verdiği bu özel yerdir. Tarihten bu yana Süleyman[as] Kayası, Süleyman[as] Kubbesi, Süleyman[as] Kürsüsü, Taht-ı Süleyman gibi isimlerle adlandırılan bu yer, tarihte önemli hadiselere şahitlik de etmiştir.

Kutsal Kaya'nın Bir Parçası Burada

Bu makama Süleyman Kayası denmesinin ilginç bir sebebi vardır. Genellikle kilitli olan bu mekâna bir fırsatını bulur da girebilirseniz içerisinde, yerdeki döşemenin kenarında yontulmamış, yerden düz zemini bozacak şekilde fırlamış bir kaya parçasının durduğunu göreceksiniz. Bu kaya parçası Kubbetü's-Sahra'nın bir kısmını kaplayan Kutsal Kaya'dan küçük bir parçadır.

MÖ 586'da Babil Kralı Buhtunnasır Kudüs'ü işgal ettiğinde bu Kutsal Kaya'dan etkilenmiş ve bir parçasını başkentine götürmüştür. Yıllar sonra Babil Devleti yıkılıp serbest kalan Yahudilerin bir kısmı geri dönerken bu kayayı da yanlarında getirmiş, Süleyman Makamı olarak bilinen bu yere koymuş ve burada muhafaza etmiştir.

İbni Muracca burayı anlatırken, "Esbat Kapısı'na (Aslanlı Kapı) doğru Aksa Camii'nin arkasındaki kayaya varan kişi Süleyman Kubbesi olarak adlandırılan yerde namaz kılabilir. İşte bu yer, caminin inşasını bitirdiğinde Süleyman Peygamber'in namaz kıldığı

Taht-ı Süleyman'da Kutsal Kaya'dan parça

Eski bir fotoğrafta Taht-ı Süleyman

yerdir," demektedir. Yani burası tarih boyunca bir şekilde Süleyman Peygamber ile irtibatlandırılmıştır.

Bugün içinde Kutsal Kaya'nın bir parçasının olduğu bu mekânın üzeri sekizgen, dört katlı bir yapıyla örtülüdür. İkinci ve üçüncü katında üstü kemerli pencereler bulunmaktadır. İçindeki mihrabını sanatsal özelliğine bakarak bu kubbeli yapının bir Eyyübi eseri olduğunu söyleyebiliriz. Ancak inşaatında Haçlı dönemi yapılarından devşirme malzeme kullanıldığı aşikârdır. 1099-1187 yılları arasında Haçlıların Kudüs'ü işgal yıllarındaki şehir haritalarında Solomon Tapınağı (Süleyman[as] Mabedi) görülse de böyle bir yapıdan bahsedilmemektedir. Anlaşılan odur ki Selahaddin Eyyübi döneminde Kudüs'ün fethi sonrasında birçok İslami yapı yeniden ihya edilirken bu Kutsal Kaya parçasının üzerine de böyle kubbeli bir yapı inşa edilmiştir. Yapının sütun başlıkları Haçlı dönemine ait olup bu arazi üzerine Haçlıların inşa ettiği şapel yapılarından alınarak kullanılmıştır.

MS 1000'li yıllarda yaşamış olan Hüsrev bu yapıyı anlatırken, "Kubbetü's-Sahra'nın bulunduğu terasta değil, cami avlusunun kuzey tarafında Davud'un Mihrabı adlı küçük, camiye benzeyen bir bina vardır. Onun yanında üzerine bir seccade serilebilecek kadar yeri olan bir kaya vardır. Burasının Hz. Süleyman'ın Aksa Camii inşaatında oturduğu Süleyman Kürsüsü olduğu söylenir," demektedir. Bu bilgiden öğrendiğimize göre kayanın üzerinde evvelce bu küçük kubbeli yapı mevcut değildir. Süleyman Kubbesi sonraki yüzyıllarda mahkeme binası olarak da kullanılmıştır.

Melik Faysal (Devâdar) Kapısı önündeki yapıları inceledikten sonra gezintimize kaldığımız yerden devam edebiliriz. Aksa avlusunun kuzey cephesini boydan boya çeviren Eyyübi ve Memlüklü yapılarını inceliyorduk. En son Devâdariyye Hankâhı ve üzerindeki Bâsıtiyye Medresesi'ni anlatmış ve bitişiğindeki Faysal Kapısı'ndan dışarı çıkıp tekrar içeri girmiştik. Şimdi bu kapının solundaki bir diğer medreseyle, Eminiyye Medresesi ile devam edelim.

Eminiyye Medresesi'nin kubbeli ana dersane binasının avluya bakan üçlü penceresi

MUHTEŞEM KUBBE HÂLÂ AYAKTA
Eminiyye Medresesi

Beytü'l-Makdis'i çeviren Eyyûbi ve Memlüklü yapıları o kadar iç içedir ki ilk bakışta muntazaman uzanıyor gibi görünen bu binalar, aslında birbirine geçmiş, hatta birbiri üzerine inşa edilmiş birçok farklı yapıdan meydana gelmiştir. Ancak geçmişte insanlar birbirlerine ve geçmişten kalan eserlere o kadar saygılıydılar ki yeni bir yapıyla eskiyi bozmayı, önünü kesmeyi, gölgede bırakmayı arzu etmedikleri için kullanılan yapı malzemelerini dahi değiştirmemişlerdir.

Tarihte birçok isim alan Devâdar Kapısı'nın (Karanlık, Atm, Faysal Kapısı) hemen üzerinde yer alan bu küçük, zarif medrese 1330 yılında Emineddin Ebu Said Abdullah tarafından yaptırılmıştır. Aslen Hristiyan bir Kıpti olan bu zat, Memlüklüler eli ile yetiştirilmiş, İslamiyet ile şereflenmiş ve Sultan Muhammed Nasır döneminde yönetici konumuna gelmiştir. Başkentleri Kahire dışında

Eminiyye Medresesi

aldığı vazifeler sırasında sıklıkla geldiği Kudüs'e böyle şirin bir medrese konduruvermiştir.

Evvelce değindiğimiz gibi Osmanlı yönetiminin zayıfladığı yıllarda Kudüs'ün güçlü aileleri aslında vakıf malı olan yapıların yönetimlerini bir şekilde ele geçirmeye başlamış, zaman içinde de bir şekilde buraları mesken tutup yerleşmişlerdir. Nitekim Kudüs'ün köklü ailelerinden Hüseyni Ailesi de Eminiyye Medresesi'ni kendilerine konut yapmıştır. Hatta bu tarihî yapının alt katını aile mezarlığı haline getirmişlerdir. Yapının önünde uzanan ve üst kata çıkılan merdivenli rampa da sonradan, konut haline getirilen eve çıkmak için bu aile tarafından inşa edilmiştir.

Bugün Şeyh Ali'nin ailesi ile birlikte yaşadığı bu eve biz de misafir olduk. Açıkçası eve, daha doğrusu Eminiyye Medresesi'ne girerken görmeyi en çok arzu ettiğim şey, kayıtlarda geçen o muhteşem kubbesi idi. Medreseye girip sağa döndüğünüzde bugün evin salonu olarak kullanılan, gerçekte medresenin ana dershane binası olan o muhteşem kubbenin altına geçersiniz. Karşınızda koltuk ve çekyatlar, masa ve sandalyeler bulunur. Ama yüzyıllar boyunca bu mekânda ilim tedris edilen rahleleri, etrafında öğrencilerin oturduğu şilte ve minderleri, kâğıt rulolarını, cetvelleri ve usturlapları hayal etmek zor değildir...

Eminiyye Medresesi'nin kubbeli ana dersanesi

Eminiyye Medresesi'nde ikamet eden Şeyh Ali ve eşi bizi ağırlıyor

KUTSAL TOPRAKLARA GÖNÜL VERMİŞ BİR MEMLÜKLÜ
Fâriseddin Yılbeki ve Fârisiyye Medresesi

Eminiyye Medresesi ile Melikiyye Medresesi arasında kalan bina Fârisiyye Medresesi'dir. Dikkatle bakıldığında binaların boyları, süsleme şekilleri, üslup farklılıkları, birbirlerinden farklı yapılar olduklarını gözler önüne sermektedir. Bir dönem Memlüklülerin Aksa avlusunu donatmak için ne kadar çaba sarf ettiklerinin bir delilidir bu yapılar. Hatta aynı aileye mensup insanların rekabet eder gibi buraya eser kondurması da ayrıca takdire şayandır. Örneğin, Eminiyye Medresesi'nin peşi sıra gelen Fârisiyye ve yanındaki Melikiyye Medreseleri amca yeğen yapılarıdır. Yani Fârisiyye Medresesi'ni yaptıran Fâriseddin Yılbeki, bitişiğinde yer alan ve ilerleyen sayfalarda bahsedeceğimiz Melikiyye Medresesi'ni yaptıran el-Melik'in yeğenidir.

1350'li yıllarda inşa ettirilen bu medresenin bânisi olan Fâriseddin Yılbeki, Memlüklü Devleti'nin önemli yöneticilerinden biridir. Kudüs'e son derece yakın olan bir başka şehirde, Gazze'de valilik yapmış ve bu sebeple Kudüs'ü sık sık ziyaret etme fırsatı bulmuştur. Bu

Fârisiyye Medresesi

ziyaretleri neticesinde Kudüs'te bir eser bırakma arzusu duymuş ve amcasının medresesinin yanına bu eseri inşa ettirmiştir. Mescid-i Aksa'da sadece bir medrese yaptırmakla kalmamış, muhtelif tamirat işlerine de destek vermiştir. Bir hayli yıpranmış olan avlu revaklarını tamamen elden geçirtip tamir ettirmiştir.

Tarihî kaynaklara baktığımızda Fâriseddin Yılbeki'nin diğer idari görevlerinin yanı sıra Hicaz Emirliği de yaptığını görürüz. Mekke ve Medine'nin de içinde bulunduğu kutsal toprakların emirliğini yapması onun manevi alt yapısının ne kadar ileri derecede olduğunu göstermektedir. Çünkü bu vazife alelade bir idareciye verilen bir vazife değildir.

Ortaçağ İslam kaynakları Fârisiyye Medresesi buraya inşa edilmeden önce yerinde başka bir medresenin bulunduğunu ifade etmektedir. Bu bilgi mantıklıdır çünkü eser incelendiğinde Aksa revakları içinde en eski bölümün burası olduğu görülür. Ayrıca önceki bölümde bahsettiğimiz Artuk Bey (Mardinliler) Hankâhı, Eyyübi Şehzadesi Emir Evhad Zaviyesi, Aksa'nın kuzey cephesinin, Memlüklülerden çok daha önce şekillenmeye başladığının ispatıdır.

Hicaz emirine bağlı Osmanlı birlikleri

Fârisiyye Medresesi yapı ve süsleme detayları açısından incelendiğinde bu medresenin yanındaki diğer Memlûklü medreselerinden farklı olduğu görülür. Taş işleme, süsleme, cephe düzenleme gibi birçok detay alışık olduğumuz Memlûklü üslubuna uymamaktadır. Üzülerek ifade edelim ki bu yapı orijinal hali ile günümüze gelememiştir. Hatta Kudüs'ün geçirdiği o büyük depremlerde tamamen yıkılmış, Osmanlı döneminde yeniden inşa edilmiştir.

Mescid-i Aksa'nın birçok yapısının başına gelen amme yapılarının konuta dönüştürülme meselesi Fârisiyye Medresesi'nin de başına gelmiştir. Osmanlı döneminin sonlarında bu tarihî bina, önce Kudüs'ün köklü ailelerinden Deyriler, daha sonra da Dacâniler tarafından konut olarak kullanılmaya başlamıştır. Günümüzde de bu hali ile varlığını sürdürmektedir.

Yeğen Fâriseddin Yılbeki'nin medresesini gördükten sonra, sıra bitişiğinde yer alan ve amca el-Melik'in inşa ettirdiği medreseye geliyor. Çok özel detayları bünyesinde barındıran bu yapıyı ilerleyen bölümde ele alacağız.

AYMELEK'İN KANATLARI ALTINDA
Melikiyye Medresesi

Bir okul düşünün: Mescid-i Aksa avlusunda olsun. Bir Memlüklü sultanının hâmisi tarafından bina olunsun. Vakfiyesi bir kadınefendi adına düzenlensin, içinde bir hanımefendi sırlanmış olsun ve kapısının üzerinde çevgan değnekleri bulunsun... İşte Melikiyye Medresesi!

İsardiyye ve Fârisiyye medreselerinin arasında bulunan bu bina, orijinal Memlüklü mimarisini muhafaza eden latif bir okul yapısıdır. Memlüklü Sultanı Muhammed Nasır'ın Hasekilerinden Hacı el-Melik Çukandar tarafından 1340 yılında inşa ettirilmiştir. Çift katlı bu yapı da soğan kubbesi, kubbe kasnağını taşıyan kemerli ve sütunlu gövdesi, yüksek sivri kemerli alt kat aksamı, Memlüklülere has renkli taşla bezenmiş gül penceresiyle görülmeye değer bir yapıdır. Yapı içinde kubbeli aydınlatma fenerine sahip, yine büyük bir kubbeyle örtülü ana salon, bir mimari harikası olarak karşımıza çıkar.

Melikiyye Medresesi

Böyle özel bir yapının bânisinin hayatı ne yazık ki hüzünlü bir akıbetle nihayete ermiştir. Memlüklü tarihine bakıldığında Kalavun'un oğlu Muhammed Nasır'ın çok dirayetli, güçlü ve yetenekli bir hükümdar olduğu, ancak dönemindeki karışıklıklar nedeniyle tahta üç kez gelip ayrılmak durumunda kaldığı görülür. Sultan Kalavun, vefatı öncesinde yerine oğlu Muhammed Nasır'ı seçtiğini söylemiştir. Ancak Nasır'ın yaşı çok küçüktür. Kalavun'un, oğlu Muhammed'in

*Elinde çevgan sopası
ile bir Memlüklü*

başına bıraktığı naipler bu küçük çocukla devletin yönetilemeyeceğine kanaat getirerek onu tahttan indirirler. İleriki yıllarda yetişkin bir genç olan Nasır, hakkı olan tahtı alabilmek adına bir mücadele içine girer ve dediğimiz gibi saltanatı süresince tam üç kez bu vazifeye gelip iki kez ayrılmak durumunda kalır. İktidara geldiği son dönem, Memlüklü Devleti için parlak bir dönem arz etmektedir. Ancak saltanata her geliş gidişi, onu destekleyen emirler için yıpratıcı olmuştur. Muhammed Nasır sürgüne her gönderildiğinde emirleri de ya hapse atılmış ya da öldürülmüştür.

İşte bu iktidar değişikliklerinden birinde Muhammed Nasır'ın düşmanları o günlerde Hama valisi olan el-Melik Çukandar'ı İskenderiye'ye sürüp orada idam ettirmişlerdir. Çukandar'a son derece güvenen Muhammed Nasır bu hadiseden dolayı müteessir olmuştur. İktidarı yeniden ele geçirmesi ile birlikte de hâmisi olan bu devlet adamına vefasını göstererek Çukandar'ın oğlunu Kudüs yöneticiliği vazifesine getirmiştir. Hatta yeğeni İlbaki, bugün Melikiyye Medresesi'ne bitişik olan ve önceki sayfalarda hakkında bilgi vermeye çalıştığımız Fârisiyye Medresesi'ni inşa ettirmiştir.

Aymelek'in Kabrini Nasıl Bulduk?

Melikiyye Medresesi'nin vakfiyesinde bu medresenin Aymelek adında bir hanım tarafından yaptırıldığı yazmaktadır. Vakfiyelerde sıkça rastlanan bir durumdur bu; yani eser biri adına bir başka kişi tarafından yaptırılabilmektedir. Bu yapı hakkındaki tahminimiz, Çukandar'ın karısı Aymelek'in, kocasının vefatı sonrasında yapının vakfiyesini düzenleme yoluna gittiği yönündedir. Nitekim bu hanım, kocasının vakfına sonradan gelir getirecek birçok akar da bağışlamıştır. Kudüs depremlerinden birinde Çukandar'ın medresesinin ciddi hasar gördüğü, karısının medreseyi yeniden ayağa kaldırdığı da düşünülebilir.

Medrese içinde Çukandar'ın karısı Aymelek'in mezarı da yer almaktadır. Bu durum, medresenin Aymelek Hatun'un himayesinde olduğu görüşünü kuvvetlendirmektedir (Çukandar'ın kabri Kahire'dedir). Kitap boyunca zaman zaman ifade ettiğimiz gibi bu bir gelenektir: İnsanlar Allah rızası doğrultusunda bir eser vücuda getirdiklerinde onun içine defnedilmek isterler ki kıyamete kadar o hayrın içinde manevi güzelliklerden nasiplenebilsinler. Ayrıca günümüzden sekiz asır önce bir kadının Mescid-i Aksa kutsal alanı içinde, vakfiyesi kendi adına düzenlenmiş bir bina vücuda getirip içinde medfun olması, medeniyetimizin kadınımıza verdiği değeri göstermesi bakımından son derece önemlidir.

Emir Çukandar'ın eşi Aymelek Hatun'un kabrine gelince, bu bilginin doğruluğunu teyit etmek, gerçekten bu medresenin içinde bu annemize ait bir kabir olup olmadığını tescillemek için

Melikiye Medresesi'nin gül penceresi

araştırmalara başladım. Bu araştırmalar esnasında, bizim milletimizin mezar ve mezarlıklara olan merakının Arap toplumlarında pek bulunmadığının bilincindeydim. Ayrıca bu vakıf eserler eve çevrildiği için buralarda yaşayanlar bu tarihî yapıların içindeki kabirlerden hem rahatsız oldukları

Melikiyye Medresesi'nin alt katında Aymelek Hatun'un kabrine açılan oda

hem de bu kabirlerin sahiplerine ait vakıfların hilafına hareket etmiş oldukları için bu kabirleri görmek ve göstermek istemiyorlar.

Kitap hazırlığı öncesinde Kudüs'e son gidişimde el-Melik Çukandar Medresesi önünde günlerce kıvrandım. Bölgeyi iyi bilen birçok Filistinli uzmanla medresenin önüne geldim. Ancak hiçbirinden doyurucu bir bilgi alamadım. Nihayetinde konuyu Mescid-i Aksa İdaresi'ne götürme kararı aldım. Mescid-i Aksa inşaatlarından sorumlu Yüksek Mühendis Muhammed Amira'dan bu konuda ricacı oldum, "İnşaallah bakalım," dedi. Aradan günler geçti. Benim için Kudüs'ten ayrılma günü geldi çattı. Kudüs'teki son günlerimde Türkiye'den gelen grubumla da ilgileniyordum. Pazar günü grubumuzla vedalaşmak üzere Mescid-i Aksa'ya geldik. Aklım Aymelek Hatun'daydı. Gidiyordum ve Türkiye'ye döndükten birkaç hafta sonra Kudüs kitabımın ilk cildi baskıya gidecekti ama ben hâlâ Aymelek Hatun'un kabrinin yerini netleştirememiştim. Halbuki bu kabri görmeli, fotoğrafını çekmeli ve kitaba koymalıydım.

Bu kabir tarihten bir annemizin kabriydi ve sekiz asır öncesine aitti. O kabir fotoğrafı, geçmişte kadınımızın eşine duyduğu saygı, ilme verdiği önemi, kadınımıza kendilerini Aksa avlusuna defnedecek kadar verilen kıymeti belgelendirecekti. Fakat artık Mescid-i Aksa'dan ayrılma zamanı gelmişti. Aslanlı Kapı'nın altında otobüsümüz bizi bekliyordu. Birazdan bu arabayla Yafa'ya gidip havalimanından Türkiye'ye

Selçuklu yapımı aslan başlı bronz çevgan

uçacaktık. En son grubumuzla Mukaddes Kaya'nın altındaki mağaraya girdik. Az sonra Kubbetü's-Sahra platformuna çıkmıştık. Harem-i Şerif'in kuzey cephesine doğru ilerledik. Devâdar (Melik Faysal) Kapısı önümüzdeydi. Bu kapıdan çıkacaktık, en son Artuk Bey'in kabrini grubuma gösterecektim ve Fatiha'lar ile vedalaşacaktık. Tam kapıdan çıkarken koşarak Muhammed Amira yanıma geldi, "Grubunu gönder, sen burada kal," dedi. "Havalimanına gidiyoruz, çok isterdim ama artık vakit bitti," desem de Muhammed Amira ısrar etti.Ben de bir bildiği vardır diye düşünerek grubu Artuk Bey'in kabri önünden uğurladım, Tekrar Faysal Kapısı'ndan içeri girdim.

Çevganları ile sıralanmış Selçuklu askerleri

Elinde anahtarıyla bir başka yetkili bizi bekliyordu. Beni küçücük bir kapının önüne götürdüler. Anahtarla açılan kapıdan eğilerek içeri girdik. Burası küçücük bir odaydı. İçerisi tabürelerle doluydu. Sağ taraftaki tabüreleri çekmeye başladılar. Arkasından parmaklıklı bir pencere gözüktü. Burası yerin altına doğru uzanan küçük bir boşluk gibi duruyordu. Parmaklıklara yanaşıp gözümü karanlığa alıştırmaya çalıştığımda hayretler içerisinde kaldım. Aymelek Hatun tam önümüzde duruyordu! Küçük

Aymelek Hatun'un kabri

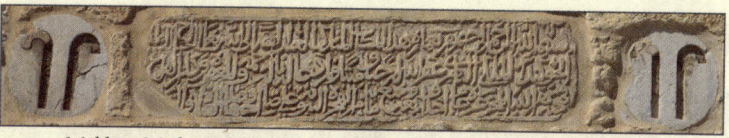

Modern polo (çevgan) sopası

kabir taşının altında, medresesinin merkezinde özenle hazırlanmış kabr-i şeriflerinde ebedî istirahatgâhında idi. Kudüs'ten ayrılmak üzere olduğum o son dakikalarda sanki o da bu kitapta yer almayı istiyormuş gibi bizi huzuruna getirmişti.

Elbette ki her fani bilinmek, tanınmak ve hayırla anılmak ister. O da bunu arzu ediyordu ki son anda bize böyle bir keşif nasip oldu. Belli ki Allah'ın sevgili kulu idi. Allah sevdiğini sevdirmek, tanıtmak ve hayırla andırmak isterdi. Sekiz asır sonra bile kendi adına vakfını kurduğu okulunun içindeydi. Bugünün genç kızlarına ne güzel bir örnektir Aymelek Hatun.

Çevgan Değnekli Kitabe

Medresenin en ilginç detaylarından biri de, yapının Harem'e bakan yüzünde üstte gül pencere, altında üçlü pencere dizaynının altındaki kitabenin iki yanına konmuş olan çukandar armalarıdır. Çukandar bizim kültürümüzde Çevgan değneğine verilen isimdir. Orta Asya kökenli, Türklere ait bir spor olan Çevgan, ucu kıvrık bir sopayla at sırtında topu sürüp rakip kaleye göndermekten ibarettir. İşte bu hayırsever Memlüklü emirinin lakabı Mescid-i Aksa'daki medresesine arma olarak konmuştur. Filistinlilere bu armanın hikmetini sorduğumuzda, Türklerin zamanında Aksa avlusunda Çevgan oynadıklarını, Emir Çukandar'ın bu konuda çok mahir olduğu için bu sporla şöhret yaptığını ve çevgan değneklerini kendisine arma olarak kabul ettiğini söylüyorlar.

Bu ne kadar anlamlı bir manzaradır ki Türkler, Allahu Teala'nın kendisine ayırdığı bu önemli araziyi ilim merkezleriyle

Melikiye Medresesi'nin altındaki kitabe ve iki yanında çevgan sopaları

donatmış, içinde yüzlerce âlim binlerce gencin istihdamını sağlamış ve bu gençlere bu geniş avluda spor müsabakaları da düzenleterek Allah indinde kıymetli olan bu yerin şenlenmesini sağlamışlardır. Bugün Harem-i Şerif'in bu yalnız, sessiz ve sahipsiz halini görünce, Memlûklüler dönemindeki o heyecanlı, bereketli, hareketli günleri özlemle anıyor, o güzel günlerin bir an önce yeniden gelmesini diliyorum.

Sırada Melikiyye Medresesi'nin hemen yanındaki bir başka Memlûklü medresesi var. Hem dışarıdan hem de içeriden, görenlerin dudaklarını uçuklatacak bir güzelliğe sahip İsardiyye Medresesi.

Melikiyye Medresesi önünde grubumuzla

AKSA'DA SİİRTLİ BİR AİLE
İsardiyye Hankâhı

Melikiyye Medresesi'nin ardından, bu yapının hemen duvar dibinde yer alan bir başka medreseye doğru yol alıyoruz. Doğrusu, Mescid-i Aksa içerisinde içi dışı en bakımlı, en gösterişli medrese bence burasıdır. Her ne kadar bu hayır ve eğitim kurumlarının içinde insanların ikamet ediyor olmasını tasvip etmesem de bu yapılardan birine yerleşecek olsam İsardiyye'de yerleşirdim. Bu cevabı verirken bir yandan içim rahat, çünkü bu yapının medrese olduğunu iddia eden kaynaklar olduğu gibi hankâh olduğunu iddia eden kaynaklar da mevcut. Örneğin, Mucireddin bu esere medrese derken el-Umeri burayı hankâh olarak zikretmiştir. Bilindiği üzere hankâhlarda alelade tüccarlar değil, ilimle uğraşan zevat ikamet etmiştir. Burada kalmanın şartı ise belli zamanlarda ilimlerini insanların istifadesine sunmaktır.

İsardiyye'nin Aksa avlusuna bakan kapısından içeri girdiğinizde dar bir merdiven sizi direkt üst kata çıkarır. Buraya çıktığınızda hayatınızda görüp görebileceğiniz en güzel açık avlulardan biri karşılar sizi. Güneye bakan büyük bir eyvan, yüzyıllar

Aksa avlusundan İsardiyye Medresesi

İsardiyye'nin iç avlusu

boyunca nice ulemanın burada ders anlattığını hatırlatır size. Bu büyük eyvan yapısının sağındaki kapı, Aksa avlusuna cephesi olan geniş bir salona açılır. Salon ama ne salon! Bugün evimizdeki alelade bir salonu dekore etmek için birçok şeye ihtiyacımız vardır: Gümüşlükler, perdeler, konsollar, pahalı halılar... Oysaki bu salonun bomboş durması dahi yeterlidir. Zira yapının kendisi bizatihi sanat eseridir. Renkli kesme taşlardan örülü duvarlar, iki bölümden oluşan birimler, her birimin üstünde bulunan ve göz kamaştıran iki ayrı kubbe, içeride gözünüzü bir türlü ayıramayacağınız güzellikteki nişler... Özellikle salonun Aksa'ya bakan kısmındaki büyük mihrap nişi görülmeye değerdir. Sanatı, zarafeti ve duruşuyla "Ben bir Memlüklü taş eseriyim," diyor adeta. İsardiyye'nin içine giremeseniz de bu mihrabı avlu cephesindeki taşkınlığı sayesinde dışarıdan da görebilirsiniz. Avlunun kenarlarında insanların ikametine mahsus odalar bulunur. İsardiyye'nin avlusunun batı cephesindeki küçük nişler bir ömre değer. Son ziyaretimde bu küçük niş içinde yuvalamaya çalışan pembe kumrunun yuvasını yapmış, yumurtaları üzerindeki yatışına ayrı bir hayran olmuştum. Tarih ve sanat atmosferi içinde yatan bu kuşun mekân tuttuğu yerle uyumu o kadar güzeldi ki...

Bu yapıya medrese diyenler az önce bahsettiğimiz büyük eyvanı, hankâh diyenler de o büyük salon yapısını delil gösterirler. Çünkü normal şartlarda medreselerde böyle büyük toplanma salonu (mecmua) bulunmaz. Şahsi görüşüm de bu yapının hankâh olduğu yönündedir. Çünkü Anadolu'daki Selçuklu hankâhlarında da eyvan bulunur (Konya Sahipata Hankâhı gibi…).

İsardiyye Medresesi'nde mihrap

Şaşırmaya hazırsanız hankâhımızın bânisine geçelim. Kayıtlara göre bu eser 1359 yılında Mecdeddin el-İsard yani İsardlı Mecdeddin tarafından yaptırılmıştır. Yani bu eserin adı yaptıran zatın memleketinden geliyor. İsard denilen yer Siirt'tir. Yani bu zat Siirtlidir. Siirt neresi, Kudüs neresi demeyin. Çünkü hatırlıyorsanız gezmeye başladığımız Esbat Kapısı'ndan bu yana Elbistanlı Nasıreddin Mehmed Bey'i de görmüştük bu avlunun içinde. Yani bugün kasıtlı bir unutturma politikası neticesinde biz uzağız Kudüs'e. Oysaki atalarımız Kudüs'e ve Kudüs'ün bize ifade ettiği değerlere son derece yakındı.

Selahaddin Eyyübi döneminde, iskân politikası çerçevesinde Anadolu'dan Kudüs'e yerleştirilen birtakım aileler olduğunu biliyoruz (Hakkarililer gibi). Siirtli ailelerin buralara o dönemde yerleştirilip yerleştirilmediği net değildir, ancak 14. yy'da Kudüs'te iki köklü Siirtli ailenin varlığı biliniyor. Aynen Kudüs gibi o yıllarda Şam'da da köklü Siirtli aileler vardır ve bu ailelerden birinin Şam'da kurduğu bir medrese de yine İsardiyye adı ile anılmaktadır.

İsardiyye'nin bir hankâh olduğuna kanaat getirmiş olsak da ileriki yüzyıllarda (Kanuni dönemi) medrese olarak da kullanıldığını biliyoruz. Yanı sıra Osmanlı döneminde konut olarak kullanılmış yapılardan biridir. Osmanlı sonrası bir süre kütüphane olarak

İsardiyye Medresesi'ni konut olarak kullanan aileye misafir olduk

Medresenin kuyu eyvanı ve duvar nişinde yuva yapmış kumru

Medresenin orijinal havuzu yerini bugün bu havuza bırakmış

kullanılmış, içindeki kitaplar daha sonra Mescid-i Aksa Ulucamii'nin sağındaki Kadınlar Mescidi'ne taşınmıştır. Bugün bu yapı yine konut olarak kullanılmaya devam etmektedir.

İsardiyye İçinde Saklanan Antik Duvar

İsardiyye bahsine son vermeden önce bu 13. yy yapısının kendisinden yüzyıllar önce inşa edilmiş bir bina ile olan bağından da bahsetmek istiyoruz. Bu yapıları inceleye inceleye Aksa avlusunun kuzey cephesinin sonuna yaklaştığımızı söyleyelim. Bu kuzeybatı köşe, MÖ 30'larda Roma Vassalı Yahudi Kralı Herod'un tam da buraya inşa ettirdiği Antonia Kalesi'nin bulunduğu yerdi. Bu dört köşesinde dört kulesi olan iç kale bugünkü Aksa avlusunun işte tam bu köşesini kaplıyordu. Kale yapılırken buradaki kayalar kesilmiş ve yüksek bir düzlük oluşturulmuştur. MS. 70'de Titus Kudüs'ü yağmalarken Herod'un inşa ettirdiği ikinci mabedi yıktırdığı gibi bu kaleyi de yok etmişti. Aslında İsardiyye'yi incelediğimizde bu kalenin her şeyi ile yok edilmediğini görebiliyoruz. 2000 yıllık kaleden günümüze ulaşan dört metre kalınlığındaki bir duvar bu Memlüklü hankâhı içinde varlığını sürdürmeye devam etmektedir. Tabii bu antik duvarı görmek için hankâha girmeniz ve alt katındaki dehlizlerine dalmanız gerekmektedir. Antonia Kalesi'ne ait duvar, İsardiyye'nin alt katından doğu batı doğrultusunda geçmekte ve binanın alt birimlerini enine ikiye bölmektedir. Bu nedenle Aksa avlusundan yapıya çıkmak için bu duvarın içinden geçen tünel gibi bir geçişle yukarı tırmanmanız gerekmektedir. Ayrıca yapının güneyinde küçük bir eyvan içinde İsardiyye'nin bânisinin kabri bulunmaktadır.

Antonia Kalesi

BİR MUSEVİ İÇ KALESİ,
ROMA VALİSİNİN KONUTU VE İSLAMİ BİR OKUL
Ömeriyye (Caviliyye) Medresesi

Kudüs'te farklı medeniyetler ve dinler tarafından paylaşılamayan bir mekânla daha karşı karşıyayız. Burası Mescid-i Aksa alanının kuzey revaklarının batı revaklarına en yaklaştığı yerde, Gavanima Minaresi'nin hemen yanında uzanan Caviliyye Medresesi'dir. Yanındaki diğer yapılar topluluğu ile bugün Ömeriyye Medresesi olarak adlandırılan bu yapı Memlüklüler döneminde Emir Sancar el-Cavlı tarafından inşa ettirilmiştir.

Bu medresenin olduğu yer Yahudiler için çok önemlidir. Çünkü Herod tarafından ikinci mabed inşa ettirilirken bu köşeye Antonia Kulesi adında dört kuleli bir iç kale yapılmıştır. Yahudi yerel kralının yönetim merkezi olan bu mekân ileride Romalıların Kudüs işgalinde Yahudilerin en önemli savunma merkezi olacaktır.

Bu mekânın Hristiyanlar için önemli olmasının sebebi Hristiyan inancına göre Hz. İsa'nın yakalandıktan

Ömeriyye Medresesi

*Ömeriyye Medresesi'nden
Aksa avlusu*

sonra (Kur'an-ı Kerim'e göre Yehuda yakalanmıştır) Roma Valisi Pilatus'un huzuruna burada getirilmiş ve bu mekânda sorgulanmış olmasıdır. Hristiyan inancına göre Hz. İsa burada bağlanmış ve kırbaçlanmıştır. Pilatus, hanımının da telkinleri ile Hz. İsa'yı serbest bıraktırmayı düşünmüş olsa da Yahudilerin baskıları neticesinde yine buradaki avluda yapılan mahkemede çarmıha gerilme cezası vermek zorunda kalmıştır.

Ömeriye Medresesi'nin bir yüzü Harem'in içine, diğer yüzü kuzey duvarı önünde uzanan caddeye bakar. Bu cadde Hristiyanlık için çok önemli olan Via Dolorosa'dır (Çile Yolu). Yani Hz. İsa'nın Hristiyanlığa göre bu dünyadaki son gününde yaşadığı birtakım olayların cereyan ettiği yer. O gün bu yol üzerinde Hz. İsa'nın başından 14 farklı hadise geçmiştir. Hristiyanlar için bu 14 olayın meydana geldiği noktalara gitmek, oralarda duada bulunmak önem arz etmektedir. Ne ilginçtir ki onların en önemli hac güzergâhı Müslümanlara ait bir medreseden başlamaktadır. Bugün hâlâ her Cuma, Müslümanlar camilerinde ibadetle meşgulken Hristiyanların Cuma hacıları gerekli mercilerden izin alarak Via Dolorosa ibadetlerine bu medresenin avlusundan başlamaktadır. Hristiyanlar böyle kutsal bir yolculuğun Müslümanlara ait bir mekândan başlamasının verdiği rahatsızlıkla, buranın okul olması ve tatil günü olan Cuma hariç burayı kullanamamaları sebebi ile Ömeriyye Medresesi'nin tam karşısına Kırbaçlanma Kilisesi adında bir dinî yapı inşa etmişlerdir.

Romalılara bağlı vassal Yahudi Kralı Herod'un ikinci mabedin inşası öncesinde Beytü'l-Makdis alanını düzletmeye çalıştığını biliyoruz. Ancak bu köşe tüm çalışmalara rağmen yüksekte kalıyordu. Bu nedenle buraya kondurulan binalar hem Yahudiler hem Romalılar hem de sonrasında gelen Memlüklü ve Osmanlı valileri tarafından yönetim merkezi olarak kullanıldı. 1870 yılına kadar Osmanlı'nın Kudüs Mutasarrıfı bizzat Caviliyye Medresesi'nde ikamet etti.

1927 yılında Ömeriyye Medresesi'nde eğitim gören ibtidaiye öğrencileri

Bugün Ömeriyye Medresesi olarak adlandırılan yapılar topluluğu, Memlüklü eseri Caviliyye Medresesi'nin orijinal yapısını yansıtmaktan çok uzaktır. Her dönemde eklemeler yapılan bu eser, Osmanlı döneminde de birçok eklemelerle çok amaçlı olarak kullanılmıştır. 1923'teki tamiratta geniş avlusunun etrafına birçok sınıf eklenerek tam teşekküllü modern bir okul haline getirilmiştir. Via Dolorosa tarafından bakıldığında bu eğitim kurumunun yeni yüzü görülürken, Harem tarafından bakıldığında Memlüklü döneminin orijinal okul binası temaşa edilebilmektedir.

Ömeriyye Medresesi'nden başlayan Çile Yolu Haç Ziyareti

ROMALILARA ADANMIŞ BİR YAHUDİ KALESİ
Antonia

Kudüs'te, Beytü'l-Makdis ve üzerindeki imar faaliyetleri dendiği zaman akla gelen en önemli isimlerden biri Yahudilerin, Romalılara bağlı vassal yöneticisi Herod'dur.

Aslında herod, firavun, sultan, melik gibi genel bir unvandır. Yani Yahudileri tarihte birçok herod yönetmiştir. Ancak bu herodu diğerlerinden ayıran özellik, Babillilerin MÖ 586'da yıktığı Süleyman Mabedi'ni ikinci kez ayağa kaldırmış olmasıdır. Herod bu büyük inşaata girişmeden önce Beytü'l-Makdis alanını elden geçirmiş, düzleştirmeye çalışmıştır. Mabed Tepesi olarak da bildiğimiz bu kutsal mekânın batı, doğu ve güney cephelerinde istinad duvarları ördürmüş, içlerini doldurtarak arazi tesviyesine gitmiştir. Ancak arazinin bu üç cephesinde zemin düzenlemesi sağlanırken kuzeyde başka bir problemle karşılaşmışlardır. Devasa boyutlarda bir kaya kütlesi karşılarında durmaktadır. Bu kayayı da boydan boya kesme yoluna gitmişlerdir.

Ancak bu kez de üzeri düzlenmiş geniş bir kaya kütlesiyle karşı karşıya kalmışlardır. Bu durumda Herod, bu yüksek kayanın üzerine bir kale inşa etme kararı alır. Bu kale, şehri çeviren surların içinde bir iç kale gibi kalacak, hem bulunduğu yüksek kot

II. Mabed ve sol arka köşede Antonia Kulesi

ile tepenin üzerindeki mabed binalarını denetleyecek hem de yönetici zat burada ikamet edebilecektir. Kale inşaatı bittiğinde Herod, kaleye o günlerde Kudüs ve civarını Roma adına yöneten Vali Mark Antony'nin ismini verecektir.

Herod Agrippa

Yapılan araştırmalarda bugün Beytü'l-Makdis'i çeviren duvar, revak ve binaların, zamanında Herod'un yaptırdığı Antonia Kulesi hizasında gittiği, yani sınırların değişmediği görülmüştür.

Bu iç kale tarih boyunca, Herod'un burada yaşaması, büyük Yahudi isyanında Yahudilerin buraya sığınıp uzun süre direniş sağlayabilmesi, Hristiyanlık inancına göre Hz. İsa'nın yakalanması sonrasında burada kırbaçlanması ve mahkeme edilmesi, Aziz Pavlus'un Kudüs'teki son vaazını buradaki taş basamakların üzerinde vermiş olması gibi nice önemli hadiseye şahitlik etmiştir. Bu nedenle bugün böyle bir kale yapısı ayakta olmasa da Yahudilik ve Hristiyanlık açısından bu mekân önem arz etmektedir. Titus, MS 70'te Kudüs'ü kuşatıp uzun bir direnişin ardından Antonia Kulesi'ni aldıktan sonra İkinci Mabed'le birlikte bu askerî yapıyı da yıktırmıştır.

Antonia Kulesi'nin bulunduğu mekân

Pavlus'un Basamakları

Müslümanlara ait sanat harikası Gavânime Minaresi'nin bulunduğu yer, Yahudiler için son derece önemli olan Antonia Kulesi'nin yeri olması dolayısıyla nasıl önemliyse üçüncü bir hatıra dolayısıyla Hristiyanlar tarafından da önemsenmektedir.

Gavânime Minaresi'nin yanına gidildiğinde, minarenin üzerine oturmuş olduğu taş zeminde, dikkat edilirse ancak fark edilen, taştan kesilerek hazırlanmış merdiven basamakları görülecektir. Bu basamakların, zamanında Aziz Pavlus'un üzerinde durup konuşma yaptığı yer olduğuna inanılır.

Hz. İsa'nın göğe kaldırılmasının üzerinden epey zaman geçmiştir. O hayatta iken ve Beytü'l-Makdis'te insanları yeni dine davet ettiği sıralarda Hz. İsa'ya hakaret edenlerden biri de Pavlus'tur. Ancak sonrasında Havarilerin yanına gelerek, "İsa[(as)] çölde bana gözüktü, dinimi seninle kuvvetlendireceğim, dedi, artık ben de sizden biriyim," der. Pavlus, hitabetinin üstünlüğüyle kısa zamanda çevresinde ses getirir. Bu durumdan rahatsız olan Yahudiler Pavlus'u yok etmek için ayaklanırlar. Romalılar Pavlus'u bir linçten korumak için Antonia Kulesi'ne kaçırır. Tam bu basamaklara gelmişlerdir ki, arkadaki halk, "Ölüm ölüm" diye haykırmaya başlar. Yanındaki Romalılardan izin alan Pavlus, buradan halka hitap eder. Ancak konuşması öfkeli kalabalığı sakinleştirmeye yetmez. Neticede, buradaki konuşma Pavlus'un Kudüs'teki son vaazı olur. Bundan sonra şehri terk ederek, Hristiyanlığın yayılmasında büyük etkisi olan Avrupa ve Anadolu seyahatlerine çıkar.

Pavlus'un hikâyesinin bizi getirdiği noktada başımızı kaldırdığımızda Kudüs'ün en güzel minaresiyle karşılaşırız. Şimdi bir de bu minareye göz atalım.

Pavlus'un II. Beytülmakdis'te son vaazını verdiğine inanılan yer

Aziz Pavlus

KUDÜS'ÜN EN GÜZEL MİNARESİ
Gavânime

Memlüklü emirlerinden Türk asıllı Sancar el-Cavlı'nın Cavaliyye Medresesi'nin hemen yanında, Beytü'l-Makdis'in kuzey revaklarının batı revaklarıyla kesiştiği noktada Kudüs'ün en güzel minaresiyle karşılaşırız. Her zaman söylerim, Türk-İslam sanatının en nadide minare ve kubbe yapıları hep Memlüklülere ait olmuştur. Bu minare, mukarnaslı kaide ve şerefe altlığı, her katını süsleyen çifte kemerli pencereleri, kubbe kasnağındaki sekiz dilimli ve kemerli geçişleri ve göz alıcı taş işleme sanatıyla avlunun gözdesi durumundadır.

Minare, ismini hemen yanındaki Gavânime Kapısı'ndan alır. Kapıya ismini veren ise meşhur Benî Ganim Ailesi'dir. Selahaddin Eyyübi, Kudüs'ü fethi sonrasında Via Dolorosa (Çile Yolu) üzerinde kurduğu Selahiyye Medresesi'ne yönetici olarak Şeyh Ganim bin Ali'yi atamıştır. İşte bu aile bu zatın soyundan geliyor olup, Selahiyye Medresesi, Gavânime Kapısı'na çok yakın olduğu için burada ikamet etmişler ve böylece isimlerini buraya vermişlerdir.

Gavânime Minaresi'nin giriş kapısı üzerindeki kitabe, 1923 yılındaki geniş tamiratta İslam konseyi tarafından bu minarenin de tamir gördüğünü anlatır.

Mescid-i Aksa avlusunu yöneten Ürdün vakıf yetkililerinden alınacak bir izinle bu minareye çıkmak zor bir prosedür olsa da bazen mümkün olabilmektedir. Çıkabilir misiniz bilmiyorum ama bu minareye çıkmış ve buradan görülen manzaraya dakikalarca kendini kaptırmış biri olarak söylüyorum, buradan Mescid-i Aksa o kadar güzel görünüyordu ki hayatımda ilk kez bir manzaraya değil de bir tabloya baktığımı sanmıştım.

Mescid-i Aksa avlusunun kuzey cephesini bitirdik. Artık batı cephesinin başladığı köşedeyiz ve önümüzde minareye ismini veren Gavânime Kapısı bulunuyor.

KUTSAL'IN KUZEYBATI KÖŞESİ
Gavânime Kapısı

Beytü'l-Makdis'in kuzeybatı kö-şesinden tarih fışkırıyor adeta: Son derece görkemli Memlüklü medrese-lerinin üzerinde göz alıcı bir minare (Gavânime), aynı mekânda zamanın-da inşa edilmiş Antonia Kulesi (He-rod'un iç kalesi), Pavlus'un son vaa-zını verdiği basamaklar, Hz. İsa'nın (bize göre Yehuda) kırbaçlandığı yer. Herod ikinci mabedi inşa ederken, Beytü'l-Makdis zemininden daha yüksek olan bu yere Antonia Kule-si'ni yaptırarak burayı bir yönetim merkezi haline getirmiştir, Memlüklü ve Osmanlı döneminde de benzer bir düşünceyle buraya bir yönetim sarayı inşa edilmiştir.

Uzaktan Gavânime minaresi ve kapısı

Gavânime Kapısı içinde tarihî han

Gavânime kapı kitabesi

Hatta Gavânime Minaresi'nin ilk halinin bu saraya ait bir kule olduğu dahi söylenmektedir. Gavânime Kapısı'nın doğusuna dikkatle bakıldığında bu sarayın kalıntıları hâlâ görülmektedir.

Beytü'l-Makdis'te, en içte Allah'a yakın olma noktaları halvethaneler, avlu kenarlarında ilim merkezi olan medreseler, kutsal alanın hemen dış kenarlarında ise barınılacak yapılar yer almaktadır. Gavânime Kapısı'ndan çıkar çıkmaz bu yapılardan biri karşılar bizi: Bir Osmanlı Hanı. Üzerinde Osmanlı tarzı çinileri hâlâ durmaktadır. Devamında neler var neler... Kudüs'ün meşhur Mevlevihanesi'nden, Afganlar tarafından kurulan Kâdiri Tekkesi'ne, Özbeklerin hayat verdiği Nakşi Asitânesi'ne ve daha nerelere açılır bu kapı! Tabii bu detayların hepsine Kudüs kitabının eski şehri anlatan ikinci cildinde yer vereceğiz.

BİR MEMLÜKLÜ CEPHESİ
Batı Revakları

Emevi saltanatında bir dönem vardır ki o dönemde Mekke'den Medine'ye, oradan Kudüs'e İslam dünyasının birçok şehri şantiyeye dönmüştür. Velid bin Abdülmelik dönemi diye adlandırılan, son derece ilginç bir yapılaşma zamanıdır bu halifenin iktidar yılları. Mescid-i Aksa Ulucamii'ni de o yaptırmıştır. Tıpkı onun gibi Memlüklüler devrinde de Kalavun'un oğlu Muhammed Nasır dönemi ülkenin şantiyeye döndüğü farklı bir zaman dilimi olmuştur. Sadece başkent Kahire'de değil birçok yerde, özellikle de Kudüs'te inkılap derecesinde değişiklikler yapılacak, çevre, önemli imar faaliyetleriyle donatılacaktır.

Beytü'l-Makdis'in kuzeybatı köşesindeki Gavânime minaresinden itibaren solumuzda kalan ve batı yönünde uzanan yapılara şöyle bir bakalım. Bulunduğumuz yerden en uçtaki Faslılar Kapısı'na kadar uzanan revaklar ve revakların arkasında üst üste geçmiş medreseler, hankâhlar, zaviyeler bize göz kırpar. Hemen tamamı Memlüklü eseri olan bu yapıları tek tek anlatacağız, ancak öncesinde bu cephenin ağırlıklı olarak Memlük Hükümdarı Muhammed Nasır dönemine ait olduğunu ifade edelim.

Batı Revakları

Batı Revakları içeriden

Beytü'l-Makdis'in batı cephesi olarak adlandıracağımız bu bölümde altı kapı, muhteşem bir çarşı, üçü büyük olmak üzere onlarca medrese ve konaklama yapısı bulunmaktadır. Buradaki ilk revaklar 958 yılında Fatımiler tarafından yaptırılmış olsa da bunlar çok basit ve kısadır. Bahsettiğimiz bu devasa revakların bir kısmı 1307-8, diğer kısmı da 1336-7 yıllarında Muhammed Nasır tarafından yaptırılmıştır. Batı cephesinin sonlarına doğru muazzam bir Eşrefiyye Medresesi gözümüze çarpar. Memlük Sultanı Kayıtbay'ın bu medresesi ve civarındaki revaklar ise 1472 yılında Eşref Kayıtbay tarafından inşa ettirilmiştir.

Revakların üzerindeki üç kitabe bize bu konuda bilgi vermektedir. İlki Nazır Kapısı'nın güneyinde olup payandaların üzerindedir. Burada şöyle yazmaktadır:

"Bu kutlu revak en-Nasır Muhammed bin Kalavun Hanedanlığı zamanında Bulghak bin Caghan el-Havarizmi idaresinde inşa edilmiştir. 707/1307-8"

İkinci kitabe yine batı duvarı üzerinde Silsile Kapısı'ndan beş metre kadar güneyde inşa edilmiştir. Burada da şöyle yazmaktadır:

"Bu revak en-Nasır Muhammed bin Kalavun Hanedanlığı zamanında Emir Şeref ad-Din Musa bin Hasan el-Hadbani idaresinde 713/1313'te inşa edildi."

Üçüncü kitabe Pamukçular Çarşısı Kapısı'nın üst alınlığındadır. Bu kitabenin tarihi ise 737/1336'dır.

Mescid-i Aksa'nın batı revakları üzerinde onlarca tarihî yapı bizi bekliyor. Her bir yapı bizi tarihin farklı dönemlerinde yaşamış birçok zatın zamanına taşıyacak. Batı revaklarınca süregidecek bu soluksuz yolculuğa Nazır Kapısı'yla başlayalım.

Nazır Kapısı yanında Muhammed Nasır'ın kitabesi

Nazır Kapısı ve Sebili

Beytü'l-Makdis arazisinin batı duvarına bakan yüzünde bulunan Nazır Kapısı, zamanında Kudüs nazırının bu civarda oturması sebebiyle bu ismi almıştır. Nitekim bu kapıdan çıktıktan hemen sonra karşımıza gelen Osmanlı döneminin meşhur Kudüs Nazırı Bayram Çavuş'un medresesi, ribatı ve kabrinin bulunduğu mekânlar bu bilgiyi doğrulamaktadır. Osmanlı Kudüs'ünün kalbinin attığı bölgeye açılan bu kapı, 16. ve 17. yy Osmanlı'sına ait birçok hayır kurumuyla çevrilidir. Bayram Çavuş ve onun Osmanlı Kudüs'üne kattıklarını Kudüs serisinin ikinci cildinde uzun uzun anlatacağız.

Kapının hareme bakan yüzü son derece sade olup basit bir sivri kemerle tamamlanmaktadır. Kapının şehre bakan yüzünde

Aksa avlusundan
Nazır Kapısı

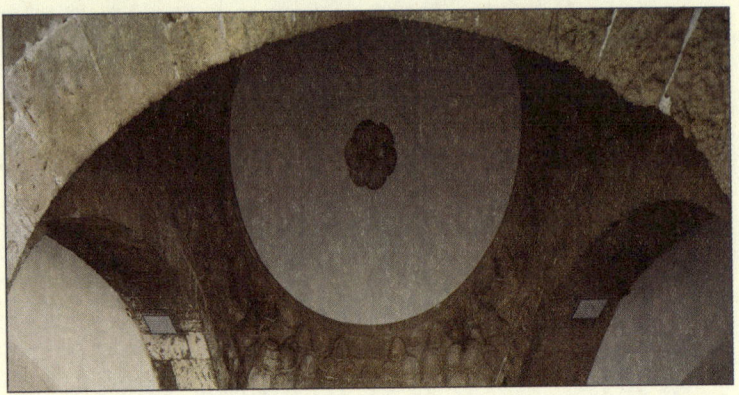

Nazır Kapısı Kubbesi

bir adet kubbe bulunmakta olup dört ayaktan kubbeye geçişi sağlayan kasnağı mukarnaslıdır. Kubbeyi orijinal kılan şey, kubbenin ortasında altı dilimli ikinci bir kubbenin bulunmasıdır.

Kapıdan çıktıktan hemen sonra karşımıza Kanuni Sultan Süleyman dönemine ait o meşhur çeşmelerden biri çıkar. Kapı gibi bu çeşme de Nazır adı ile adlandırılır. Ama aslında bir nazır değil Sultan Çeşmesi'dir. Sultan Süleyman'ın Kudüs'teki tamirat faaliyetleri döneminde şehre su getirdikten sonra bu suyu biriktirmek için yaptırdığı baraj (Sultan Havuzu) ile birlikte inşa ettirdiği 14 çeşmeden biridir. En üstte gördüğümüz rozet İslam mimarisine ait olduğu halde kemerler ve yan sütunların başlıklarının Haçlı dönemine ait olduğu tahmin edilmektedir. Çeşmenin arkasında bir su deposu, kuyu ve sarnıçlardan beslenen bir boru sistemi mevcuttur.

Kanuni çeşmelerinin, kitabelerindeki küçük değişiklikler göz ardı edildiği takdirde benzer olduğu görülür. Özellikle Nazır Çeşmesi ile Kanuni'nin Barajı (Sultan Havuzu) önündeki çeşmenin kitabeleri aynıdır. Burada şöyle yazmaktadır:

"Bu mübarek sebilin inşasını 943 senesinin Ramazan ayının ikisi tarihinde efendimiz, Büyük Mülk Sultanı, Mükerrem Hakan, Rum'un ve Arap'ın ve Acem'in sultanı, Sultan Selim Han oğlu Sultan Süleyman emretmiştir. Allah mülkünü ve saltanatını daim eylesin." (1537)

Bu kapıdan çıktıktan sonra sağ tarafta Meclis-i İslamiyye, Alaaddin Buseyri Ribatı, Hüseyniye Medresesi; sol taraftada ise Mansur Kalavun Ribatı bulunmaktadır.

BABÜ'L-HADİD
Demir Kapı

Demir Kapı'dan dışarıya çıktığımızda her iki cephede birtakım devasa binalar gözümüze çarpar. Bunlar art arda sıralanmış eğitim binalarıdır. Kapıdan çıkarken sağımızdaki ilk eser Ribatü'l-Kürdi'dir. Onun hem sağ bitişiğinde hem de üstünde ikinci kat olarak uzanan yapı Cevheriye Medresesi'dir.

Solda kalan binalar ise Arguniye, Hatuniye ve Muzafferiye medreseleridir. Bunlardan Arguniye ve Muzafferiye medreseleri aslında bitişiktir. Hatuniye Medresesi her ne kadar bunların arasında gibi gözükse de aslında bu iki medresenin arasındaki kapıdan uzun bir koridorla ilerlenmekte, akabinde sola dönüldüğünde bu hanım eseri yapıya gelinebilmektedir. Yani aslında Hatuniye Medresesi Arguniye'nin arkasında değil, Mescid-i Aksa'ya

Dış cepheden Demir Kapı

Aksa avlusundan Demir Kapı

cephe oluşturacak şekilde sol yanındadır. Ama bu medrese, Aksa avlusunda fark edilememektedir. Çünkü Hatuniye Medresesi'nin avluya bakan tarafında sonradan buraya defnedilmiş birtakım ailelerin kabirleri vardır. Şimdi Ribatü'l-Kürdi ile başlayalım.

Demir Kapı dışında sağlı sollu medrese ve ribatlar

MOĞOL MÜCADELESİNİN ŞEHİDİ
Ribatü'l-Kürdi

Hadid Kapısı'ndan çıktığımızda sağımızda göreceğimiz ilk yapı Ribatü'l-Kürdi'dir. Bu yapının içinden açılan kapı, Yahudilerin kendilerine İkinci Ağlama Duvarı ilan ettiği avluya götürür bizi. İşte kapıya bakan cephe ve arka avlu Ribatü'l-Kürdi'ye aittir. Ribatü'l-Kürdi'nin sağında Cevheriyye Medresesi yer alır ve bu yapı yukarıdan Ribatü'l-Kürdi'yi sarar. Yani Ribatü'l-Kürdi'nin üst katı Cevheriyye Medresesi'dir.

Memlüklülerin ilk hükümdarlarından biri olan Kalavun'un hem yetiştirmesi hem de komutanı olan Emir el-Makar es-Seyfi Kürd Sahibü'd-Diyar el-Mısriyye tarafından yaptırılmıştır (1294). Döneminde etkili bir isim olan Emir el-Makar Seyfi'nin son vazifesi Trablus valiliği idi. Sultan Baybars'ın Moğollara karşı kazandığı Ayn-ı Calut ve Elbistan Savaşlarından sonra Kalavun

Ribatü'l-Kürdi ve üzerinde Cevheriyye Medresesi

Cevheriyye Medresesi ana kapı

da bu mücadeleyi devam ettirmiş, Moğollar amaçlarına ulaşamamıştı. Moğollarla Memlüklüler arasında geçen bir mücadelede (1300) Emir el-Makar es-Seyfi şehit düşmüştür.

Emir Makar'ın kurduğu vakfın senetlerinde, ele geçen gelirin kârının fakirlere, hacılara ve Kudüs'ü ziyarete gelenlere tahsis edilmesi istenmektedir. Vakıf Mütevellisi İbnü'd-Düveyk ailesidir, ilerleyen yıllarda Şehabi Ailesi tarafından ribat eve dönüştürülmüştür.

Başta Ribatü'l-Kürdi olmak üzere özellikle Harem-i Şerif'in batı duvarı ve bu duvar civarındaki yapılar İsrail'in tünel kazıları dolayısı ile büyük tehlike altındadır. Bu cephenin birçok noktasından temeller zarar görmekte, duvarlar çatlamakta ve yer yer düşmektedir.

MAKAM VE PARAYLA SATIN ALINAMAYAN ADAM
Arguniyye Medresesi

Demir Kapı önündeki binalar içinde en görkemlisi Arguniyye'dir. Emir Argun ya da kayıtlardaki adı ile Argun el-Kâmilî tarafından yaptırılmıştır. Tarihî bir eserin önüne geldiğimizde o eseri incelerken; binanın büyüklüğü, üzerindeki süsleme, kapısının yüksekliği, pencere alınlıkları, örtü sistemi, kitabedeki metnin içeriği, bu binanın hangi amaçla yaptırıldığı ve nasıl kullanıldığı, son olarak vakfiyesi bize bu eserin bânisi hakkında müthiş bilgiler verecek delilleri teşkil eder.

Sadece Mescid-i Aksa'daki değil, Kudüs şehrindeki medreseleri görkemine göre sıralarsak Arguniyye Medresesi hiç kuşkusuz

Arguniyye Medresesi

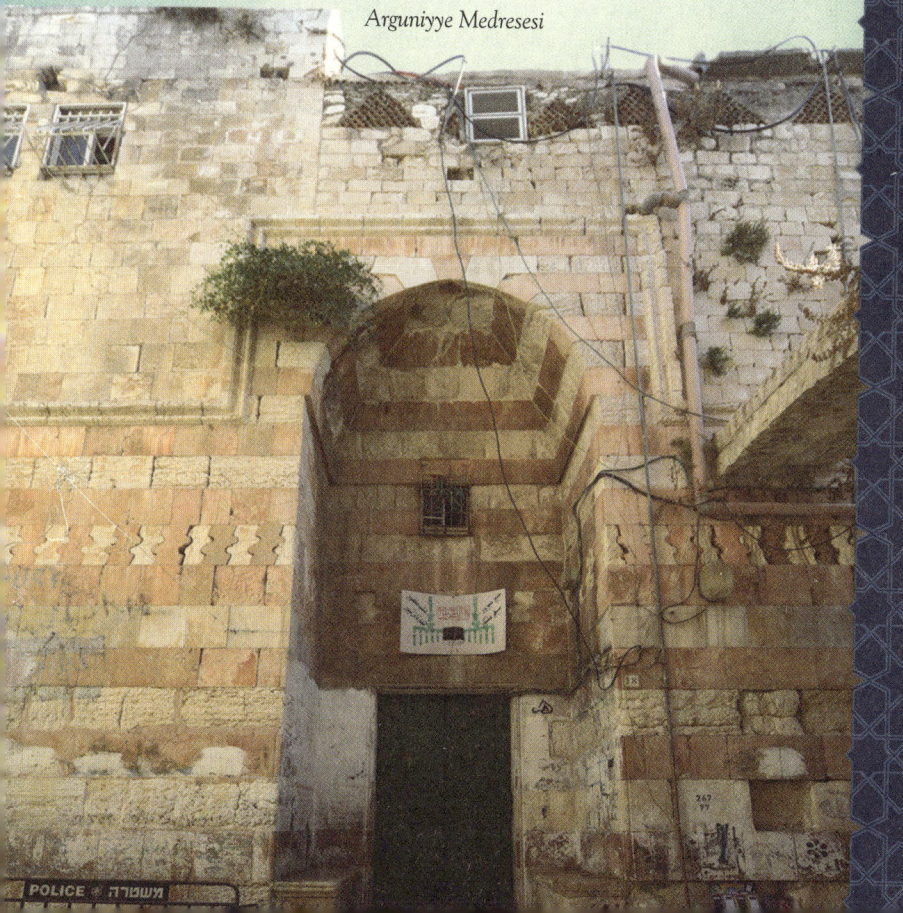

en ön sıralarda yer alacaktır. O zaman bu medrese ya bir sultan medresesidir ya da sultanın gözüne girmeyi başarmış son derece kıymetli bir zata aittir.

Kitabımızın bu bölümüne konu olan Argun el-Kâmilî hakkında malumat vermeye başlayabiliriz. Öncelikle isminden başlayalım. Argun adı eski Türkçede bugün gelincik olarak bildiğimiz canlının adıdır. Son derece çevik ve hareketli bir canlı olması sebebiyle Türklerde bu isim kullanılmıştır. Hatta ciddi bir araştırmada birçok hakan ve emirin bu isme sahip olduğu görülecektir. Alparslan'ın oğlu Arslan Argun'dan II. Kılıçarslan'ın oğlu Nizameddin Argun Şah'a, Selçukluların Kazvin Valisi Alp Argun'dan II. Tuğrul'un emirlerinden bir diğer Alp Argun'a kadar bu ismi almış birçok yönetici sayılabilir. Sadece Türklerde değil Moğollar ve Timurlularda da yaygındır bu isim. İlhanlı Hükümdarı Argun Han ve Timur'un kumandanı Argun Han bunlardan birkaçıdır. Memlüklüler döneminde de Argun ismine rastlıyoruz. Argun ed-Devâdâr, Argun el-Alâî ve Argun el-Kâmilî. Demir Kapı önündeki medrese ise işte bu sonuncusu Argun el-Kâmilî'ye aittir.

Argun el-Kâmilî Memlüklüler döneminde Sultan Ebu Maali Hasan, Selahaddin Muhammed, Zeyneddin Şaban dönemlerinde valiliklerde bulunmuştur. Önce Şam, sonra Halep ve Kudüs valiliklerinde vazife almıştır. Bânisi olduğu eserleri 1354 yılında yaptırdığı bilinmektedir. Döneminde Memlüklü Devleti'nin gözde valilerinden biri idi Argun el-Kâmilî. Özellikle devletin zaaf yıllarında ülkenin bütünlüğünü sıkıntıya sokacak isyanlara karşı gösterdiği kararlılıkla Memlük sultanlarının gözüne girmiştir.

O günlerde Memlüklü Devleti'nin sınırları Çukurova'ya kadar uzanmaktaydı. Ancak Memlüklüler bu bölgede bulunan iki Türkmen beyliğini kontrol altında tutarak buraları yönetmek istiyordu: Adana civarındaki Ramazanoğulları ile Maraş civarındaki Dulkadiroğulları. Memlüklüler Dulkadiroğullarını tutuyordu. Emirlik hakkı ve iktaları onlara vermişlerdi. Ancak Dulkadiroğullarının başındaki Karacabey son derece hareketli ve itaat altına girmeyen bir yapıya sahipti. Fırsat bulduklarında Memlüklülere başkaldırabilirlerdi. Hatta o günlerde Memlüklülerin Halep valisi ile savaşmış ve onu yenilgiye uğratmışlardı. Ermenilerin en güçlü kalelerinden birini almışlardı. Bölgede emeli olan

*Emir Argun Türbesi'nin Aksa avlusuna bakan hacet penceresi
(yanındaki Şerif Hüseyin ve Abdullah türbelerinin pencereleri açıkken neden
Memlüklülerin kabirleri hep kilitli ve saklı)*

herkese adeta kök söktürüyorlardı. Tabii bu durum Memlüklülerin hoşuna gitmiyordu. Karacabey'in en büyük hatası o günlerde Memlüklülerin Halep Naibi Beygoğa, Trablus Naibi Beklemiş ve Hama Naibi Ahmed es-Saki'nin merkeze karşı başlattığı ayaklanmaya destek vermesi oldu. Bu büyük isyan başkent Kahire'yi sarsabilirdi. Ancak o günlerde Şam Naibliği yapan Emir Argun bu isyana katılmadığı gibi bastırılması için tedbirler de aldı. Halbuki bu isyana katılması için diğer emirler kendisine neler vadetmişti. Emir Argun, üç büyük ilin isyanını tek başına bastıramazdı. Kahire'ye gönderdiği ulakla sultanın acilen gelmesini istedi. Selahaddin Muhammed'e yazdığı mektupta, "Bu isyan ancak sizin iştirakiniz ile sönebilir," diyordu. Hükümdarın da iştirakiyle hazırlanan kuvvetler isyanı bastırdı.

Memlüklü sultanı Çukurova'da gösterdiği faaliyetlerle buradaki Ermeni varlığına ciddi darbe vuran Üçokların başı Ramazan Bey'i çağırtarak bölgenin Türkmen emirliğini kendisine verdi. İşte bu hareket ile birlikte Ramazanoğulları Beyliği kurulmuş oldu. Tabii bu durum Dulkadiroğullarını son derece rahatsız etti. Onların bölgede rahat durmayacaklarını kestiren Memlük Sultanı Selahaddin, Şam Valisi Argun Bey'i buradan alarak Halep'e tayin etti.

Bölgeye yakın olursa Karacabey'i daha iyi kontrol edebilirdi. Karacabey durumunu kurtarmak için yanına sığınmış olan Hama ve Trablus Emirlerini Emir Argun'a teslim etti ama artık

Medresenin kapı sövesinde çift taraflı madalyonlu kitabe

Memlüklüler onu yönetimde görmek istemiyordu. Bir ara Emir Argun, herhangi bir çarpışmada Müslüman kanı dökülmesin diye Karacabey'i oyunla ele geçirmeye çalıştı. Kahire'den kendisine gelen hil'atları giydireceğini bildirerek kendisini Halep'e davet etti. Ancak Karacabey bu oyunun farkına vararak bu daveti kibarca reddetti. Nihayet kaçınılmaz çarpışma gerçekleşti. Karacabey Emir Argun'a yenildi ve Kayseri'ye kaçtı. Ancak burada hükmeden Eretnaoğulları kuvvetleri Karacabey'i yakalayarak Emir Argun'a teslim etti. Kahire'ye gönderilen Karacabey orada idam edildi.

Emir Argun Bey'in kabri

Argun Bey, Kudüs Mescid-i Aksa'daki medresesini yaptırdığı tarihten (1354) üç sene sonra 1357'de vefat etti. Bu medrese 1358'de Şemseddin Baybars adındaki bir başka Memlüklü idareci tarafından tamir edildi. Demir Kapı'dan çıkıldığında solda kalan medresenin yola bakan sol penceresinin içi türbedir ve Emir Argun burada medfundur. Emir Argun'un türbesine ait bir pencere de Harem-i Şerif'e açılmaktadır. Demir Kapı'nın solunda avluya bakan ilk pencere bu hacet penceresidir. Ancak hem bu hem de dışarıya bakan pencereleri kapalıdır.

Arguniyye Medresesi'nin Aksa dışına bakan cephesinde sol pencere içinde Emir Argun'un türbesine ait hacet penceresi

Bugün Arguniye Medresesi Afifi Ailesi'nin meskeni durumundadır. Arguniyye'nin Aksa avlusuna bakan bazı odaları sonradan kabir olarak değerlendirilmiştir. Şerif Hüseyin ve Kral Abdullah bunlardandır. Onların bulunduğu odanın bakımını Afifi Ailesi yapmaktadır.

Hatuniyye Medresesi giriş kapısı

Hatuniyye Medresesi

Babü'l-Hadid'den (Demir Kapı) dışarıya çıkıldığında soldan ikinci medrese Hatuniye Medresesi'dir. Ancak bu medrese, Arguniyye ve Muzafferiye medreselerinin arasında değil, Aksa avlusuna bitişik uzanmaktadır. Hatuniyye'ye gitmek için Arguniyye ve Muzafferiye'nin arasındaki kapıdan içeriye girilip uzun bir koridor aşmak gerekmektedir. Koridorun sonunda soldaki kapı sizi Hatuniyye Medresesi'nin avlusuna götürecektir. Tabii bu dediğimi yapıp geniş avlulu bir medrese, etrafında öğrenci odaları görmeyi hayal ediyorsanız, yanılırsınız. Gerilmiş ipler, üzerlerine serilmiş çamaşırlar, perdeli pencereler, kilitli kapılar ve örülmüş duvarlar, yani ev haline gelmiş bir medreseyle karşılaşacaksınız.

Bu medresede iki ayrı hanımın adı geçmektedir. Birincisi Memlüklüler döneminde 1354 tarihinde medreseyi inşa ettiren Bağdat Kazanlı Şemseddin bin Seyfeddin'in kızı Oğul Hatun'dur. İnşasından 30 sene sonra 1380-81 yıllarında ise Emir Kazan Şah kızı İsfahanşah Hatun medreseyi tamir ettirmiştir. İsfahanşah'ı ilerleyen sayfalarda Babü'l-Matahhara'nın yanındaki Osmanlı medresesinin bânisi olarak bir kez daha göreceğiz.

Hatuniyye'ye ulaşmak için bu uzun koridoru aşmalısınız

Bugün Hatuniyye Medresesi'nin içinde bazı kabirler yer almaktadır. Avluya bakan ilk odada Şerif Hüseyin ve oğlu Abdullah medfundur. Üst üste gömülmüşlerdir. Onlar hakkında bilgileri ilerleyen sayfalarda bulacaksınız. Medresenin güneyinde Hindli bir Müslüman lider olan Muhammed Ali yatmaktadır. Filistin davasına hizmetleriyle bilinen Muhammed Ali 1930 yılında Londra'da ölmüştür. Onun da ilerisinde Hüseyniler medfundur.

Bu kadar insanın medfun olduğu bu medresenin asıl bânisi olan Oğul Hatun da kendi medresesinde medfundur ama görebilene aşk olsun. Şu kitaba kabir fotoğrafını koyabilmek için ne kadar uğraştığımı bilemezsiniz. Arguniyye'yi mesken edinen ailelerden biri beni evlerinin çatısına çıkarmasaydı bu uzaktan kubbesi görülen kareyi de çekemeyecektim açıkcası. Bir gün görebilmek ve ziyaret edebilmek dualarımla.

Hatuniyye Medresesi'nde tırmandığım bir balkondan çektiğim kare, uzakta solda Oğul Hatun'un türbe kubbesi

AKSA'DA ESERLERİ OLMAYAN İKİ KABİR
Şerif Hüseyin ve Kral Abdullah

Mescid-i Aksa denince aklımıza neler gelir neler! Başta o muhteşem Mirac hadisesi, ardından nice peygamber hatırası... Bu mukaddes yere kelebekler gibi uçuşan nice âlim, mutasavvıf ve hayırsever... Kimi ziyaret etti, kimi eser verdi, kimi de bu önemli mekânın yakınlarında kalmak ve burada ölüp buraya defnedilmek istedi. Kitap boyunca, bu kutsal alanın içinde gezerken birçok kabirle karşılaştık. Bu kabirlerin sahipleri, içinde yattıkları bu eserlerin bânileri ve vakıf sahipleri idi. Şimdi size Mescid-i Aksa'da bulunan iki kabirden bahsedeceğim. Bu kabirlerin sahiplerinin Aksa avlusunda herhangi bir eserleri bulunmamakla birlikte medfun bulundukları yerler de Memlüklülere ait yapılardır. Ama ne hikmettir ki bu avlu içinde yatmaya hak kazanmışlardır. Aslında burada yatmaya hak kazandıkları hadiseleri kendilerine sorsak, ölmeden önceki ifadelerini bildiğimiz bu zatların son derece pişman olduklarını görürüz. Bu coğrafyaların meşhur bir sözü ile konuyu bağlayalım;

Ba'de Harabü'l-Basra (Basra Harap olduktan sonra...)

Demir Kapı'nın solundan, Aksa avlusunun batı revakları hizasında ilerliyoruz. Önümüze gayet süslü bir pencere çıkıyor. Pencerenin renkli kontürleri yukarıda bir alınlık haline geliyor. Alınlığın üstünde de bir taç bulunuyor. Yani bir kral ile karşı karşıyayız. Bu kabirde iki kişi üst üste yatıyor. Osmanlı'nın Mekke Şerifi Hüseyin ve oğlu, Ürdün Devleti'nin ilk kralı Abdullah.

Ben Bu Yalıda Doğdum!

Bir gün İstanbul Boğazı'nda grubumla tekne turu yapıyorduk. Ara verdiğimiz bir sırada yanıma gelen garsonlardan biri, "Kaptan sizi görmek istiyor," dedi. Kaptan köşküne çıktım. Son derece yaşlı bir adam karşıladı beni. Sonradan öğrendiğime göre o günlerde İstanbul Boğazı'nda vazife yapan en yaşlı kaptan kendisiymiş. Bana, "Sen diğer rehberler gibi anlatmıyorsun," dedi. "Sana özel bir şey göstereceğim." Kocaman, ciltli bir defter çıkardı. Sayfalarını çevirdi. Bu bir anı defteriydi. Gemide misafir ettiği bazı konuklara yazdırdığı sayfalar görülüyordu. Derken bir sayfanın üzerinde durdu. Bu sayfa bomboştu. Hiçbir yazı yoktu. Sadece altında bir imza vardı. "Bu imza kimin biliyor musun?" dedi. Ardından cevabı kendisi verdi. "Ürdün Kralı Hüseyin'in. Yani şu anki Ürdün Kralı Abdullah'ın babası. Kral Tallâl'ın oğlu, ilk Ürdün Kralı Abdullah'ın torunu. Fırtınalı bir gündü. Kral Hüseyin ve ailesini gezdiriyordum. İstinye Koyu'nda, işte tam karşımızdaki yalının önünde durmamı istedi. Geminin burnu yalıya baksın istiyordu. Fırtınada bu çok zordu ama uğraştım. Uzun uzun gözyaşlarıyla bu yalıya baktı ve sonra, 'Tamam, yeter, gidelim,' dedi. Bu yalı ile ilgisini sordum. Verdiği cevap, içinde ansiklopediler barındırıyordu, 'Ben bu yalıda doğdum!'"

Evet, Ürdün'ün üçüncü Kralı Hüseyin de İstanbul'da doğmuştu, babası Tallâl da. Hatta dedesinin babası Şerif Hüseyin de 1852 yılında İstanbul'da doğmuştu.

Ürdün Kralı Hüseyin

Yıllarca Hicaz'ı Görmeyen Mekke Şerifi

Babası Ali'den sonra Mekke şerifliğine Hüseyin getirildi. Hırslıydı, gözü yükseklerdeydi. Osmanlı'nın Mekke şerifi olmak mı yoksa Arap dünyasının kralı olmak mı? Tabii ki gönül ve nefs krallık isterdi. O da nefsine uyacaktı. Ancak baştaki ferasetli padişah II. Abdülhamid, Şerif Hüseyin'i çok iyi analiz etmiş, Arap Yarımadası'nda başıboş kalırsa Avrupalıların oyuncağı olabileceğini fark etmişti. Onu İstanbul'a çağırmış, hatta Emirgan'da kendisine bir yalı hediye ederek uzun yıllar gözetim altında tutmuştu.

Şerif Hüseyin, ne zaman Hicaz'a dönmek için padişahtan izin istese Abdülhamid Han bir bahane buluyor ve onu Mekke

Medine'ye bırakmıyordu. II. Meşrutiyet'in ilanı ile birlikte Şerif Hüseyin yeniden Mekke'ye şerif olarak gönderildi. İngiliz Lordu Kitchener bunu bekliyordu. Soluğu Şerif Hüseyin'in yanında aldı. Osmanlı pastası önünde pazarlığa oturdular. Osmanlı'nın satılması, hatta arkadan vurulması karşılığında verilecekler konusunda anlaştılar. Şerif Hüseyin Arabistan kralı ilan edilecekti. Irak diye bir devlet kurulacak ve oğullarından Faysal bu devletin başına getirilecekti. Diğer oğlu Abdullah için Ürdün adında bir devlet oluşturulacak ve yönetimi ona verilecekti. İngilizler onlardan tek şey istiyordu: Velinimetlerine ihanet etmelerini!

İsyan etmeleri için bahaneleri de hazırdı: İttihat ve Terakki Cemiyeti'nin Türkçülük politikası. İttihatçıların her basiretsiz hareketi Arap dünyasına İngiliz ajanlarıyla servis ediliyor, Arapların Türkler ile hiçbir alakasının olmadığı, onlardan ayrılmaları gerektiği düşüncesi pompalanıyordu. Halbuki tarih boyunca Türkler ve Araplar, bu iki necip millet bir ve beraber olduğu müddetçe güçlü olmuştu. Türkler Arapları sömürmemiş, Araplar da Türk hakimiyeti dönemlerini huzur ve refah içinde geçirmişti. Araplar Türklerle bağlarını koparmalı, Ortadoğu'da küçük, kolay kullanılabilir devletçikler oluşturulmalıydı ki sömürgeci Avrupalılar petrol yataklarını istedikleri gibi yönetebilmeliydi.

Lord Kitchener'den sonra Şerif Hüseyin, İngiliz ajanları tarafından hiç yalnız bırakılmadı. İngiliz ajanlar Lawrence, Gertrude Bell ve diğerleri İngiliz davasına hizmet etme adına müthiş bir faaliyet sergilediler.

1916 yılına gelindiğinde Şerif Hüseyin artık gizli niyetini aşikâr etmiş, oğlu Abdullah ve Faysal ile isyan bayrağını açmıştı. Aslında askerî anlamda Osmanlı'ya bir zarar verebilmiş değillerdi. İngilizlerin Irak ve Filistin cephelerinde zor da olsa elde ettiği galibiyetlerin arkasından yerel halkın üzerine oynamaya başladılar. Oysaki Fahreddin Paşa'nın Medine müdafaası yıllarca sürdüğü halde bir şehri bile ele geçiremeyecek

Lord Kitchener

kadar acizdiler. Burada Şerif Hüseyin'in yıllarca konuşulması ve yüreklerde yara halinde kalmasının sebebi, dostların düşmanla bir olması idi. Maddi bir zarar verememiş olsalar da Müslüman oldukları halde Hristiyan Avrupa ile birlik olmaları sadece Osmanlı'nın Anadolu tebaası tarafından değil, diğer İslam toplumları tarafından da affedilmedi.

Kullan At, Yenisini Getir!

I. Dünya Savaşı'nın bitiminde Avrupalıların verdikleri sözleri tutacağını sanan Şerif Hüseyin yanıldığını anlamakta gecikmedi. Bütün Arap dünyasının kralı olmayı hayal ederken petrol zengini toprakların İngiliz ve Fransız mandaları halinde paylaşıldığını acı bir şekilde gördü. Versay Antlaşması'nı kabul etmeyen Şerif Hüseyin kendini hem Arabistan Kralı hem de İslam Halifesi ilan etti. Ancak bu durumu ne Avrupalı sömürgeci güçler tanıdı ne de İslam dünyasının Müslümanları. Kullanılmış ve bir köşeye atılmışlığın üzüntüsüyle İngilizler ile arası iyice açıldı. Şerif Hüseyin'in başına buyruk hareketleri üzerine İngilizler her zamanki politikalarını yürüttü. Kullan at ve bir diğerini yerine getir. Şerif Hüseyin'in Haşimi Kabilesi'ni gözden çıkaran İngilizlerin Arap Yarımadası'ndaki yeni gözdeleri Vahhabi Suud Kabilesi idi.

Şerif Hüseyin artık istenmeyen adamdı. Taif'te yakalanacak ve İngilizler tarafından Kıbrıs'a sürgüne gönderilecekti. Bir süre sonra oğlu Abdullah'ın yanına Ürdün'e geçmiş ve 1931 yılında burada ölmüştür. Evet, Şerif Hüseyin, İngilizlerin kurduğu ve başına oğlu Abdullah'ı getirdiği Ürdün Devleti sınırları içinde hayata gözlerini yummuştur. O günlerde Kudüs Birleşmiş Milletler'in elinde olsa da buradaki Müslümanların himayesi

Abdülaziz bin Suud

Ürdün'e bırakılmıştır. Çünkü Kudüs Müslümanları ve vakıfları bizim Lozan'daki tavrımız sebebiyle sahipsiz kalmıştır. Filistinliler Osmanlı vatandaşıdır. Kudüs'te binlerce vakfiye ve yüzlerce vakıf eser vardır. Eğer bunları bir başka devlete bağlamazlar ise ister istemez Osmanlı'yı aralarında yaşatmaları gerekecektir. Halbuki Osmanlı artık yıkılmıştır ve bir daha hatırlanmamak üzere zihinlerden silinmelidir. Ona ait ne bir vatandaşlık ne de bir vakıf senedi yürürlükte bırakılmamalıdır. Bunun için çok uğraşmışlar ama başaramamışlardır. Değil İslami vakıflar, Hristiyanlık adına düzenlenmiş kural ve nizamlarda bile bugün Osmanlı ne diyorsa harfiyen uygulanmaktadır. Kudüs Eski Şehir adlı kitabımızda Hristiyanlığı konuşacağımız bölümlerde çok şaşıracaksınız!

Oğlu Abdullah'ın arzusu ve İngilizlerin verdiği izinle 1931 yılında Şerif Hüseyin, Mescid-i Aksa'da bir Memlüklü eseri olan Hatuniyye Medresesi'nin içine defnedilir. Yüzyıllardır sürdürülen bir kural vardır Aksa'da. Buraya gömülecek kişi ya buraya bir eser vermeli ya da defnedilmeyi arzu ettiği eserin vakfiyesini düzenleyen bir hâmi olmalıdır. Bir mirasyedi, hele İslam davasına hainlik yapmış biri kesinlikle olmamalıdır. Aksa avlusunun kenarındaki Hatuniyye Medresesi'nin içindeki bu kabirleri birçok Filistinli uzmanla konuştuk. Onlara, Aksa avlusunda bu kabirde kimin yattığını sorduğumda hepsinden aldığım ortak yanıt şu oldu, "Orası Aksa avlusu sayılmaz. Kutsal avlu bu binaların bittiği noktadan başlıyor." Yani Filistinlilerin vicdanı bu zatların kutsal alanda olmasını kabul etmiyordu.

Ben Velinimetime İhanet Ettim

Peki Şerif Hüseyin bu yaptıklarından dolayı hiç pişmanlık duymuş muydu? Gelin, onu da bir hatıraya kulak vererek öğrenelim.

1942 yılı... II. Dünya Savaşı Nazi Almanyası'nın saldırılarıyla bütün hızı ile devam etmektedir. İsmet Paşa, Feridun Cemal Erkin'i Ortadoğu'ya göndermiş, buradaki devletlerin nabzını tutmasını, vahim durumla ilgili değerlendirmelerini almasını

istemiştir. Feridun Bey'in du-
raklarından biri de Ürdün'dür.
Başkent Amman'da Kral Abdul-
lah ile görüşür. Bu görüşme sıra-
sında Abdullah kendisine babası
Şerif Hüseyin ile ilgili şu hatırayı
anlatır:

"Babam sonraları çok ıztırap
çekti. Bir gün saray bandosu
bahçede konser veriyordu. Hava
sıcak, pencereler açıktı. Bir ara
bando hepimizin bildiği İzmir
Marşı'nı çalmaya başladı. Ba-
bamın birçok eski hatırasının
canlanmasını önlemek için pen-
cereyi kapattım. Babam bana
dönerek şu sözleri söyledi.

*Şerif Hüseyin ve oğlu Abdullah'ın hacet
pencereleri*

'Evlat, neden o pencereyi kapatıyorsun? İzmir Marşı'nın eski
günleri bana hatırlatmaması için değil mi? Ben velinimetine
ihanet etmiş âsi bir kulum, günahım büyüktür. Kral olacağımı

Şerif Hüseyin

sandım, Allahu Teala beni sürgünlüğe düşürdü, hasta oldum, buraya sığındım. Pencereyi aç, şu marşı dinleyeyim, duyduğum vicdan azabının şiddeti, o eski hatıraların canlanmasıyla büsbütün artsın. Bu dünyada çektiğim ıztıraptan artan vicdan azabıyla büsbütün ağırlaşsın, ta ki Cenâb-ı Hakk bu günahkâr kulunu dünyada affederek, ahirette daha büyük cezadan korusun...'"

İşte Osmanlı'nın haini bile bu kadar dürüsttü. Son günlerinde bile olsa yaptığı hatanın farkındaydı ve büyük bir pişmanlık içindeydi.

II. Meşrutiyet'in Mekke Mebusu Kral Abdullah

Babü'l-Hadid'in sol tarafındaki süslü pencerenin önündeyiz. İçeride son derece gösterişli bir kabir var. Bir önceki yazıda anlattığımız Şerif Hüseyin burada yatıyor. Araştırmalarımız sırasında Aksa avlusunu iyi bilen Filistinli ve Ürdünlü uzmanlara bu kabri sorduğumuzda tabiri caizse her kafadan bir ses çıktı. Bazıları Şerif Hüseyin yatıyor derken diğerleri Ürdün'ün I. Kralı Abdullah dedi. Nihayetinde öğrendik ki oğlu Abdullah'ın emriyle önce Hüseyin defnedilmiş buraya. Ardın-

Baba oğul üst üste defnedilen Şerif Hüseyin ve Kral Abdullah'ın kabirleri

dan da Kral Abdullah vefatı sonrasında babasının üzerine yine aynı yere defnedilmiş. Yani bu pencereden içeri baktığımızda hem Şerif Hüseyin'in hem de oğlu Kral I. Abdullah'ın kabrini görmüş oluruz.

I. Dünya Savaşı başlamadan çok önce İngilizlerle irtibata geçen Abdullah, babası Şerif Hüseyin'in de İngilizlerle görüşmesini sağlayan kişidir. Savaş öncesi hâlâ rengini belli etmemiş, Osmanlı Hükümeti'ne şirin gözükerek İttihatçıların, kendisini Mekke

En solda İngiliz casus Lawrence ve yanında ileride Ürdün kralı olacak I. Abdullah

Şerif Yardımcılığı'na getirmesini sağlamıştır. Hatta II. Meşrutiyet ilan edildiğinde Mekke Mebusu olarak İstanbul'da meclise girmiştir. Savaş başladıktan bir süre sonra ise İngilizlerden aldığı destek ile önce Taif, sonra Medine'ye saldırmıştır. Taif'teki Osmanlı ordusu, İngiliz desteğiyle güçsüz düşüp teslim olmak zorunda kalsa da, Medine'deki Fahreddin Paşa direnişi 1919 yılına kadar devam etmiştir.

Haçlı Oyunları ve Aldatılan Araplar

İngilizlerin Osmanlı ile gerçekleştirdiği üç Gazze Savaşı'nın ilk ikisini Osmanlı'nın kazanmasına rağmen üçüncüsünü İngilizler kazanmıştır. Artık Filistin toprakları İngiliz işgali altındadır. İngiliz ve Fransızlar yaptıkları bir anlaşmayla Suriye topraklarını Fransızlara bıraktılar. Halbuki Suriye toprakları Şerif Hüseyin'in oğlu Faysal'a verilecekti. Fransızlar Şam'ı işgal etti ve Faysal'ı kovdu. Bunun üzerine kardeşi Abdullah, birlikleriyle Hicaz'dan Şam'a doğru hareket etti. Devreye giren Churchill, Fransızların çok güçlü olduğunu, onlara karşı bir harekete girişmesinin doğru olmayacağını söyleyerek Abdullah'ın bir askerî girişimde bulunmasını engelledi. Bu oyalama taktikleri 1946 yılına kadar böylece sürdü. Osmanlı'yı arkadan vurmalarının ödülünü almak için yıllarca beklemeleri gerekecekti. 1946'da Abdullah'a geçici Ürdün krallığı verildi. Oysa onun hayali büyük Suriye idi. Bu nedenle diğer Arap devletleri hiçbir zaman kendisine güvenmemiştir.

Ürdün Kralı Abdullah'ın İngilizlerin ortaya attığı Peel Komisyonu'nu desteklediği bilinmektedir. Buna göre Filistin topraklarında küçük bir İsrail Devleti kurulacak, Abdullah'a da diğer Filistin toprakları verilecekti. Ancak diğer Arap güçlerinin itirazı üzerine bu komisyon hayata geçemedi. Kral Abdullah'ın İsrail'in kuruluşu teklifine sıcak bakmasının en önemli sebebi, ne acıdır ki Filistin topraklarından pay alabilme arzusudur. Bu durum diğer Arap topluluklarında infial meydana getirdi. Kral Abdullah, özellikle 1947'de Mair ile yaptığı görüşmelerde İsrail'in kurulmasına göz yumacağını, ancak Filistin topraklarından pay almayı umduğunu dile getirmiştir. Fakat bu gizli planları bir süre sonra

Kral Abdullah Türkiye ziyaretinde Atatürk ile

açığa çıkmış, çevresinde hoşnutsuz bir kitle meydana gelmeye başlamıştır. Yıllar önce Arap milliyetçiliği adı altında parlatılmış düşünceler yerini makam, mansıp, koltuk sevdasına bırakmıştır. Bir avuç toprak için dinini, hedeflerini, dostlarını bir köşeye koyma ve kendi dünyasıyla alakası olmayan insanların uşağı haline gelme anlayışı, Arap dünyasında şok etkisi yapmıştır. Arap dünyasının gençleri kendilerini sorgulamaya çoktan başlamıştır. Koca Osmanlı Devleti'ni bunun için mi satmışlardı!

Sen Velinimetine İhanet Ettin!

Tarihler 20 Temmuz 1951'i göstermektedir. Günlerden cumadır. Ürdün Kralı Abdullah cuma namazı için Mescid-i Aksa'ya gelmiştir. Ana kapıdan içeri girdiği sırada Filistinli bir genç öne çıkmış, tabancasını çekmiş ve tetiğe dokunurken, yıllar evvel Kral Abdullah'ın sürgündeki babası Şerif Hüseyin'in pişmanlık içinde söylediği sözlerin benzerlerini haykırmıştır, "Sen velinimetine ihanet ettin. Hainliğin bedeli ölümdür!"

Bir gün yolunuz Kudüs'e, Mescid-i Aksa'ya düşerse, Mescid-i Aksa Cuma Camii'ne girmenizi tavsiye ederiz. Çok sütunlu bu büyük caminin hemen girişinde, soldan ikinci sütunun üzerinde bir oyuk göreceksiniz. Mermer sütun üzerindeki, parmak ucu girecek kadar belirgin bu oyuk 1951 yılından kalmadır.

Filistinli gencin tabancasından çıkan kurşunlardan birine ait bir izdir bu. Hâlâ Mescid-i Aksa'da duran bu kurşun izi o ibretli duruşuyla bugün Filistin davası güdenlerin aslında hiç de samimi olmadığını, 1948 ve 67'de İsrail'e yenilinceye kadar, akıllarına ne Filistinlileri ne de bir Filistin Devleti kurmayı getirdiklerini görebilenlere anlatmaktadır.

Bu suikast sırasında Abdullah'ın oğlu Tallâl ve torunu Hüseyin de yanındaydı. Kurşunlardan biri torun Hüseyin'in elbisesinin demir düğmesinden sekerek yaralanmasını engellemiştir. Ancak oğlu Tallâl, babasının yanında uğradığı bu saldırının meydana getirdiği travmadan kurtulamayarak akli dengesini kaybetmiştir.

Kral Abdullah suikastında seken kurşunun sütunda bıraktığı iz

Ne zaman İstanbul'da bir Boğaz turu yapsam, Avrupa yakası tarafında, üzerinde Alarko yazan pembe binayı katılımcılara gösterir ve bu olayı onlara da anlatırım. Çünkü Tallâl, akli dengesini kaybettikten sonra tedavi amacıyla Türkiye'ye gönderilmiş ve bugün üzerinde Alarko yazan bu binada yıllarca tedavi edilmeye çalışılmıştır. (Bina o günlerde şifa yurdu olarak adlandırılıyordu ve Mazhar Osman ağır hastalarını burada tedavi etmeye çalışıyordu). Tallâl, 20 sene süren tedavi süreci sonrasında bu şifa yurdunda hayatına gözlerini yummuştur. Görebilen ibretli gözler için Mescid-i Aksa ile Boğaz'a nazır bu pembe bina arasında çok önemli bağlar bulunmaktadır. Tabii ders çıkarabilene!

Kral Abdullah ve oğlu Tallâl

Akıl hastanesindeki Tallâl'ın son günleri

BİR DAVA YOLUNDA HİÇE SAYILAN HAYATLAR
Hüseyni Ailesi

Muhammed Emin el-Hüseyni, "Hayret ederim: Sultan Abdülhamid, yalnız başına, Yahudi denen bu güçlerle nasıl savaşmış; otuz üç sene nasıl dayanmış. Ne kuvvetli imanı varmış!" der.

Herzl, hatıratında, "Dokuz sene sultanın peşinde koştum, etrafında dolaştım, ancak beş kere görüşebildim... Saray erkânını elde ettim, hepsiyle ahbap oldum. Buna rağmen bir şey elde edemedim. Bu adam beni dertli etti," demiştir.

Dünya ne garip… Katil de maktul de aynı toprağın altında. Zalim de mazlum da aynı mekânda yan yana yatıyor. Bu tuhaf manzara Mescid-i Aksa'nın avlusunda da değişmeden devam eder.

Babü'l-Hadid'in (Demir Kapı) solundan revakların altındaki Burak Mescidi'ne doğru ilerlediğimizde önümüze çıkan süslü pencerenin içinde Şerif Hüseyin'in ve Ürdün'ün ilk kralı Abdullah'ın kabirleriyle karşılaşırız. Buradan biraz ileride bir pencere daha çıkar karşımıza. Bu pencerenin içinde de birtakım kabirler vardır. Filistin'in meşhur Hüseyni Ailesi'ne ait kabirlerdir bunlar. Mescid-i Aksa avlusunun batı kenarında sıralanan mevtalar bu iki pencerenin içinde neredeyse yan yana yatmaktadır. İşin ilginç tarafı, sol penceredekiler kendilerini Filistin ve Aksa'nın kurtuluşuna adayıp, hayatlarını hiçe sayarak yüreklerini ortaya koymuşken, sağ pencerede yatanlar ise soldakilerin bütün gayret ve emeklerini yok etmek için defalarca Avrupalı sömürgecilerle işbirliği yapmışlardır.

Bu güne kadar defalarca geldiğim Kudüs'te, Mescid-i Aksa'da geçirdiğim

II. Abdülhamid

Hüseyni Aile Haziresi'nin Aksa avlusuna bakan hacet penceresi

zaman diliminde daha bir tek grubun bu pencere önünde durup ne dua ettiğini ne de bir rehberin bu pencerenin içindeki zatları anlattığını gördüm. Birçok Filistinliye, "Burada kimler yatıyor?" diye sorduğumda, çoğunun bilmediğini, az çok Aksa'yı bilen bir Filistinlinin de umursamaz bir şekilde, "Hüseyni Ailesi, Filistin'in köklü ailelerinden biri," deyip geçtiğini hatırlıyorum. Bu avluda yatmak kolay mıdır? Ya sağlam diktatör olacaksın, ya red-

Bu türbede medfun Hüseyni ailesi mensuplarının isimleri

dedilmeyecek zenginliklere sahip bir milyarder, ya da insanlarının kalbinde taht kurmuş bir dava insanı… İşte burada üçüncü kategoriye giren insanlar yatıyor. Üzücü olan, bugün onları kendi insanları bile unutmuş. Hadi gelin bu mücahit aileyi, fedakâr insanları, başkaları için kendi hayatlarını hiçe sayan adanmışları konuşalım. Hatırlayalım, unutanlara hatırlatalım ve inancı adına nasıl karasevdalı olunur ibretle okuyalım.

Osmanlı Kudüs'ünün Akil Adamları

Şimdi başa dönelim ve Hüseyni Ailesi'ni yakından tanımaya çalışalım. Hüseyni isminden de anlaşılacağı üzere bu ailenin kökeni Hz. Hüseyin'e dayanmaktadır, yani Seyyid'dirler. Hüseyni Ailesi, Osmanlı'da Kanuni Sultan Süleyman'ın hüküm sürdüğü dönemde Kudüs'e yerleşmiştir. İslami duruşları, ilmî birikimleri ve edepleri ile göz doldurmuş, kısa sürede şehirde Nakibü'l-Eşraflık, Kudüs Müftülüğü gibi vazifelere getirilmişlerdir. Ailenin büyüklerinden Said el-Hüseyni ise 1876'da I. Meşrutiyet ilan edildiğinde Osmanlı Mebusan Meclisi'nde Kudüs milletvekili olarak yer almıştır. Bu ailenin en meşhur ismi Muhammed Emin Hüseyni'dir. Çok istemesine rağmen, cenazesi değil bu hazireye, Kudüs'e bile sokulmamıştır. Burada medfun olan Hüseyniler, Musa Kâzım el-Hüseyni, oğlu Şehit Abdülkadir ve Faysal el-Hüseyni'dir.

Tarihler 1933'ü göstermekteydi. Alman Nazilerinin tazyiki ile kutsal topraklara Yahudi göçü alabildiğine artmıştı.

İngilizler her konuda Yahudilerin tarafını tutuyor, Filistinliler hemen her hareketlerinde eziliyor ve vatanlarında yok hükmünde

Avrupa'dan Filistin topraklarına Yahudi göçü

sayılıyordu. O günlerde Kudüs müftüsü olan Muhammed Emin el-Hüseyni, Kudüs belediye başkanlığı da yapmış olan 83 yaşındaki Musa Kâzım el-Hüseyni ve diğer ileri gelenler ile İngilizlere karşı direniş kararı aldı ve ilk gösteri Kudüs'te oldu. İngilizlerin saldırıları üzerine yaklaşık 30 kişi yaralandı. İkinci gösteri Yafa'da yapıldı. Bu kez İngiliz askerleri topluluğa ateş açtı. Bu ateş sonucu 35 Filistinli şehit düştü. Şehitler arasında ileri yaşına rağmen davası adına sokaklarda olan Musa Kâzım Hüseyni de vardı. Son nefesini verirken yanında bulunan oğlu Abdülkadir'e, "Filistin davasını boynuna emanet bırakıyorum," demiştir. Cenazesi Mescid-i Aksa'nın içinde bulunan bir pencerenin içine defnedilmiştir.

Ah Satılmışlar Ah!

Hüseyni Ailesi'nden Muhammed Emin El-Hüseyni'nin öncülüğünde genel grev kararı aldı Filistinliler. Bu muazzam pasif direniş tam altı ay sürdü. Burada direnen Filistinlilerin yaptıklarının, Hindistan'da Gandi'nin yaptığından farkı yoktu. Ancak İngilizler çok sert önlemler aldı. Sertlik artınca halkın direnişi tam bir isyana dönüştü. Hareketin merkezi Yafa idi.

İngilizler hareketin önünü alamayınca şehri ateşe verdiler. Eski şehrin önemli bir kısmı tahrip edildi. Filistin topraklarında yüzlerce cami ve mescid saldırıya uğradı. Ancak Filistin halkı yılmadı. Direniş öyle bir boyuta ulaşmıştı ki İngiltere'de Kudüs işgaline son vermeyi konuşmaya başlamışlardı. İngilizler son çare olarak Arap liderleri devreye soktular. Arap liderlerin müdahaleleri ile grev gevşedi, direniş kırıldı. Bunun büyük bir oyun olduğu kısa sürede anlaşıldı. İpleri tekrar eline alan İngilizler grevin öncülerini tek tek ele geçirip idam etti, Filistinliler bir daha örgütlenemesin diye stratejik birçok yere garnizon kurdu. Arap liderler aracılığı ile verdikleri hiçbir sözü tutmadılar. Filistin'deki bu katliamlar, kısa bir süre

Suud Kralı Abdülaziz ve Irak Kralı Faysal

Abdülkadir el-Hüseyni

önce grevi sonlandırmak için her türlü entrikayı çeviren Arap liderlerin umrunda bile değildi. İşte kader öyle bir şeydir ki bugün Aksa avlusunda bu direnişin şehitleri ile direnişin kırılmasında İngilizlere uşaklık edenler yan yana yatmaktadır.

Abdülkadir el-Hüseyni, Osmanlı paşası olan babası Musa Kâzım Hüseyni'nin şehit düşerken kendisine verdiği öğüdü hiçbir zaman unutmamıştır. İzzeddin Kassam'ın, 14 arkadaşı ile 500 İngiliz askeri tarafından şehit edilmesinden sonra onun bıraktığı izden gitmiştir. O da Filistinli mücahitlerin başına geçmiştir. 1937 yılındaki başkaldırıda birçok şehrin kontrolünü ele geçirmiştir. Bu çarpışmalarda yaralanmıştır. 1948 Savaşı'nda şehit düşmüş, Kudüs'e getirilen cenazesi babasının yanına, Babü'l-Hadid'in solundaki bu pencerenin içine defnedilmiştir.

Yukarıda adını zikrettiğimiz bir Hüseyni daha vardır ki aslında buraya defnedilmek onun da hakkıdır. Ancak kendisi bugün Lübnan Şehitler Mezarlığı'nda medfundur. Aksa'da yatmıyor olsa da, Kudüs doğumlu, Filistin Devleti'nin temellerini atan bu zatı tanımak çok önemlidir. O, II. Abdülhamid döneminde doğmuş, Teşkilat-ı Mahsusa'da bi'l-fiil çalışmış, Çanakkale'de savaşmış, ülkesi için oradan oraya sürülmüş, I. ve II. Dünya Savaşları, 48 ve 67 Harbi ve daha nice badireye şahit olmuştur. Muhammed Emin el-Hüseyni'yi bilmek, bir asırlık Filistin sorununu anlayabilmek demektir. Siyonizmin adım adım İsrail'i kurma aşamalarını kavrayabilmek demektir. İngiliz, Fransız, Rus güçleri başta olmak üzere Arap devletlerinin piyon diktatörlerini seçebilmek demektir. Bu nedenle bu pencerenin önünde biraz fazlaca kalacak ve bu adanmış ruhu yakından tanımaya çalışacağız.

Ürdün Kralı Abdullah

Çanakkale'deki Laubali Subaylar

O günlerde yaşı çok genç olan Emin Hüseyni, Mısır el-Ezher Üniversitesi'nde okumaktaydı. Filistin davası için o günlerde makaleler yazmaya başlamıştı. Ancak patlak veren I. Dünya Savaşı, Emin Hüseyni'yi Çanakkale Cephesi'ne kadar götürecektir. Çanakkale'de cansiperane çarpışan yiğitleri gördüğü gibi bize ait değerlerden yoksun insanları da görmüştür. Bunu da şu cümlelerle kaleme almıştır:

Çanakkale Harbi'nde Muhammed Emin el-Hüseyni

"Bazı zabitlerinin, o mukaddes ve mübarek meydanda, harp sahasında, çadırlardaki laubali halleri bana çok dokunmuştu. Namaz kılmamaları, içki sohbetleri, hatta çadırlarda, onlara içki sofrası, meze hazırlayan, hizmet eden neferleri görmek, bizleri çok üzmüştü. Benim gibi uzaktan, Kırım'dan, Dağıstan'dan, Kafkasya'dan gelen gönüllüler hep şikâyetçi idiler."

Çanakkale Cephesi sonrasında Teşkilat-ı Mahsusa'ya giren Emin Hüseyni, Kudüs sorumlusu olarak atanmıştır.

Tarihler 1917'yi gösterdiğinde İngilizler Balfour Deklarasyonu'nu yayınladı ve Yahudiler için Filistin'de bir devlet kurulabileceğini bu deklarasyonla ilan etti. Ayrılıkçı Arapların, Osmanlı'dan "kurtulmanın" sömürgecilerin kucağına düşmek anlamına geldiğini idrak etmelerine çok az kalmıştı.

Balfour Deklarasyonu'nun imzalandığı masa bugün Telaviv Yahudi Diaspora Müzesi'nde sergide

Aksa'yı Türkler Tamir Etmeli

*Mimar
Kemaleddin Bey*

1921 yılında abisinin vefatı ile boşalan Kudüs müftülüğü vazifesine Muhammed Emin Efendi getirildi. Vazifeye gelir gelmez de halkın ihtiyaçları doğrultusunda imar işlerine girişti. Vakıf arazilerinin kontrol ve takip işlerini yürüttü. Aksa avlusundaki Nahaviyye Halvethanesi'ni tamir ettirdi ve burada bir kütüphane kurdu. Siyonistlerin en büyük emellerinin Mescid-i Aksa arazisine el koymak olduğunu biliyordu. Burada bulunan ve İslam'ın sembolü sayılan iki büyük mabedi (Mescid-i Aksa Ulucamii ve Kubbetü's-Sahra) tamir ettirmeliydi. Çünkü Aksa avlusundaki onlarca İslami yapı, özellikle de bu ikisi İslam'ın buradaki tapusu hükmündeydi adeta. Emin Efendi bu önemli iş için bir fon oluşturdu. İslam ülkelerinden yardımlar toplandı. İslam'ın üçüncü makamı olan bu kutsal alanda gerçekleştirilecek bu büyük projeyi bir gayrimüslim yönetmemeliydi. Gözler Osmanlı'nın bakiyyesi Türkiye'ye çevrildi. I. Ulusal Mimarlık akımı eserleriyle göz dolduran bir mimarımız vardı: Kemaleddin Bey. Bu özel görev için işte bu mimar görevlendirildi.

Mücadele Silah ile Olmaz

Muhammed Emin el-Hüseyni Siyonizm ve İngiliz politikalarına karşı sesini yükseltmekten hiçbir zaman çekinmemiştir. Ancak silahlı bir hareketi de doğru bulmamıştır. Sorunların daima siyasi arenada çözülmesinden yanaydı. Bu sebeple silahlı direnişe girilmesini savunan İzzeddin Kassam ile arası açıldı.

Kudüs Müftüsü Emin Efendi'nin en önemli girişimlerinden biri 1931 yılında Dünya İslam Kongresi'ni

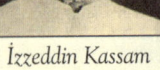

İzzeddin Kassam

Muhammed Emin el-Hüseyni

Kudüs'te toplamak olmuştur. Bundan böyle Kudüs meselesi bölgesel değil, ulusal bir konu olarak görülecekti. İslam devletlerinin Kudüs'teki toplantısı sömürgeci Avrupa devletlerini,

Dünya İslam Kongresi Kudüs'te toplandı

özellikle de İngiltere ve İtalya'yı dehşete düşürmüştü. İngilizler, Müslümanların bilinçlenip birlik içinde hareket etmelerini istemiyordu. İtalyanlar Libya işgaline karşı direnen en önemli isim olan Ömer Muhtar'ı birkaç ay önce idam etmişti. İslam dünyasından bir protesto yemek istemiyorlardı. Ayrıca İtalya mallarının protesto edilmesi de hiç işlerine gelmezdi. İlginçtir, İslam dünyasının Kudüs zirvesi Türkiye'yi de rahatsız etmişti. Böyle bir hareketin öncülüğünü yapması gereken Osmanlı'nın kurucu gücü Türkiye'nin, kongre aleyhine tavrı son derece ibretliktir. Bu toplantının sonunda halifeliğin yeniden canlandırılmasından endişe ediliyordu. Kongrenin başlangıcının Mirac Gecesi'ne denk getirilmesi de ayrıca anlamlı olmuştur.

Kongre düzenlenmiş olsa da İslam dünyasının liderlerinin ipleri başkalarının elinde olduğu için çok etkili olamadı. Değil Müslüman devletleri bir araya getirmek, bir okul açmak bile bu kadar mı zordu! Muhammed Emin Efendi Kudüs'te bir üniversite açmak için çırpınmış, İslam dünyasından para toplamak istemiş ancak gerekli desteği göremediği için arzu ettiği eğitim kurumunu açmaya muvaffak olamamıştı. O günlerde Zengin Yahudilerin sponsorluğunda Filistin topraklarında büyük arazilerin satın alınmaya başlanması Muhammed Emin Efendi'yi de rahatsız ediyordu. Kurduğu Emr-i bi'l-Maruf Derneği ile bu konuda da mücadelesini sürdürüyordu.

Bir Ailen Var, Onlara Acımalısın!

1937 yılında İngilizler bölge ile ilgili 400 sayfalık bi rapor hazırlattı. Peel Raporu denilen bu araştırmaya göre, Filistin topraklarında manda yönetimi uzun süre yürütülemeyecek olduğundan, toprakların üçe ayrılarak idare edilmesi gerektiği anlatılıyordu. Buna göre Müslümanlara ve Yahudilere iki ayrı devlet kurdurulacak, kutsal topraklar İngilizlerin idaresinde kalacaktı. Fakat her iki taraf da bu raporu reddetti. Bu arada İngilizlerin Filistin İstihbarat Başkanı Emin Efendi'ye bir mesaj gönderdi. Bu mesajda, inatçı olmamasını, İngilizlerin hakimiyet alanlarını korumak için önlerine çıkan her engeli ortadan kaldırmaktan çekinmeyeceklerini, bir ailesi olduğunu, onlara acıması gerektiğini ifade ediyor, para ile satın alamadıkları bu adamı açıkça tehdit ediyordu.

Hatta hakkında tutuklama kararı çıkardılar. Bunun üzerine Emin Hüseyni, Harem-i Şerif'e sığındı. Bu kutsal alanda Müslüman bir liderin tutuklanması İngilizlerin İslam dünyasındaki prestijini sarsabileceği için buraya müdahale etmekten çekindiler. Ancak bir süre sonra bunun da yolunu buldular. Hindistan'dan Müslüman askerler getirip Harem-i Şerif'i işgal ettiler.

İngilizlerin Kudüs'ü işgali

Hüseyni, Harem duvarlarından tırma-
narak kaçmayı başardı. Davası adına yü-
rekten gönül verdiği memleketinden hicret
ediyordu. Bu hicretten itibaren tam 30 sene
boyunca bir daha ne Kudüs'ü ne de Mes-
cid-i Aksa'yı görebilecekti.

Yahudi Irgun Örgütü
Lideri David Raziel

II. Dünya Savaşı'nın ayak seslerinin du-
yulmaya başladığı o günlerde İngilizler İs-
lam Dünyası'nı karşılarına almamak, mih-
ver devletlerin sempatizanlığından onları
uzaklaştırmak için Beyaz Rapor'u ilan etti-
ler. Bu rapor, Yahudi cephesinde şok etkisi yaptı. Çünkü menfa-
atlerinin çeliştiği ilk anda Avrupa treninden indirilebileceklerini
görmüş oldular. Bundan sonra Avrupa ve ABD'de lobi faaliyet-
lerini arttırmaya, Filistin topraklarında da silahlanmaya gittiler.

Hüseyni o günlerde Irak'a geçmişti. Filistin kurtuluş hareke-
tini oradan yönetiyordu. Hâlâ Kudüs'ün kurtuluşu için yollar
arıyordu. Nuri Said Paşa'nın girişimleri ile Bağdat'ta İngiliz yet-
kililerle buluşan Emin Hüseyni başta karşı çıktığı Beyaz Raporu
kabul etti. Ancak o günlerde İngiltere'de Başbakan olan Neville
Chamberlain'in yerine Winston Churchill geçmişti. Chamber-
lain'in desteklediği rapor Churchill tarafından direkt reddedildi.
Hatta Churchill Filistin topraklarında bir Yahudi müfrezesinin
kurulması teklifini de yürürlüğe koydurdu.

İngilizlerin Almanlar karşısında zor duruma düştüğü günler-
di. Hüseyni bir ayaklanma ile Kudüs'ün bağımsızlığını planlıyordu. Yahudi cephesinden de İngi-
lizlere, Hüseyni'nin öldürülmesi yönünde sürekli
bir baskı vardı. Sonunda Churchill Hüseyni'nin
öldürülme emrini onayladı. Buna göre Siyonistlerin
İrgun Örgütü'nün lideri David Raziel ve ekibi serbest
bırakılacak, Arap kıyafetlerine bürünerek müftüyü ka-
çırıp öldüreceklerdi.

Ancak Raziel ve ekibi bu hain plan çerçevesinde yeni va-
zifeleri için yolculuk yaparken bir Alman savaş uçağı tarafın-
dan vurulacak ve amaçlarına ulaşamadan imha olacaklardı.

Hintli İngiliz asker

Dostlar Düşmanlarla Bir Olup Gitti!

İngilizlerin Irak'a yaptığı baskı üzerine İran'a geçen Kudüs Müftüsü Hüseyni, İran'ın İngiliz ve Ruslar tarafından işgali üzerine maceralı bir kaçış ile Türkiye'ye kaçak giriş yaptı. Resmî sığınma talebi reddedilmişti çünkü. Halbuki Türkiye'yi çok seviyordu ve harika Türkçe konuşuyordu. Böyle bir Osmanlı hayranı Türk dostunu reddetmek miydi dünya siyasetinde at oynatmak! Kabul edilemiyorsa bir şekilde himaye de mi edilemiyordu! Hüseyni buradan tek başına Bulgaristan'a giderken ağlıyordu. Afganistan, Irak, Suriye, Filistin, İran, Türkiye ve diğerleri… Kardeşleri, dindaşları hiç kimse ülkesinde onu barındırmıyordu, barındıramıyordu. Tek istediği şey Kudüs'ün kurtuluşu idi. Ancak ona kucak açması gereken ülkeler ya Haçlı esareti altında idi ya da başlarındaki piyonların ipleri başkalarının elindeydi. Makam koltukları onlar için davalarından daha kıymetliydi.

Muhammed Emin el-Hüseyni, Bulgaristan üzerinden İtalya'ya geçmiş, önce Mussolini'yle, ardından da Berlin'de Hitler ile görüşmüştü. Bu görüşme, art niyetli kesimlerin, Kudüs Müftüsü'nün Hitler'in zulümlerine destek verdiği, ona akıl hocalığı yaptığı propagandalarına sebep olmuştu.

Birçok düşman kesim hâlâ Hitler ve Emin Efendi'nin görüşme fotoğraflarını yayınlayarak zalim bir diktatörün katliamları ile İslamiyet'i müftü beyin şahsında yan yana getirmeye çalışmaktadır. Bu konudaki en doğru bilgiyi gelin Ali Ulvi Kurucu'dan dinleyelim:

"Merhum Müftü Efendi, İkinci Cihan Harbi başlayınca başka yerlerde barınamadığı için ve İngilizlerin Yahudi siyasetine karşı yardımcı olurlar ümidi ile savaş yıllarını Berlin'de geçirmiştir. Medine-i Münevvere'deki ziyaretlerimiz sırasında, kendisinin Berlin'de yaşadığı sırada, Almanya Başkanı Hitler'le, onun davet etmesi üzerine, üç kere görüştüğünü de söylemiş ve bu görüşmeleri bize şöyle anlatmıştı:

Hitler, ilk iki görüşmemizde, bana, İslam âlemi hakkında sualler sordu. Arapların İngiliz

İngiltere Başbakanı Neville Chamberlain

Emin el-Hüseyni Hitler'le görüşüyor

*Muhammed Emin
el-Hüseyni*

idaresinden ne gibi şikayetleri vardır? İstekleri nedir? Araplar, İngiliz sultasından kurtuldukları gün ne yapmak isterler? Alman hükümetinin onlara ne gibi yardımları olabilir gibi şeyler soruyor, ben de cevap veriyordum. Konuşmanın bir yerinde, 'Osmanlıların idaresi ile İngilizlerin farkı nedir?' diye sormuştu.

Ben buna cevabım sırasında, Osmanlılardan bahsederken gözüm yaşarmış. Hitler derhal, 'Müftü Efendi, ecdadınız Türk müydü?' diye sordu. Hitler bunu sorunca şunları söyledim:

'Hayır efendim, ecdadım Türk değildir. Fakat ben bu milleti, kendi ecdadımdan fazla severim. Eğer Osmanlı olmasaydı, İngilizler ve diğerleri, beş yüz sene evvel âlem-i İslam'a hâkim olurdu. Osmanlı olmasaydı, Endülüs'ün başına gelen hazin âkıbet, bütün Arap ülkelerinin de başına gelirdi. Bu cihetten, dinimin, imanımın, namusumun, şerefimin hamisi oldukları için Osmanlıları severim. Fakat biz ne yazık ki hayırsız evlat çıktık. Onlar hayırsız evladına bakan baba gibiydiler. Arap âleminden bir kuruş istifadeleri, faydaları yoktu. Bilhassa Hicaz ülkesine, asırlar boyu hayrat götürdüler. Oraların geçimini temin ettiler. Biz ne yazık ki o nimetin kadrini bilemedik, nankörlük ettik. O yüzden de Filistin, korkarım ki İngilizlerin eline geçecek...'"

Ali Ulvi Kurucu

II. Dünya Savaşı'nın sonlarına doğru Almanya'dan ayrılan Emin Hüseyni İsviçre'den sığınma talebinde bulundu. Ancak İsviçre bu talebi reddetti. Fransa güçleri tarafından yakalandı. Paris yakınlarında bir villada gözetim altında tutuldu. Bir buçuk sene sonra bir fırsatını bulup buradan da kaçarak, kılık değiştirip bir ABD uçağı ile Mısır'a döndü. Siyonistlerin İrgun Örgütü her yerde Emin Hüseyni'yi arıyordu. Eğer bu kaçış gerçekleşmeseydi Fransa'da öldürülmesi an meselesi olurdu.

Senin Bayramını Yaparken İsmini Anamamak

Mısır her ne kadar artık bağımsız bir ülke görünümünde olsa da başındaki Kral Faruk İngiliz gölgesi altındaydı. Buna rağmen Kral Faruk kendisi ile görüşmek istemiş, Emin Hüseyni'yi çok iyi karşılayarak sarayında ikametini istemiştir. Kudüs müftüsünün Fransa'dan kaçışı Filistin'de bayram havası yaratmıştır. Üç gün şenlik ilan eden Filistinliler ne acıdır ki İngiliz silahlarının gölgesinde Muhammed Emin Hüseyni'nin adını bile anamıyordu.

Artık 1947 yılına gelinmişti. II. Dünya Savaşı bitmişti, insanlık yaralarını sarmaya çalışıyordu. Üzerinde durulmayan tek yer Filistin toprakları idi. Hitlerin tazyiki ile diğer Avrupa ülkelerine sığınan 250 bin Yahudi mülteci için izin çıkmıştı ve bu Yahudilerin tamamı Filistin topraklarına getiriliyordu. Silahlı Yahudi gruplar ile Filistinli Müslümanların çatışmaları her alanda devam ediyordu.

Mısır Kralı Faruk ve İngiltere Başbakanı Churchill

Savaşın bitmiş olmasına rağmen durulmayan bu sularda İngilizler bu batağın içinden kurtulmanın yollarını arıyordu. Sonunda kurtuluşu, bu sorunlu toprakları Birleşmiş Milletler'e havale etmekte buldular. Birleşmiş Milletler Cemiyeti de 29 Kasım 1947'de aldığı bir kararla nüfusun üçte birinin Yahudilerden oluşmasına rağmen Filistin topraklarını ikiye böldüğünü ilan etti. Filistin topraklarının en verimli bölgeleri Yahudilere verilerek onlara bir devlet kurma imkânı tanınıyordu. Kudüs müftüsü bu problemi genel bir grev ile çözebileceğini düşündü. Ama artık 1930'lu yıllarda değillerdi. Karşılarında 60 bin eli silahlı Yahudi vardı. 1948 yılı boyunca Hagannah, Irgun, Stern ve Lehi gibi çetelerin saldırıları ile binlerce insan evlerinden oldu. Özellikle Kudüs yakınlarındaki Deir Yasin Köyü katliamında 200 civarında Filistinli yok edildi. Çocuklar kamyon kasalarına doldurulup şehir sokaklarına atıldı.

Samimiyetsizlerin Yenilgisi

14 Mayıs 1948'de Tel Aviv'de toplanan Yahudi Milli Konseyi İsrail Devleti'nin kurulduğunu ilan etti. İsrail'i ilk tanıyan iki devlet ABD ve Rusya oldu. Ertesi gün dört Arap devleti (Mısır, Suriye, Ürdün ve Irak) İsrail'e savaş açtı. 13 ay süren savaşta bu devletler büyük bir yenilgiye uğradı.

Bu son derece küçük düşürücü yenilginin sebebi yıllarca sorgulandı. Halbuki sebep açıkça ortada duruyordu. Savaşa giren Arap devletlerinin ortak bir amacı yoktu. Ayrıca amaçları İslam davası, mazlum Filistinlileri kurtarmak ya da kutsal toprakları özgürleştirmek değil, şahsi menfaatleri idi. Mısır'ın gözü Gazze'de, Ürdün'ün gözü Batı Şeria'daydı. Nitekim savaşın devam ettiği aylarda hem Mısır'ın hem de Ürdün'ün diktatörleri gerçek yüzlerini gösterecekti. 48 Savaşı'nda gerçekten samimi bir mücadele veren İhvan üyeleri bir süre sonra Mısır'da birer terörist gibi takibe uğramaya başladılar. Savaş devam etmesine rağmen geri gönderilip tek tek tutuklanıyorlardı. 12 Şubat 1949 tarihinde İhvan'ın lideri Hasan el-Benna şehit edildi. O sıralarda ABD'de bulunan Seyyid Kutup,

Benna'nın ölüm haberinin ABD'deki Yahudilerde ve İslam düşmalarında bayram havası estirdiğini ifade eder.

1948 Savaşı'nın en şiddetli günlerinde Ürdün Kralı Abdullah, şaşkınlık uyandıran bir bildiri yayınladı. Bu bildiriye göre Filistinli askerî birliklerin hepsi feshedilecek, ellerindeki silahlar toplatılacaktı. Ayrıca Filistin Yüksek Heyeti'nin bütün faaliyetlerine son verilecek, bu heyet de dağıtılacaktı. Bu gayretler meyvesini kısa sürede verdi ve 1948 Savaşı'nın sonunda Gazze Mısır'a, Batı Şeria ve Kudüs'ün bir kısmı da Ürdün'e bırakıldı. Mısır ve Ürdün payını almıştı. Tabii Filistinliler de... Filistin'in payına düşen bilanço şuydu: 15 bin Filistinlinin şehadeti, 350 köyün haritadan silinmesi, topraklarının %78'inin İsrail işgaline uğraması... Bu savaş sonrası bir milyona yakın Filistinlinin başka ülkelere göç ettiği kayıtlara geçmiştir. Daha ilginci şudur ki Batı Şeria'yı işgal eden Ürdün Kralı bu topraklarda Filistin kelimesinin kullanılmasını yasaklamıştır.

Hagannah ve Irgun gibi Yahudi silahlı gruplar teşekkül ettirdiler

1948 Savaşı

Gelen Gideni Hep Aratacak mı?

O günlerde Mısır'da milliyetçi rüzgarlar esmeye başlamıştı. General Abdünnasır Filistinlilere umut veren beyanatlarda bulunuyordu. Amerika büyük şeytan, İsrail düşman, Avrupalılar Haçlı idi bu söylemlerde. Ancak Arap dünyasının önde gelenleri General Nasır'ın geçmişinin Nil Nehri kenarındaki sefaret balolarında geçtiğinin farkındaydılar. Nitekim Kral Faruk'u devirmek için kullandığı Müslüman Kardeşler'i yok etmek için paçaları sıvamıştı bile. Muhammed Emin el-Hüseyni, her dönemde yaptığını yine yapacaktı. Mazlumun yanında duracak, zalime sözünü esirgemeyecekti. Nasır ile arasının açılmasını göze alarak ezilenlerin arkasında durdu. Artık Mısır'da kalamazdı, Beyrut'a göç etti.

Emin el-Hüseyni, Mısır'daki subaylar yönetimiyle arasında gerilimin gittikçe artması üzerine 1959'da Beyrut'a taşınmak zorunda kaldı. Burada kendisine yapılan engellemeler ve suikast teşebbüslerinden yılmadan faaliyetini sürdürdü. Onun en büyük başarısı, hayatı boyunca devlet kurmamış bir topluluğa millet şuuru aşılaması ve Kudüs davasını uluslararası bir boyuta taşımasıdır.

Harem-i Şerif Bana Gülümsüyordu

1967 yılında Ürdün Kralı Hüseyin'den bir davet aldı. Yıllar sonra Kudüs'ü görebilecekti. 30 yıllık ayrılıktan sonra memleketine, doğduğu topraklara kısacık da olsa bir ziyaret gerçekleştirebilecekti. Uçakla Kudüs'e yaklaşırken heyecanı doruktaydı. Bu duygularını şu sözlerle ifade ediyordu:

"Uçak Kudüs Havaalanı'nın çevresinde uçarken Harem-i Şerif'in bana gülümsediğini gördüm. Ben bu kentin her bir köşesinde, her bir tepesinde bir parçamı bırakmışım."

Onun Kudüs'e ayak basması, şehrin bayram havasına bürünmesine yetmişti. Sadece 15 gün kaldığı vatan topraklarını bir daha dünya gözü ile göremeyecekti.

O günlerde yeni kurulan ve başında Yaser Arafat'ın bulunduğu el-Fetih ile İsrail arasındaki çatışmalar artmaya başlamıştı. Hayatı boyunca silahlı mücadelenin karşısında olan Hüseyni'nin bu yaşlı hali ile yapabileceği pek bir şey de yoktu. El-Fetih'in

Beytü'l-Makdis

hareketleri neticesinde 5 Haziran 1967'de harekete geçen İsrail güçleri tarihe Altı Gün Savaşları olarak geçen süreçte Mısır, Suriye ve Ürdün'ü yenilgiye uğratmayı başardı. Mısır'dan Gazze ve Sina'yı ele geçirirken, Suriye'nin Golan Tepelerini, Batı Şeria'nın ta-

1967 Altı Gün Savaşı'nda İsrail güçleri Kudüs'ü ele geçirdiler

mamını ve Doğu Kudüs'ü işgal ettiler. 1948 Savaşı'nın sonunda, Filistinlilerin toprakları, sus payı olarak Avrupalı sömürgeciler tarafından diğer Arap devletlerine ihsan edilmişti. 67 Savaşı ile İsrail, bu diktatörlerin ellerindeki oyuncaklarını alıvermiş oldu. Artık yeniden Filistinlilere acınabilir, Kudüs Davası güdülebilirdi!

Sadece Arap dünyası değil, bütün dünya şaşkınlık içindeydi. Yahudi dünyası bu başarıya bir türlü inanamıyor, aralarındaki inançsızlar bile Mesih'in askerleri olduğuna kanaat getiriyordu. Aslında en doğru analizi bir gazeteci yapacaktı:

"Bu savaş Arap ordularının yenilgisinden ziyade, bütün Arap yöneticilerinin ihanetinin belgelendiği bir savaş olmuştur!"

Koca Bir Hayatı Kudüs'e Adamak

Ömrünü Filistin davasına, Kudüs'ün kurtuluşuna adamış bir adamın inkisarlar içindeki İslam Dünyası'nın bu kepaze halini görerek hayatının sonuna yaklaşması herhalde en büyük acılardan biri olsa gerek. Nitekim tarihler 4 Temmuz 1974'ü gösterdiğinde Hüseyni'nin yorucu hayat sürgünü de bitecek, Kudüs'ün kurtuluşunu göremeden, dünya esaretinden kurtulacaktı.

Hayatını Kudüs'e adamış böyle bir liderin elbette Kudüs'e defnedilmeyi arzu edeceği malumdu. Ancak İsrail buna izin vermeyecekti. Tarihte nice şahsiyetler vardır ki dirileriyle hasımlarını korkuttukları gibi ölüleri ile de korkutmaya devam etmektedirler. Aslında defnedileceği yer, bölümün başında anlattığımız yeşil demirli pencerenin içidir. Diğer Hüseynilerin, yani Şehit Musa Kâzım Paşa ile oğlu Abdülkadir'in yanında yerini alacaktı bu dava sevdalısı mevta, ama olmadı, burada sırlanmasına izin verilmedi. Buna rağmen bilenler bilir ki onun yeri burasıdır. İşte bu yüzden Mescid-i Aksa'ya gelen her ziyaretçi bu gözlerden uzak pencerenin önünden geçerken Muhammed Emin el-Hüseyni'yi de hatırlamalı, onu rahmetle anmalıdır.

Şimdi Ali Ulvi Kurucu Bey'den birkaç alıntı ile bu zatın değerini bir kez daha idrak edelim:

"Medine'ye Filistin Müftüsü Emin el-Hüseyni gelmiş idi. Son asır İslam liderlerinin en temizlerinden, en samimilerinden, en fedakârlarından ve İslam düşmanlarının oyunlarını bilen basiretli bir zat idi. Ömrü cihadla geçti.

Otelde ziyaretine gittim. Medine'de bulunan Filistinliler de geldiler. Ben de dinliyorum tabii. Vatanlarından olmuşlar, sürülmüşler. Kolay değil. Hazrete soruyorlar, cevap veriyor. Gayet halim selim, ölçülü, ağzından çıkanı kulağı duyar bir şekilde cevap veriyor. Filistinliler, İslam âlemindeki, bilhassa Arap dünyasındaki liderlere hain falan demeye başladılar. Müftü Efendi dedi ki, 'Hain demek kolay değil, düşman kuvvetli evladım. İngiltere, Amerika, Rusya da onunla. Bugün harb etmek için bu üçünden alacaksınız silahı. Üçü de onun dostu. Allah'tan başkasına dost olmayın. Ama Allah'a dost olacak yüzümüz de kalmadı. Allah dosttur. Fakat kimin dostu? İman edenlerin dostu. Sahtekârların dostu olur mu?' dedi. Hayran oldum insafına."

Bu Devlet mi İstilacı?

"Filistin Müftüsü Emin el-Hüseyni, bir seferinde, bu bahiste uzunca bir sohbette bulunmuş, başından geçen bir hadiseyi bizlere şöyle anlatmıştı:

Osmanlı Devleti, âdil, insaflı ve kanatları altında barınan milletlere karşı çok cömert ve hürriyet verici bir devletti. Fakat onu yıkmak, böylece İslam diyarlarını işgal edip sömürmek isteyen İngiliz, Fransız, Rus ve diğer düşmanlar, kendi kültürlerinin tesiri altında kalan Müslüman aydınlara bunun zıddını telkin ediyorlardı.

Bir keresinde, devletlerarası kongrelerden birinde idik. Bir Cezayirli ile bir Tunuslu'yu konuşurlarken gördüm. Fransızca konuşuyorlardı. Kendilerine şöyle latife ettim:

'Yahu ben yanınızda Filistin müftüsüyüm; sizler iki Arapsınız; toplantımız, Arap devletlerinin meselelerini görüşme toplantısı; ama sizler Fransızca konuşuyorsunuz. Bu nasıl iş?'

'Hocam, mazur görün,' dediler. 'Bizim kültürümüz Fransızcadır. Arapça avam lisanını konuşabiliyoruz. Fakat derin mevzuları ifadeye Arapçamız kâfi gelmiyor. Fransızca konuşmaya mecbur oluyoruz. Böyle yetişmişiz...'

'Fransa, sizin ülkelerinizde ne kadar kaldı?'

'Yüz sene kadar...'

'Peki, Osmanlılar kaç sene kaldı?'

'Dört yüz seneden fazla...'

'Acaba sizin dedeleriniz, babalarınız, sizin böyle Fransızca bildiğiniz gibi Türkçe bilirler miydi?'

'Hayır...'

Onlar böyle cevap verince, ben de artık fırsatı kaçırmadım, 'Yahu adamlar yüz senede size anadilinizi unutturmuş. Kendi lisanıyla konuşmaya mecbur hale getirmiş de, Osmanlı dört yüz senede sizi kendi dilini konuşmaya mecbur etmemiş. Üstelik kendi gençlerine Arapça öğretip sizin beldelerinize vali, kaymakam, kadı diye göndermiş. Bu devlet mi istilacı?' dedim."

שוק מוכרי הכתנה

سوق القطانين

AL-QATTANIN ST.

HAYRAN OLUNACAK BİR KAPI
Pamukçular Çarşısı

Mescid-i Aksa alanının batı revakları boyunca ilerledik. Demir Kapı'nın solunda önce Şerif Hüseyin ve oğlu Kral Abdullah'ın kabirlerinin olduğu pencerenin önüne geldik. Az ileride Hüseyni Ailesi'nin kabirlerine ait hazirenin penceresi önünde durduk. Uzun uzun bu şahsiyetleri konuştuk. Şimdi revakların altında, bu son hazirenin hemen solunda muazzam bir kapıyla karşılaşıyoruz. Mescid-i Aksa'nın hiçbir kapısı bu kadar görkemli değildir. Çünkü bu eser, sadece bir giriş kapısı değil, aynı zamanda önemli bir çarşının da giriş noktasıdır.

Beytü'l-Makdis'i şehre bağlayan birçok kapı vardır. Hepsi normal kapı formuyla dışarıyı içeriye bağlarken sadece bir tek geçit

Pamukçular Çarşısı

bir çarşı içinden kutsal alanı dışarı bağlar. Burası tarihî Pamukçular Çarşısı'dır. Memlüklüler döneminde son şeklini alan çarşının Mescid-i Aksa kutsal alanına bakan kapısı son derece gösterişlidir. Dev mukarnaslarla bezeli kavsarası görenleri hayrete düşürür. İçindeki pamukçu esnafı dolayısıyla bu ismi alan çarşı ne yazık ki günümüzde bu özelliğini kaybetmiştir. İlhan Bardakçı'nın o meşhur, *O'na Mescid-i Aksa'da Rastladım* yazısının başlangıcında, "Çarşının içinden geçip Mescid-i Aksa avlusuna girdik," dediği çarşı burasıdır.

Pamukçular Çarşısı kapısından Kubbetü's-Sahra

Kudüs'te Memlüklülere ait en güzel kapı hiç şüphesiz Pamukçular Çarşısı Kapısı'dır. 1340'larda önce Şam, ardından bütün Suriye'nin valiliğine getirilen Emir Seyfeddin Said Tenkiz tarafından

Pamukçular Kapısı

Pamukçular Çarşısı kapısının üzerindeki ayet kuşaklı plakalar

yaptırılmıştır. Emir Tenkiz, Kudüs'e son derece düşkün ve Kudüs için elinden gelen her şeyi yapan bir idareciydi. Sadece Pamukçular Çarşısı'nı değil, çarşının solundaki hanı, hanın devamındaki hamamı ve Silsile Kapısı'nın solundaki kendi adıyla anılan Tenkiziyye Medresesi'ni yine bu Memlüklü valisi yaptırmıştır.

Yahudiler Pamukçular Çarşısı Kapısı'na kendilerince Mahkeme Kapısı demektedirler. Üç bin sene önce burada yaşamış atalarının hatıralarını, bugün ayakta olan İslami yapılarla yaşatmaktadırlar. Yahudiler buraya neden Mahkeme Kapısı diyor, okuyalım, ardından çarşının içine gireceğiz.

Yahudilerin Mahkeme Kapısı

Yahudiler bu kapıya Mahkeme Kapısı adını verir. Yahudi tarihindeki meşhur Sanhedrin meclislerinin burada toplandığına inanırlar. Sanhedrin, Romalıların vassalı olan Kudüs Yahudiliğinin en önemli konseyidir. 71 kişiden oluşan bu heyetin davalara bakmanın yanında, yasama ve birtakım törenleri yönetme gibi vazifeleri de vardır. Bu heyetin ismi Hristiyanlıkta da çokça geçer. Çünkü Hz. İsa'nın yargılanma sürecinde, Havari Petrus ve Yahya(as) hakkında hüküm verme konularında bu heyet müdahil olmuştur. Hz. İsa'nın Hristiyanlığı

Pamukçular Çarşısı kapısının tokmağı

Çarşıdan geçilen Emir Tenkiz'in Şifa Hamamı

yayma sürecinde etrafına toplananların artması ve Hz. Musa'nın dininin bozulduğunun ifade edilmesi bu heyettekileri çileden çıkarmış, Romalıların Hz. İsa'yı cezalandırması için ellerinden geleni yapmışlardır. Hatta Hz. İsa'nın

Şifa Hamamı soğukluk

krallık iddia ettiğini ileri sürmüş, havarisi Mecdelli Meryem ile gayri meşru ilişki (hâşâ) yaşadığı yalanını bile uydurmuşlardı. Kudüs'ün Roma Valisi Pontius Pilatus'un Hz. İsa'yı affetmeye meyilli olduğunu görmeleri üzerine bu heyet son derece sert açıklamalar yaparak isyan tehdidinde bulunmuş ve Roma mahkemesini etkilemiştir.

Titus'un MS 70'teki Kudüs saldırısı sonrasında burada gerçekleştirilen toplantıları Telaviv yakınlarındaki Yavne şehrine taşınmıştır.

Arınma Kapısı (Babü'l-Matahhara)

ARINMA VE RAHATLAMA KAPISI
Mathara (Abdesthane) Kapısı

Öyle tarihî bir yerdir ki Kudüs, o kadar el değmiş, ayak yürümüş, göz süzmüş bir mekândır ki Beytü'l-Makdis, tuvaletleri dahi Eyyübilerden, Memlüklülerden kalmadır. Yani bu coğrafyada birinin, insanlığa ait beşeri bir âdetini yerine getirdiği mekân, ortalama bin yıldır kullanılan bir yer olabilir. Dolayısıyla Kudüs'te dolaşırken buralardan kimler geldi kimler geçti diye düşünmeden edemiyorsunuz.

Madem Mescid-i Aksa avlusundayız, bu tarihî ihtiyaç yerini de anlatmalıyız. Mathara-Ablution (Abdesthane) Kapısı Harem'in batı revakları üzerinde bulunuyor. Buraya ilk şeklini veren,

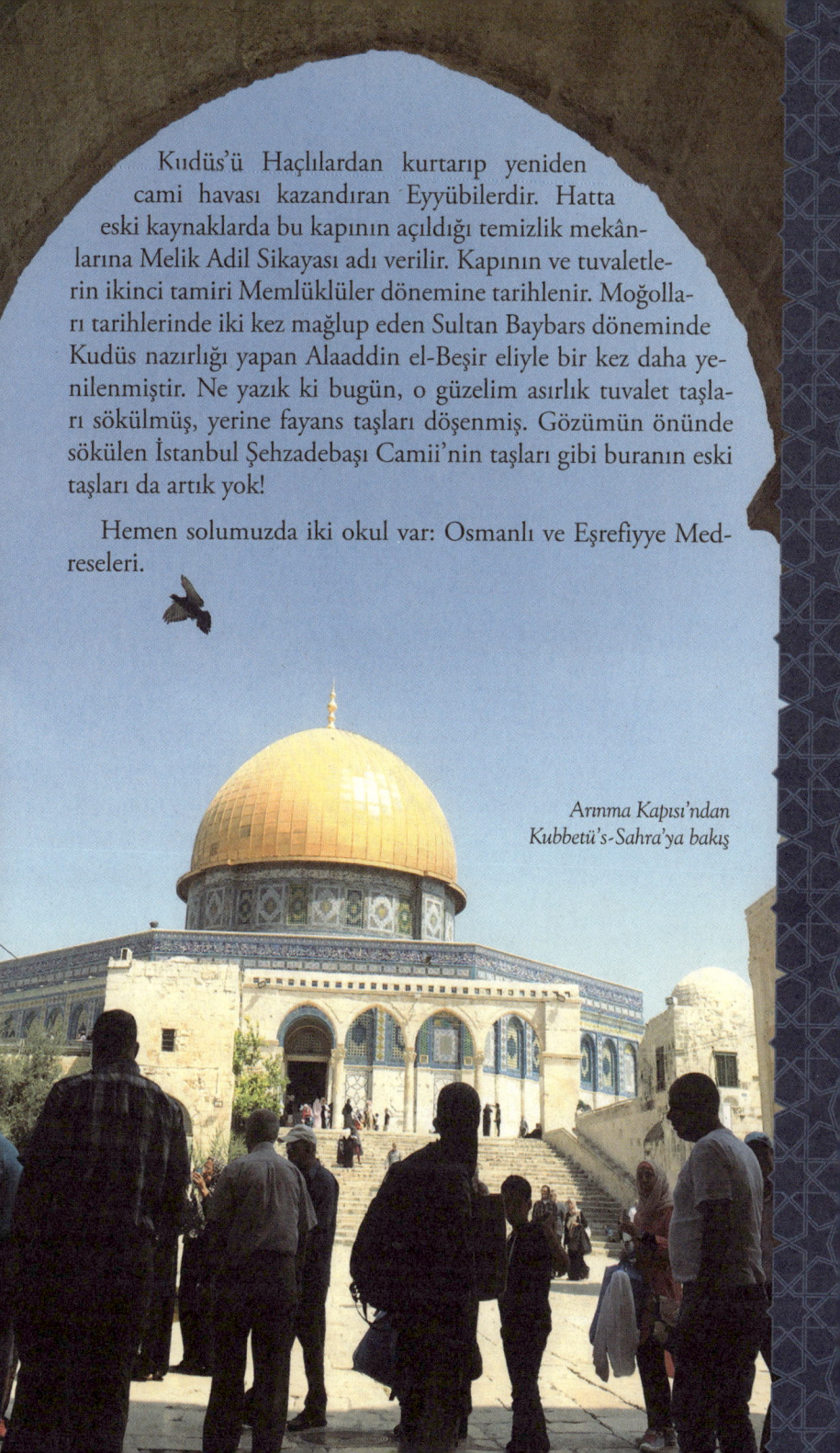

Kudüs'ü Haçlılardan kurtarıp yeniden cami havası kazandıran Eyyübilerdir. Hatta eski kaynaklarda bu kapının açıldığı temizlik mekânlarına Melik Adil Sikayası adı verilir. Kapının ve tuvaletlerin ikinci tamiri Memlûklüler dönemine tarihlenir. Moğolları tarihlerinde iki kez mağlup eden Sultan Baybars döneminde Kudüs nazırlığı yapan Alaaddin el-Beşir eliyle bir kez daha yenilenmiştir. Ne yazık ki bugün, o güzelim asırlık tuvalet taşları sökülmüş, yerine fayans taşları döşenmiş. Gözümün önünde sökülen İstanbul Şehzadebaşı Camii'nin taşları gibi buranın eski taşları da artık yok!

Hemen solumuzda iki okul var: Osmanlı ve Eşrefiyye Medreseleri.

Arınma Kapısı'ndan
Kubbetü's-Sahra'ya bakış

İSFAHANŞAH HATUN'UN OKULU
Osmanlı Medresesi

Mescid-i Aksa'nın lavabolarından geri dönüyor, Arınma ve Rahatlama Kapısı'ndan geçerek yeniden Aksa Avlusu'na geliyoruz. Kapıdan avluya geçip karşıya doğru bir on adım attıktan sonra gerisin geriye dönerek içinden geçtiğimiz binaya şöyle bir baktığımızda Osmanlı Medresesi'nin tam karşımızda durduğunu görürüz. 1437'de, Seyfeddin Barsbay döneminde inşa edilen bu medrese Emir Mahmud'un kızı İsfahan Şah Hatun el-Osmaniyye tarafından yaptırılmıştır. 1437 tarihi Osmanlıların henüz Kudüs'ü ele geçirmediği bir dönemdir. Yani halkın hemen tamamının inandığı gibi bu yapı bir Osmanlı eseri değildir.

Filistin topraklarının Osmanlı'ya geçişi 1516 yılında, Yavuz Sultan Selim'in Mercidabık Savaşı'nda Memlüklüleri yenmesi ile gerçekleşmiştir. Medresenin mimari üslubuna, özellikle de avluya bakan cephesinde bulunan üst kattaki çift kemerli ikiz penceresine baktığımızda, her şeyi ile bir Memlüklü yapısı ile karşılaşırız. Çünkü pencere kemerlerinin farklı renkteki taşlarla örülmüş hali, kemer alınlıklarının tepede oluşturduğu yuvarlak

Osmanlı Medresesi

*Arınma Kapısı'nın her iki tarafı medrese yapılarıyla çevrili.
Sağdaki Osmanlı Medresesi*

taç Memlüklülerin başkenti Kahire'de birçok eserde gördüğümüz üslubun aynısıdır. Medresenin üzerinde kubbeli, çokgen gövdeli bir aydınlatma kemeri de mevcuttur. Sonuç itibarıyla bu eserin inşa tarihini ve üslubunu göz önüne aldığımızda eserin bir Memlüklü eseri olduğunu rahatlıkla söyleyebiliriz. Ancak dediğimiz gibi halk arasındaki genel inanış medresenin bir Osmanlı medresesi olduğu yönündedir. İsfahanşah Hatun'un aile adının El-Osmaniyye olması da bu inanışın önünü açmış olsa gerek.

*Arınma Kapısı'nın üstünde, Eşrefiye Medresesi'nin
sağında Osmanlı Medresesi*

Solda ahşap sandukalı kabir İsfahanşah Hatun'a ait.
Yanındaki taş lahit Osman bin el-Hable'nin

Medresetü'l Osmaniyye'nin içinde eserin bânisi İsfahanşah Hatun medfundur. Yanındaki kabirde de Osman bin el-Hable defnedilmiştir. Bu zat hem cengaverliği hem de ilmi yönü ile son derece ilginç bir şahsiyettir. Eyyübiler döneminin sonlarını gören bu zat, Memlüklü'nün kuruluşuna şahitlik etmiştir. Baybars'ın silah arkadaşlığını, hatta seyisliğini yapmıştır. Baybars ile olan diyalogları ve birlikte verdikleri mücadeler halk masallarına dahi konu olmuştur. İleriki yıllarında kendisini tasavvufa veren bu zat, Şeyh Osman olarak Aksa'da vazife almıştır. Vefatında da bu medresenin bulunduğu yere defnedilmiştir. Anlaşılan o ki Medresetü'l-Osmaniyye bu zatın kabri üzerine sonradan yapılırken bu mezar yeri de korunmuştur. Hatta medresenin bânisi İsfahanşah Hatun da

İsfahanşah Hatun'un sanduka kitabesi

vasiyetinde bu zatın yanında defne-
dilmeyi arzu ettiğini söylemiştir.

Medrese içinde yer alan Şeyh
Osman'ın kabri her hususiyeti ile
tam bir Memlüklü eseridir. Yerden
yüksek bir maztaba ile dört kenarın-
da dört sütunçe bulunur. İsfahanşah
Hatun'un kabri ise taş yontu üzeri
kırma tonoz olup etrafı ahşap bir şe-
beke ile çevrilidir.

Medresetü'l-Osmaniyye'den söz
açmışken, medresenin en meşhur
mütevellisi Şeyh Hüseyin el-Fidya-
ni'den bahsetmeden geçmeyelim.
Kubbetü's-Sahra imamı olan bu zat
Bab-ı Âli'den gelen emir ile bu med-

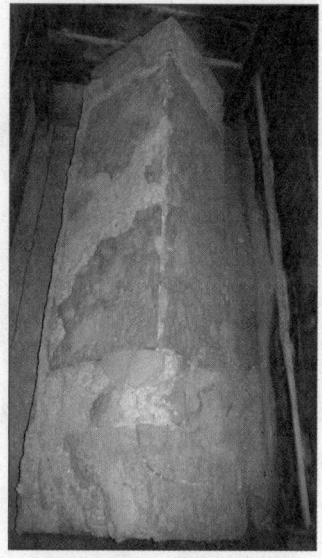

*İsfahanşah Hatun'un kabrinin
ahşap şebeke ile çevrili taş lahdi*

resede ikamet etme hakkı elde etmiştir. Bu zatın soyu olan Fidyani
Ailesi bugün medresenin ikinci katında ikamet etmektedir.

Bu malumatı da verdikten sonra Aksa Avlusu'nun incisi olarak
görülen bir esere gidiyoruz: Eşref Kayıtbay'ın Eşrefiyye Medrese-
si'ne.

İshafanşah Hatun ve Osman bin el-Hable'nin türbe kubbeleri

Konusu: Kudüs'te bulunan Hanım Hatun El-Osmaniye Medresesi Vakfı'nın yarım hissesine sahip mütevellisi olan Seyyid Abdullah Halife'nin hissesini kendi rızasıyla evlad-ı vâkıftan Seyyid Hasan Efendi'ye devredip beratını teslim etmesi.

Tarihi:

Referansı: BOA, A.E.I. ABDÜLHAMİD, 40/2951

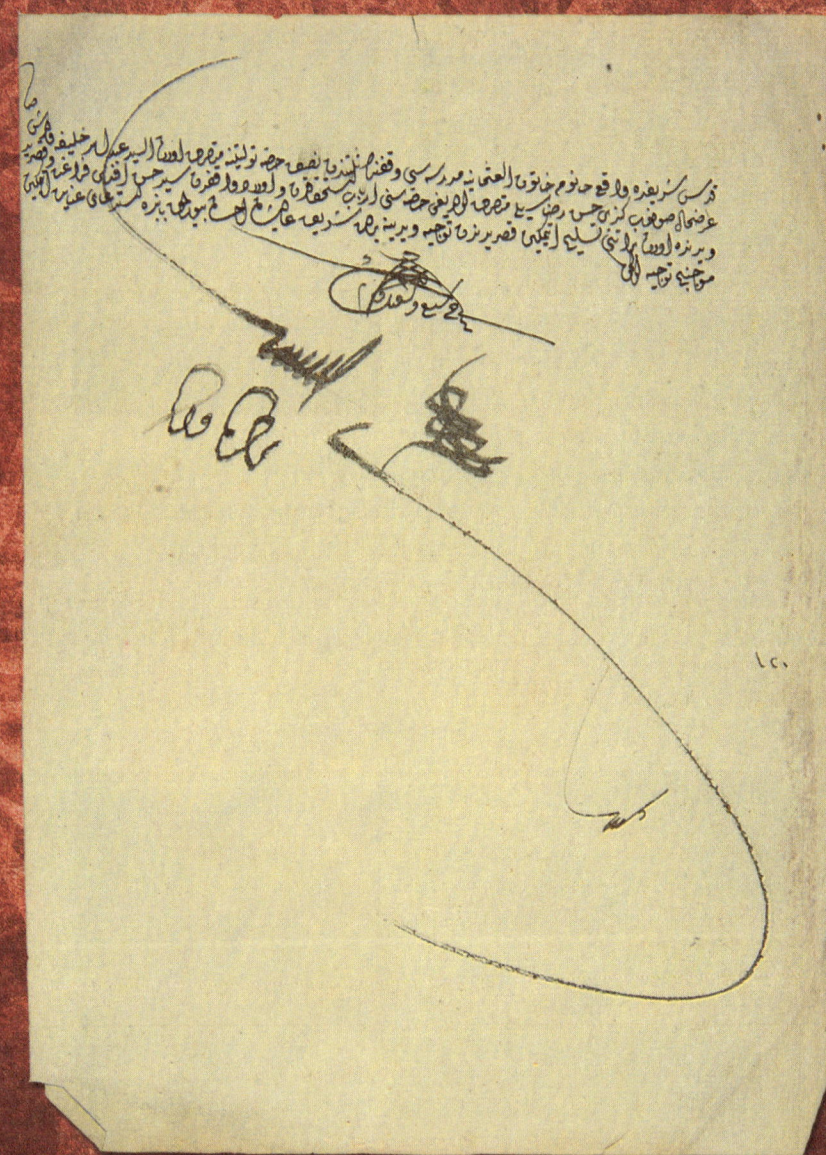

Kudüs'te bulunan Hanım Hatun El-Osmaniye Medresesi'ne
(İsfahanşah Hatun) ait arşiv belgesi

BEYTÜ'L-MAKDİS'İN ÜÇÜNCÜ İNCİSİ
Eşref Kayıtbay Medresesi

Çerkez Memlüklülerinin en önemli isimlerinden biri olan Sultan Kayıtbay (Kayıt Bey) başkenti Kahire'de inşa ettirdiği göz alıcı eserlerin bir benzerini de Mescid-i Aksa'ya yaptırmıştır. Bu eser otoriteler tarafından Mescid-i Aksa Ulucamii ve Kubbetü's-Sahra'dan sonra Beytü'l-Makdis alanı üzerindeki en gözde üçüncü yapı olarak kabul edilir. Kayıtbay dönemi, Memlüklülerin sanatta zirveyi tuttuğu bir dönem olması dolayısıyla bu dönemde taş işleme, kakma, renkli taş ile bezeme sanatlarında olağanüstü eserler ortaya konmuştur. Kayıtbay'ın bu kutsal avluda sadece medresesi değil, üzerine kondurulmuş soğan kubbesiyle sebili de muazzam bir eserdir.

1435'te genç yaşlarında Kahire'ye getirilen Kayıtbay, Memlük Sultanı Barsbay tarafından satın alınarak saltanat kurumlarında eğitime tâbi tutulmuştur. Bir diğer sultan Çakmak tarafından azad edilmiş ve Kayıtbay, sultanın lakabı olan Zahir ismini buradan almıştır. Hoşkadem'in iktidarında artık önemli bir emir haline gelmiştir. Onun ardından çıkan taht kavgalarında arzu

Eşrefiyye Medresesi

Kayıtbay Medresesi ana kapı

etmemesine rağmen tahta geçirilmiştir. Otuz yıllık iktidarı tam bir huzur dönemidir, ilim ve sanat faaliyetleri de bu dönemde zirve yapmıştır. Kayıtbay saltanatının sonunda tahttan kendi isteğiyle ayrılmış ve yerini oğluna bırakmıştır.

Aslında Sultan Kayıtbay dönemi, Osmanlı ile iplerin en çok gerildiği, savaşın eşiğinden dönüldüğü bir dönem olmuştur. O günlerde Osmanlı tahtında Sultan II. Bayezid bulunmaktadır. Osmanlı birlikleri Çukurova'ya kadar yaklaşmış, Memlüklülere tâbi Ramazanoğulları ile denge politikası güden Dulkadiroğulları bu iki güçten birini tercih etmek zorunda kalmıştır. Bu bağlamda Dulkadiroğulları Osmanlı'yı seçerken, Ramazanoğulları Memlüklülerin yanında yer almıştır. Hatta o günlerde II. Bayezid'in ordusu ile Kayıtbay'ın ordusu karşı karşıya gelmiş, savaşı Memlüklüler kazanmış, Osmanlı Sadrazamı Hersekzade Ahmed Paşa Memlüklülere esir düşmüştür. Ancak Kayıtbay, Osmanlı'ya düşman değil, sadece rakiptir. Açıkçası bu ince çizgiyi bütün tarih okumalarımızda gözetmek zorundayız. Bir kişiyi ya da devleti detayları bilmeden hain ya da dost ilan etmek doğru değildir. Nitekim aynı Kayıtbay, II. Bayezid'in kardeşi Cem, abisi ile verdiği

Kayıtbay Medresesi içindeki Memlüklü türbeleri

mücadeleyi kaybedip Memlüklülere sığındığında, onu misafir etmesine rağmen arkasına asker verip Osmanlı'yı vurmasına engel olmuştur.

Eşref Kayıtbay'ın Kudüs Medresesi, Mescid-i Aksa'nın batı duvarına bitişik olup Kubbetü's-Sahra'ya bakmaktadır. Beytü'l-Makdis'teki son Memlüklü eserlerinden biri olup, anıtsal kapısı göz doldurur. Kapı kubbesi ve mukarnasları, renkli taşlarla bezeli kavsarası Memlüklü Sanatı'nın en güzel örneklerindendir. Aslında buraya ilk medreseyi Kayıtbay değil, bir başka Memlüklü hükümdarı Hoşkadem yaptırmıştır. Bugün ülkemizde Adana Kozan'da bulunan Kozan Hoşkadem Camii'ni de inşa ettiren Memlüklü hükümdarının buradaki medresesi, ondan bir yıl sonra tahta geçen Kayıtbay tarafından beğenilmemiş, yıktırılarak daha büyük ve gösterişli bir yapı haline getirilmiştir.

İki katlı Kayıtbay (Eşrefiyye) Medresesi'nin üst katı daha kapsamlı bir mimariye sahiptir. Üst katında, yakın zamanda yenilenmiş bir minare vardır. Evliya Çelebi Kudüs ziyaretinde bu minareye çıkmış ve Mescid-i Aksa kutsal alanını buradan seyretmiştir. Memlüklülerin son döneminde Kudüs'ü ziyaret eden yabancı gezginler, (Pietro Casola ve Arnold Harff) Mescid-i Aksa avlusunda gösterişli bir caminin yapıldığından bahsederler. Aslında cami sandıkları bu kubbeli yapı, Kayıtbay'ın medresesinden başka bir şey değildir. Yapının alt katında büyük bir salon ve üç oda bulunmaktadır. Bu salon uzun süre Aksa Camii'nin kütüphanesi olarak hizmet vermiştir. Bir iç merdiven ile üst kata çıkılır. Öğrenci odaları ve ana dershane binalarından oluşan bu hücreler günümüzde de eğitim amacıyla kullanılmaktadır. Bugün Eşref Kayıtbay Medresesi kız öğrenciler için lise olarak hizmet vermektedir.

Medresenin sağ tarafındaki binası günümüzde Aksa Restorasyon Dairesi'nin ofisi olarak kullanılmaktadır. Medreseye girildiğinde arka odanın tam ortasında sizi yan yana üç kabir karşılar. Her şeyiyle Memlüklü mezar anıtı üslubunda olan bu kabirlerden ortadaki kabir Kayıtbay döneminin emirlerinden Seyfeddin Kankabay'ındır. Yanındaki kabirler de eşi ve kızları Sufra ve Zehra'nın kabirleridir.

Sol taraftaki odada bir başka kabir daha bulunmaktadır. Bu kabirde yatan zat Osmanlı'nın Lâle Devri (1725) âlimlerinden Şeyh Muhammed bin Şerefeddin el-Halili'dir. Kudüs ve Halil şehirlerinde kadılık yapmış bu zat, bütün Filistin coğrafyasının Şafi imamlığını da üstlenmiştir. Bir sonraki başlıkta ele aldığımız Tenkiziyye Medresesi uzun süre mahkeme olarak kullanıldığı için orada yıllarca davalara bakmıştır. Tam bir kitap kurdu olan bu varlıklı âlim, 7000 kitaplık bir koleksiyona sahipti ve Kubbetü's-Sahra'nın yanındaki, bugün kendi adıyla anılan Şeyh Muhammed Zaviyesi'ni kütüphaneye çevirmiştir. Kitabımızın Kubbetü's-Sahra Platformu'nu anlattığımız kısmında bulunan Şeyh Muhammed Zaviyesi başlığında bu zatı uzun uzun anlattık. Şeyh Halilî'nin soyu bugün Kudüs'te Sublaban Ailesi üzerinden devam etmektedir.

Kayıtbay'ın medresesini görmüşken tam karşısında bulunan sebiline de bir göz atalım.

Eşrefiyye Medresesi'nde bir Osmanlı âlimi, Şeyh Muhammed Halili

Konusu: Sultan Kayıtbay Vakfı'ndan olan Gazze'de Camii ve Kudüs'te Medrese görevli ve yararlanıcılarının kendilerine haksızlık edildiğine dair şikâyetleri üzerine Gazze mütesellim ve Kudüs Kadısına hitaben hüküm yazılması.

Tarihi: 22.Ş.1192 (15 Eylül 1778)

Referansı: BOA, C.EV, 647/32601

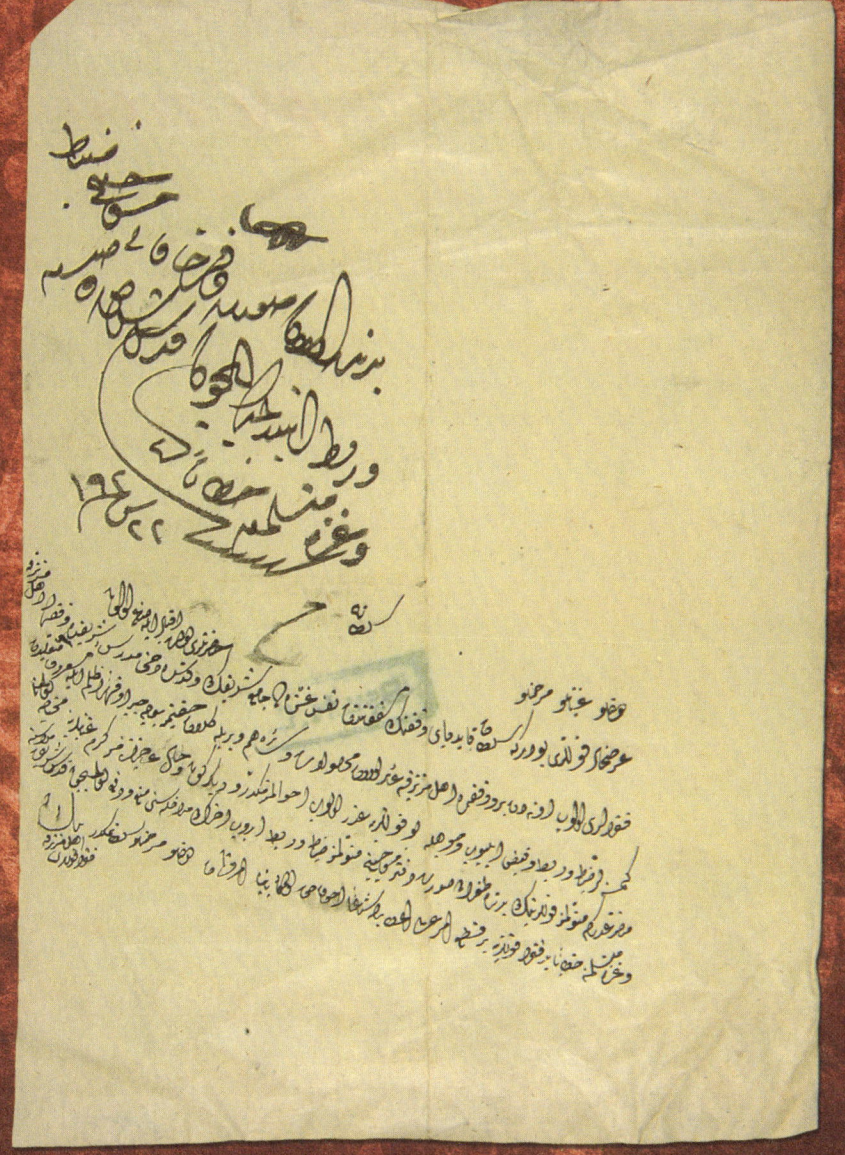

Kayıtbay Medresesi'ne dair bir belge

SEBİLLERİN EN GÜZELİ
Kayıtbay Sebili

Dünyanın dört bir yanını gezmiş, Memlüklülerin hükmettiği başta Kahire olmak üzere Şam, Halep gibi önemli şehirleri görmüş biri olarak ifade etmek isterim ki hayatımda gördüğüm en güzel sebil Kayıtbay Sebili'dir. Üzerindeki işlemeleri ve soğan formlu boğumlarıyla görmeye değer, tam bir sanat eseri…

Normalde sebillerde, çeşmelerde olduğu gibi musluk bulunmuyor. Sebillerin içinde birkaç görevli duruyor ve gelen geçen herkese havanın sıcaklığına göre soğuk havalarda sıcak, bunaltıcı havalarda soğuk su ve meşrubat dağıtıyor. Söylemeden geçemeyeceğim, bu kitabın yaz sıcaklarına denk gelen hazırlanma sürecinde Mescid-i Aksa avlusunda çok dolaşmışlığım vardır. Özellikle yüze yakın binanın üzerindeki kitabeleri, güneşin altında tek tek okudum. Hayatımda içmediğim kadar çok suyu, o sıcak günlerde Kayıtbay Sebili'nden içmişimdir.

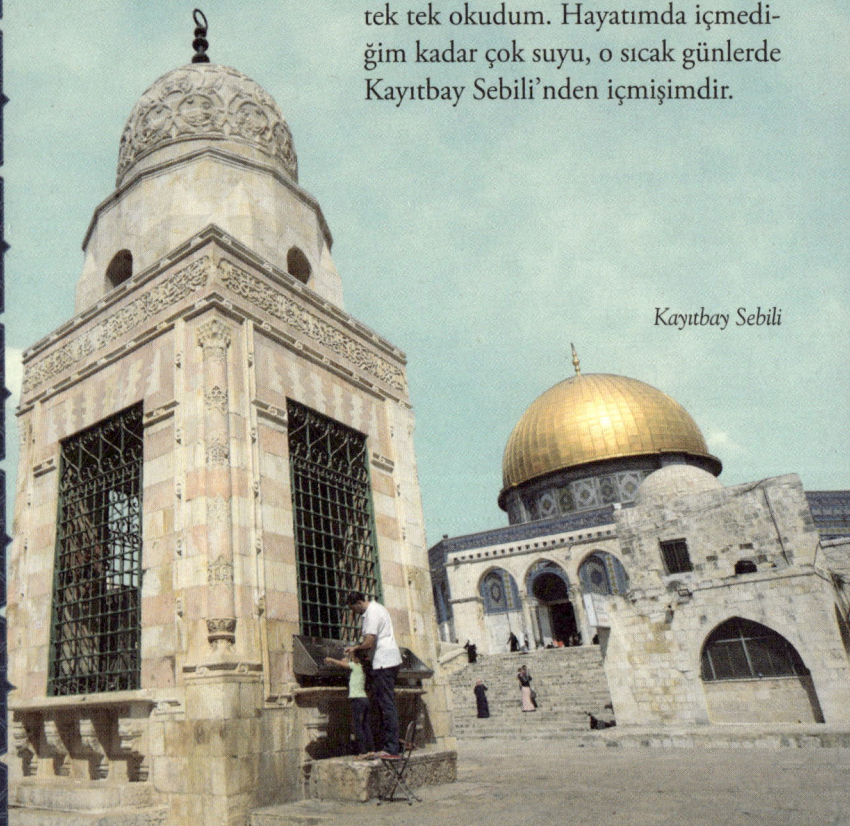

Kayıtbay Sebili

Az önce Kayıtbay Medresesi bahsinde anlattığım gibi bu sebil halk arasında Hamidiye ismiyle anılmaktadır. Sultan II. Abdülhamid Han, kendi saltanat yıllarında Kudüs'e yaptığı nice yatırım yanında bu sebili de restore ettirmiştir. Sebilin kubbe kasnağının hemen altındaki kare gövdenin üzerini dolanan yazı kuşağı, Abdülhamid Han tamirinden kalmadır.

Bir Memlüklü sebili görmüşken hemen yanında bir de Osmanlı şadırvanı inceleyelim.

Kayıtbay Sebili'nde Filistinli çocuklar toplu halde marş söylüyorlar. "Kanımız canımız sana feda ey Aksa!"

Kayıtbay Sebili kubbesi

Şadırvan kitabesi

KUDÜS'TEKİ İLK OSMANLI ESERİ
Kasım Paşa Şadırvanı

Kasım Paşa Şadırvanı, Osmanlı'ya ait Kudüs'teki ilk eserdir. Yavuz Sultan Selim'in Mısır Seferi'nde Kudüs'ü fethi sonrasında Harem-i Şerif'e inşa edilen ilk yapı olması sebebiyle ayrı bir önemi haizdir. Karşısındaki Silsile Kapısı ve içindeki Tenkiziyye Medresesi uzun süre mahkeme olarak kullanıldığı için Mahkeme Kapısı Sebili olarak da anılır.

Kayıtbay Sebili ile Ahmed Bey Namazgâhı'nın arasında yer alan şadırvanın yanında bir de havuz mevcuttur. Osmanlı'nın Kudüs'ü alır almaz bir şadırvan inşa etmesinin şüphesiz

Hanefilik mezhebiyle yakın alakası vardır. Şafi mezhebinde bilhassa boy abdesti alınırken durgun sudan da istifade edilebilirken, Hanefilerde temizlik için akan su gerekir. Kudüs halkı ağırlıklı olarak Şafi'dir ve bir havuzda toplanmış durağan suyu kullanabilir. Ancak Hanefi fıkhında bu konuda farklı bir anlayış olduğu için Kudüs'teki ilk Osmanlı eserinin bir şadırvan olduğunu görüyoruz. Hatta Mescid-i Aksa'da şadırvan ve havuzlarla ilgili bir sicilde Hanefi Musluğu diye bir ifade geçtiğini görüyoruz. Bahsettiğimiz nedenlerden dolayı bu sicilde söz edilen yapının Kasım Paşa Şadırvanı olma ihtimali yüksektir.

Sekizgen bir gövdeye sahip olan şadırvanın batıya bakan cephesinde üç satırlık Arapça bir kitabe bulunmaktadır. Burada şöyle yazar:

"Bu mübarek sebil Allahu Teala ve onun rızasını talep için efendimiz en büyük sultan, dünyayı yöneten ikinci Süleyman, Arap ve Acem Emirlerinin Emiri Sultan Selim Han oğlu Sultan Süleyman'ın günlerinde Kasım Paşa tarafından, Allah istediğine erdirsin, Allah'a muhtaç kulu Abed Rabbihi Mustafa'nın eliyle 933 (1527) yılının muazzam Şaban ayının son on gününde yapılmıştır."

Kudüs tarihçisi Mucireddin, Kayıtbay Sebili'nin inşası sırasında yanındaki fıskiyenin tamir edildiğinden bahseder. Anlaşılan odur ki Memlüklü döneminde burada bir şadırvan olmamasına rağmen bir havuz mevcuttur.

Kasımpaşa Semtinden Kasım Paşa Şadırvanı'na

Kudüs'teki bu ilk Osmanlı eserinin bânisi Güzelce Kasım Paşa oldukça renkli bir simadır. Devşirme olarak saraya alınmıştır. Kariyerinde hızla ilerleyerek padişahın Has Odaları arasına girmiş, Rikabdar Ağalığa kadar yükselmiştir. Yavuz Sultan Selim döneminde saraydan ayrılmış, önce Rumeli Defterdarı olmuş, ardından Başdefterdarlık yapmıştır. Şehzade Süleyman'a lalalık yapmış, padişah olduktan sonra onunla Belgrad Seferi'ne çıkmıştır. Sultan Süleyman'ın ikinci seferi olan Rodos'ta da yanında olmuştur. Hatta bu sefer sonunda başta Rodos Kalesi olmak üzere adanın muhkemleştirilmesi vazifesini almıştır.

Kasım Paşa, Sultan Süleyman'ın en sevdiği şehirlerden biri olan Halep'e sancakbeyi olarak görevlendirilmiştir. Bir süre sonra eyalet yöneticiliğine getirilerek, Karaman Beylerbeyi olmuştur. Hayatında iki kez Mısır Valiliği vazifesi yapmıştır. Bunlardan ilki kısa sürmüştür. Yerini, ileride isyan edecek ve tarihe Hain Ahmed Paşa olarak geçecek olan Ahmed Paşa'ya bırakmıştır. Ahmed Paşa isyanının bastırılması sonrasında ikinci kez Mısır'a tayin edilmiştir. Kasım Paşa'nın Kudüs'te yönetici olarak vazife aldığına dair elimizde hiçbir bilgi yoktur. Bu sebeple Kudüs Şadırvanı'nı bu ikinci Mısır Valiliği döneminde yaptırdığı tahmin edilmektedir.

İkinci Mısır Valiliği sonrasında İstanbul'da Kubbe Veziri, Budin'in fethi ile Budin Muhafızı ve yeniden İstanbul'a tayin ile Divan'da ikinci vezir olur. Sultan Süleyman'ın uzun seferlerinde İstanbul'dan sorumlu kaimmakamlık yapar. Bu vazifesi sırasında Haliç kıyılarını düzenleyen birtakım tedbirler almıştır. Bugün kendi adı ile anılan Kasımpaşa semtini bu faaliyetleri sırasında kurmuştur. İleri yaşına kadar idarecilik vazifesini sürdüren Kasım Paşa 1541'de emekliye ayrılmış, iki sene sonra da 90 yaşında vefat etmiştir. İstanbul'da kurduğu semte defnedilen Kasım Paşa'nın başta Kudüs olmak üzere İstanbul'un Eyüp semti, Bursa, Selanik ve Anadolu'nun birçok şehrinde hayır eserleri mevcuttur.

Haliç

III. MUSTAFA'NIN KUDÜS'TEKİ İZİ
Ahmed Paşa Namazgâhı

Sultan III. Mustafa

Osmanlı padişahları denince aklımıza hemen Fatihler, Yavuzlar, Kanuniler gelir. Fütuhat hareketleriyle göz dolduran bu padişahlar arasında adını çoğumuzun bilmediği, dönemindeki icraatları ve bıraktığı eserleri fark etmediğimiz bir padişah vardır ki izleri sadece İstanbul'un değil, dünyanın dört bir yanında karşımıza çıkmaktadır. Bu padişah, Sultan III. Mustafa'dır. 1766 depreminde İstanbul'un yarısı yıkıldığında şehri tamamen ayağa kaldıran, yerle bir olan Fatih Camii'ni yeniden yaptıran, Üsküdar Ayazma Camii'nden Laleli Camii ve Kadıköy İskele Camii'ne kadar birçok esere imza atan bu büyük imar sultanı Kudüs'ü de unutmamıştır.

Mescid-i Aksa arazisi içinde birçok dinî yapı mevcuttur. Özellikle her köşe başındaki namazgâhlar ve üzerlerindeki mihraplar dikkat çekmektedir. Bunların içerisinde, bulunduğu mekânda hemen hiç dikkat çekmeyen bu mihrapçıklardan biri de Ahmed Kulları Namazgâhı'dır. Zamanında yanında bulunan devasa incir

Ahmed Paşa Namazgâhı

Namazgâh kitabesi

ağacı dolayısıyla İncir Mihrabı olarak da adlandırılan bu yapı, üzerindeki kitabesiyle dikkatimizi çekmektedir. 1760 tarihli kitabe, Osmanlı Devleti'nde üst düzey bir yetkili olan Ahmed Kulları'nın Kudüs'te padişah III. Mustafa adına gerçekleştirdiği tamiratlara vurgu yapmaktadır. Kitabede şöyle yazar:

Bu makâm-ı şeriflerin tamiri

İçün kitabet iden Ahmed Kulları'nı

Bir dua ile yâd edenin Bâri

Tealâ muradına nâil eyleye

Âmin, sene 1174

Kudüs'te, özellikle Beytü'l-Makdis arazisi içinde birçok Makam-ı Şerif bulunmaktadır. Kitabede de bu makamlar kastedilmiştir. Bu makam-ı şeriflerin tamirine "kitabet eden" ibaresinden de, Ahmed Bey'in Kudüs'te sadece bu eseri inşa eden bir hayırsever olmadığı, umumi bir tamirat için şehirde bulunduğu, böylece bu kitabenin, sadece bu namazgâha ait değil, genel bir tamirata ait olduğu da anlaşılmaktadır.

EYYÜBİLERİN SON HÜKÜMDARININ YADİGÂRI
Musa Kubbesi

Mescid-i Aksa kutsal alanını gezerken gözümüze çarpan hemen her kubbenin bir anlamı olduğunu öğreniyoruz ve heyecanla bu kubbelerin altını tek tek yokluyor, ortaya çıkacak çarpıcı tarih detaylarını devşirmeye çalışıyoruz. İşte yine bir kubbenin karşısındayız. Silsile Kapısı'nın tam karşısında, Beytü'l-Makdis'in batı revaklarıyla Kubbetü's-Sahra'nın arasında, Kasım Paşa Sebili'nin güneye doğru ön kısmında bulunan ilginç bir yapı bu.

Mescid-i Aksa arazisi üzerinde onlarca namazgâh bulunur. Karşımızdaki kubbeli yapı, bu namazgâhlardan birinin tam ortasından yükseliyor. Her namazgâhta olduğu gibi bunun da kıbleye bakan bir mihrabı var. Yerden biraz yüksek bir namaz kılma alanı mevcut. İlginç olan ise alışık olmadığımız bir şekilde namazgâhın ortasındaki tek kubbeli ilginç yapı. Bu yapı halk arasında birkaç isim ile adlandırılıyor. En meşhuru Musa Kubbesi. Ağaç Kubbesi (Kubbetü'ş-Şecere) de deniliyor. Bize kalırsa Salih Eyyüb Kubbesi demek gerekir. Çünkü bu kubbeli yapıyı buraya konduran kişi Eyyübilerin son hükümdarı Necmeddin Melik Salih Eyyüb. Yapının kapısı üzerinde kitabesi mevcut ve bu kitabede Besmele-i Şerif'ten sonra şöyle yazıyor:

"Bu yapıyı inşa etme emri el-Melik el-Kamil'in oğlu el-Melik es-Salih Necmeddin Eyyüb tarafından 1250 senesinde verildi."

Yapının işlevine gelince, Mescid-i Aksa arazisi içindeki birçok yapı tarih içinde Allah rızası doğrultusunda insanlık hizmeti için

Salih Eyyüb Darü'l-Kurrası

birçok amaçla kullanılmıştır. Öncelikle
eserin bânisinin bu yapıyı hangi niyetle
yaptığını anlamak için vakfiyesine ba-
kalım. Salih Eyyüb vakfiyesinde, "Ken-
disini Allah'a adayanlara mesken olmak
üzere" ibaresini koydurmuş. Yani amaç
her şeyden evvel Allah rızası. Ardından
buraya gelen salih insanlara hizmet etme

arzusu. Gezici mutasavvıflar barınabilir, *Bir Memlüklü atlısı*
ulema öğrencilerine ders verebilir, itikâf ve inziva yeri olarak kul-
lanılabilir bu mekân. İncelediğimiz kadarıyla bu yapı uzun yıllar
Darü'l-Kurra, yani Kur'an ilimleri okulu olarak hizmet vermiştir.
Yani biz bu yapıya Salih Eyyüb Darü'l-Kurrası diyebiliriz.

Mescid-i Aksa arazisi içindeki bu yapıda açıkçası bizi en çok
şaşırtan şey, yapıldığı dönem olmuştur. Bir tarafta Eyyübi taht
adayları arasında iç savaş sürerken, diğer tarafta Avrupalılar dev
ordularla VII. Haçlı Seferi'ne çıkmış, Kudüs'ü ele geçirmek için
bu kez Eyyübilerin kalbi olan başkent Kahire'yi alma adına Dim-
yat'a çıkartma yapmışlar. Moğollar Anadolu'ya kadar girmiş ve
Kösedağ Savaşı'nda Anadolu Selçuklu Devleti'ni itaat altına al-
mış, gözlerini Ortadoğu ve Mısır'a dikmişler. Moğolların önün-
den kaçan Harzemşah orduları Suriye, Ürdün, Filistin toprakla-
rında terör estirmekte. Mısır'da Salih Eyyüb'e karşı Eyyübi dev-
şirmesi Memlük unsurlarını kışkırtıp onu alaşağı etme planları
yapılıyor! Bu kadar kargaşanın içinde Kudüs'te, Mescid-i Aksa'da
bir okul yaptırmak! Öyleyse o günlere gidelim ve bu kahraman
adamı yakından tanıyalım.

Köle Çocuklar İktidara Yürüyor

Mescid-i Aksa'nın avlusundaki Salih Eyyüb kubbesinin yapıl-
masından tam 12 sene önce… 1238 yılı… Eyyübi hükümdarı
Melik Kamil bin Adil Mısır'da ölmüştür. Arkasında bıraktığı iki
oğlundan Salih Eyyüb Cezire (Irak) Emiri, diğer oğlu II. Adil ise
Mısır ve Suriye Emiri olur. Ancak Salih Eyyüb'ün, Mısır'daki Ey-
yübi yönetiminde yetişmiş Memlüklülerle arası iyidir ve onların

da yardımıyla kardeşi yerine tahta geçirilir. Ancak tehlike tam olarak geçmemiştir. O günlerde Suriye'de hükümdarlığını ilan eden amcası Salih İsmail, Kahire'deki Memlûklüleri etkileyip her an başa geçebilir. Salih Eyyüb stratejik bir plan yapar: Kendisine bağlı Memlûklüler yetiştirmek. O günlerde Orta Asya'dan Anadolu'ya kadar gelen Moğollar Kafkaslarda binlerce insan öldürmüş, on binlerce çocuk ve genç evsiz barksız ortada kalmıştır. Bu Kıpçak asıllı gençler hızlı bir şekilde Kahire'ye getirilerek Nil Nehri'nin ortasındaki Ravza Adası'nda eğitime tâbi tutulur. Dört bir tarafı suyla çevrili bu okullarda yetişen bu gençlere Bahrî Memlûklüler dendiğine evvelce değinmiştik. Bu bilgiye, Salih Eyyüb'ün söz konusu istihdamından dolayı Salihiyye ismi verildiğini de ekleyelim. Gerçekten de geleceğe yatırım adına atılmış bu önemli adım ileride faydalarını gösterecek, Eyyûbi Devleti ayakta kalamasa da bu gençlerin öncülüğünde İslam dünyası parçalanmaktan kurtarılacak, hatta Moğollar hayatlarının ilk yenilgisini bu gençlerin elinde tadacaktır. Yine bu bilinçli ve sadık gençler (Bahrî Kıpçak Memlûklüler) sayesinde halifelik yok olmaktan kurtarılacak, VII. Haçlı Seferi de onların basiretli duruşu sayesinde sona erecekti.

Kudüs'ün Yeni Fatihi: Salih Eyyüb

Kudüs o günlerde yine Haçlıların elindeydi. 1229 yılında Avrupalılar VI. Haçlı Seferi'ni düzenlemişti. Başlarında Kutsal Roma Germen İmparatoru II. Friedrich vardı. Kudüs'ü almak adına direkt Eyyübilerin başkenti Kahire'yi tehdit etmek için Dimyat'a saldırmışlar, zorlu mücadeleler neticesinde burayı ele geçirmişlerdi.

Dimyat'ın Haçlılar tarafından ele geçirilişi

Salih Eyyûb'ün babası Melik Kamil bin Adil, Haçlıların Mısır'dan çekilmeleri karşılığında Kudüs'ü onlara vermeyi teklif etmişti. Bu utanç verici durum düzeltilmeliydi. İşte o günlerde Salih Eyyûb, ülkesine giren Harzemşah askerlerini istihdam ile uğraşıyordu. Onları Suriye'de bağımsızlığını ilan etmiş olan amcasına ve amcasının ittifak ettiği Haçlı krallıklarına karşı kullanıyordu. Tarihler 1244'ü gösterdiğinde Harzemşah birlikleri Kudüs'ü kuşattılar ve bir oldubitti ile ele geçirdiler. Kudüs yeniden Müslümanların (Eyyûbiler) yönetimine girmişti.

Salih Eyyûb, müttefiki Harzemşahlar ile birlikte, Haçlılar ve onlarla ittifak eden amcası İsmail'e karşı ilerledi. Meydana gelen La Forbie Savaşı'nı Salih Eyyûb birlikleri kazandı. Abbasi Halifesi Mu'tasım kendisine sultan unvanı gönderdi. Salih Eyyûb'ün Suriye'deki bu seferden sonra Mısır'a dönüşü sırasında Kudüs'e uğradığını biliyoruz. Bu ziyaretinde Kudüs surlarının tamir edilmesini emretmiş, bu konuda şahsi varlığından 2000 dinar bağışlamıştır. Konumuz olan Musa Kubbesi'ni (Salih Eyyûb Darü'l-Kurrası) inşa emrini de bu dönemde verdiği tahmin edilmektedir.

Ülkem Elden Gidiyor, Bacağım Kesilmiş Çok mu! VII. Haçlı Seferi

Kudüs'ün yeniden Müslümanların eline geçmesi Avrupa'yı ayağa kaldırdı. Kiliselerde yapılan propagandalar neticesinde Fransa Kralı IX. Louis öncülüğünde büyük bir ordu Avrupa'dan gemilerle ayrıldı. Önceki Haçlı seferleri Anadolu üzerinden yapılan askerî harekâtların ne kadar tehlikeli olduğunu göstermişti. VI. Haçlı Seferi'nde olduğu gibi bu kez yine Eyyûbilerin

Yedinci Haçlı Seferi'ne gidişi betimleyen gravür

başkenti Kahire'ye saldırma planları yaptılar. Geçen sefer olduğu gibi Kahire öncesi liman kenti Dimyat'ı ele geçirme adına buradan çıkartma yaptılar. Önceki seferden çok daha kolay bir şekilde Dimyat'ı ele geçirdiler.

Salih Eyyüb, Haçlıların Dimyat'a saldırılarını öğrendiğinde hâlâ Filistin topraklarında idi. Aceleyle Kahire'ye döndü ve babasının yaptığı gibi Haçlılarla barışmaya çalıştı. Eğer Dimyat'ı bırakır ve çekilirlerse Kudüs'ü kendilerine verebileceği yönünde bir teklifte bulundu. Ancak Fransa kralının cevabı küstahça oldu. O günlerde Salih Eyyüb verem hastalığına yakalanmıştı, günden güne erimekteydi. Bunu bilen Haçlı kralı cevabında, yenilgiye uğramış, ölmek üzere olan "inançsız" biriyle anlaşma yapmayacağını bildirdi. Artık savaş kaçınılmazdı. Salih Eyyüp ordusuna Haçlılar üzerine yürüme emri verdi. Kahire'den çıkan Memlüklü komutanları yönetimindeki Eyyübi ordusu Mansure'ye doğru ilerliyordu. Salih Eyyüb ağırlaşmıştı, sedyeyle taşınıyordu. O günlerde bacağında bir de apse meydana geldi. Her geçen gün daha da irileşiyor, ağrılar dayanılmaz bir hal alıyordu. Doktorlar bu mikrobik hadisenin kangrene çevireceğini düşünerek sultanın bacağını kesme kararı aldılar. Bütün bu yaşananlara rağmen bu fedakâr lider, ne Kahire'ye dönmeyi düşündü ne de Haçlılara karşı en küçük bir adım atmayı. Bacağı kesildi ama faydası olmadı. Birkaç gün sonra, hayatı mücadelelerle geçen çilekeş devlet adamı Mansure Kalesi'nde hayata gözlerini yumdu.

Salih Eyyüb vefat etmişti ama kurduğu sağlam sistem, onun yokluğunda devleti idare etmeyi sürdürecekti. Ölümü uzun süre gizlendi. Yetiştirdiği Bahrî Memlüklüler büyük bir feraset göstererek ne birbirleri ile mücadele ettiler ne de devleti zafiyete uğrattılar. VII. Haçlı

Fransa Kralı IX. Louis

Seferi'nin bu dev ordusuna karşı şiddetli bir mücadeleye girdiler. İlk muharebe Mansure'de oldu. Baybars Fransızları püskürtmeyi başardı. Ardından gelen diğer savaşlarda binlerce ölü ve esir bıraktı Haçlılar. Nihayetinde Fransa Kralı IX. Louis dahi ele geçirildi. VII. Haçlı Seferi, Eyyübi Sultanı ve Memlüklü devlet adamları sayesinde bertaraf edildi.

Eyyübi Devleti belki nihayete ermişti ama şimdi, İslam dünyasını tek bir çatı altında toplayacak,

Fransa Kralı IX. Louis esir edildi

önce Haçlılar, ardından Ortadoğu Haçlı krallıkları, Moğollar ve Ermeni devletlerine karşı amansız bir mücadeleye girecek ve temellerini Salih Eyyüb'ün attığı Memlüklüler geliyordu. Kölelerin kurduğu bu devlet, Kudüs ve Mescid-i Aksa'ya yatırım konusunda dünya tarihinde hiçbir devletin kendisiyle yarışamayacağı hizmetlere imza atmış, Beytü'l-Makdis'te ve şehirde muazzam eserler bina etmişti.

Mirac Gecesi'ne Hz. Musa Mührü

Beytü'l-Makdis, özellikle Kutsal Kaya civarı, Peygamber Efendimiz'in[sas] Mirac hadisesiyle son derece irtibatlıdır. Peygamberimiz'in[sas] Mirac Gecesi uğramış olduğu mekânlar buralardır ve Mirac Gecesi cereyan eden hadiseler de bu mekânlarla ilişkilidir. Hz. Muhammed'in[sas] Mekke'den Kudüs'e inişi, biniti Burak'ı bağladığı yer, bütün Peygamberlere namaz kıldırdığı mekân, kendisini cennet hurilerinin karşıladığı yer, Ref Ref ile göğe yükseldiği makam gibi Mirac öncesi birtakım hadiselerin yaşandığı alanlar buralar olup bu mekânların hepsi Beytü'l-Makdis arazisi içindedir. Kitabımızın Mirac Durakları bölümünde bu basamakları adım adım anlatacağız.

Mirac hadisesinde, Mekke'den Kudüs'e geliş (İsra) sonrasında Kudüs'te yaşananlar ve göğe yükseliş (Mirac) cereyan etmiştir. İsra'nın (Gece Yolculuğu) ve Kudüs'e indikten sonra yaşananların nerelerde vuku bulduğu İslam uleması tarafından başta Peygamberimiz'in[(sas)] anlatımlarıyla tek tek tespit edilmiştir. Peki ya göğe yükseliş sonrası? Yine Peygamber Efendimiz[(sas)] tarafından, Mirac Gecesi yaşananlar da bize tek tek anlatılmıştır. Burada ilginç olan şey, Kutsal Kaya ve civarının Mirac öncesi yaşananlarla irtibatlı olması gibi Mirac'da yaşananlarla da irtibatlı hale getirilmesidir. Mescid-i Aksa alanındaki Musa Kubbesi bunlardan biridir.

Mirac Gecesi öyle bir hadise yaşanmıştır ki, bu olaylar dizesiyle bize çok önemli mesajlar verilmektedir.

Bugün beş vakit olarak kıldığımız namazın aslında elli vakit kıymetinde olduğunu, Allahu Teala'nın, Peygamberimiz'in[(sas)] isteklerini kabul etmedeki derin hikmeti ve Peygamberimiz'in[(sas)] ümmetine karşı olan şefkati açıkça görülmektedir. Hem Buhari'de hem de Müslim'de geçtiği üzere Peygamber Efendimiz[(sas)] Mirac Gecesi yaşanan bu hadiseyi bizzat anlatmıştır.

Göğe yükselme (Mirac) hadisesinde, gök tabakalarındaki seyahatlerinde başta Hz. Adem olmak üzere Hz. İdris, Hz. Musa, Hz. İsa ve Hz. İbrahim[(as)] ile görüşmüştür. Bu görüşmeler Müslim'de şöyle anlatılmaktadır:

"O zaman Allah ümmetime elli vakit namaz farz kıldı. Bu farziyeti yüklenerek döndüm. Derken Mûsâ Aleyhisselâm'a rast geldim. Mûsâ[as] bana, 'Rabbin ümmetine neleri farz kıldı?' diye sordu. Onlara, 'Elli vakit namaz farz kıldı,' dedim. Musa[as] bana, 'Rabbine dön de şefaat et, zira ümmetin buna tâkat getiremez,' dedi. Bunun üzerine Rabbime mürâcaat ettim. Allah Teâlâ şatrını (bir kısmını) indirdi. Ben yine Mûsâ'nın[as] yanına dönerek durumu kendisine haber verdim, 'Bir kısmını indirdi,' dedim. O yine, 'Rabbine mürâcaat et, zira ümmetin tâkat getiremez,' dedi. Ben yine Rabbime mürâcaat ettim. Allah Teâla kalanından bir kısmını indirdi. Mûsâ Aleyhisselâm'ın yanına yine döndüm. O tekrar, 'Rabbine dön, zira ümmetin buna dayanamaz,' dedi. Bir daha mürâcaat ettim. Allah Teâla, 'Onlar beştir, yine onlar [sevap itibariyle] ellidir. Benim nezdimde hükm-ü kaza değişmez' buyurdu. Musa'nın[as] yanına döndüm. O yine, 'Rabbine dön,' dedi. Ben de 'Artık, Rabbimden utanır oldum,' dedim."[*]

Bu ilim binasına Hz. Musa'nın isminin verilmesi, Eyyübiler ve Memlüklülerde yaygın olan, Peygamber makamlarına (bu bazen o zatın hatırasının geçtiği ya da vücuduna ait bir parçanın defnedildiği bir yer olabilir) o Peygamber'i hatırlatıcı dua mekânları inşa etme geleneğiyle alakalı olabilir.

Salih Eyyüb Darü'l-Kurrası'nın Beytü'l-Makdis için bir önemi de Hanbelilerin ibadet mahalli olarak kullanılmış olmasıdır. Belli zamanlarda İslam'ın dört hak mezhebine mensup kişiler Mescid-i Aksa'nın farklı yerlerinde ibadetlerini yerine getirmekteydi. Zahiri'nin söylemlerine göre Hanbeliler namazlarını Musa Kubbesi ve batı revaklarının içinde kılmışlardır.

Musa Kubbesi, Kubbetü'ş-Şecere, yani Ağaç Kubbesi olarak da anılmaktadır. Zamanında bu yapının yanında büyük bir ağaç bulunduğu ve ismini buradan aldığı rivayet olunmaktadır. Gerçekten de eski hatıratlarda Beytü'l-Makdis'in ulu ağaçları övülmüş, her namazgâhın başında büyük bir dut ağacının bulunduğu ve insanların ibadetlerini bu ağaç gölgelerinde yaptığı anlatılmıştır.

---

[*] Müslim, İman: 263; Ahmed Naim, *Sahih-i Buharî Muhtarası Tecrîd-i Sarih Tercemesi*, (Ankara: Diyanet İşleri Başkanlığı Yayınları, 1981), II/277.

MESCİD-İ AKSA'NIN ANA GİRİŞ KAPISI
Babü's-Silsile (Zincir Kapısı)

Eşref Kayıtbay'ın Eşrefiye Medresesi'ni inceledikten sonra Mescid-i Aksa'nın batı revakları boyunca ilerlemeyi bırakmış, Eşrefiye Medresesi'nin önündeki birtakım yapıları incelemeye başlamıştık. Bunlar Kayıtbay Sebili, Kasım Paşa Şadırvanı ve Ahmed Bey Namazgâhları idi. Şimdi yeniden kaldığımız yerden devam edelim. Kayıtbay'ın Eşrefiye Medresesi'nin yanındaki kapıya bir göz atalım.

Bu kapı, adını kenarlarındaki zincir motiflerinden almıştır. Avlu tarafından kapıya girilip kapı kubbesinden Aksa'ya doğru bakıldığında görülecek bu burgu motifleri son derece dikkat çekicidir. Kapının en yaygın isimlerinden biri de Mahkeme Kapısı'dır. Silsile Kapısı'nın yanındaki Tenkiziyye Medresesi yıllarca şer'î mahkeme binası olarak kullanılmıştır. Bu sebeple kapıya böyle bir isim verilmiştir. Evliya Çelebi, Kudüs ziyaretini anlattığı bölümlerde bu kapıdan Mahkeme Kapısı olarak bahsetmiştir. Hatta Zincir Kapısı'yla Mahkeme Kapısı isimleri yine eski bir halk rivayetinde birleşmektedir. Silsile Kapısı'nın olduğu yerde

Silsile (Zincir) Kapısı

Davud Peygamber döneminde bir kubbenin bulunduğu, bu kubbenin altında bir adalet zincirinin asılı olduğu söylenmektedir. Davud Peygamber'in de insanların davalarına burada baktığına inanılmaktadır. Bu anlatıma göre, hem zincir hem mahkeme hem de mahkeme işlerinin görüldüğü mekânlar mantık çerçevesinde bir araya getirilmiştir.

Silsile Kapısı kubbesi

Harem'in batı duvarı üzerinde bulunan kapılardan biri olan Silsile Kapısı, Selahaddin Eyyübi tarafından Kudüs'ün fethinden on sene kadar sonra yaptırılmıştır. Önceleri Davud Kapısı olarak adlandırılan bu geçit iki birimden oluşmaktadır. Uzun yıllar Mescid-i Aksa'nın ana giriş kapısı olarak kullanılan bu kapıya açılan caddeler de şehrin en gözde caddeleri haline gelmiştir.

Silsile Kapısı'ndan Kanuni Çeşmesi manzarası

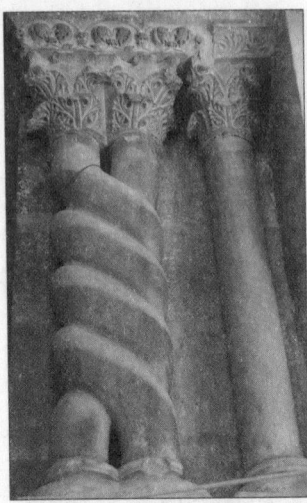

Silsile Kapısı içindeki burgu sütunlar

Bugün Silsile Kapısı'na açılan Silsile Caddesi'nin eski kaynaklardaki adı Şar el-Azam (Büyük Cadde) idi. Aksa'nın ana kapısı ve bu kapıya açılan ana caddenin kenarları zamanla önemli yapılarla donatılmıştır: Kayıtbay'ın Eşrefiyye Medresesi, ilerisinde Tenkiziyye Medresesi, Baladiyye Medresesi ve Kadınlar Ribatı bunlardan birkaçıdır.

Nice hayırsever kişi Mescid-i Aksa'nın bu en çok kullanılan kapısı ve caddesi üzerinde eser inşa ettirdiği gibi birçoğu da kabirleriyle bu yol üzerine yer almak istemiştir. Babü's-Silsile'den şehre doğru çıktığımızda Silsile Caddesi üzerinde hemen sağda, yola bakan yüzü son derece görkemli olan bir türbe karşılar bizi. Kümbet formundaki bu türbe Memlük Sultanı Baybars'ın eşi, Altınordu Devleti'nin son hükümdarı Berke Han'ın kızı Türkan Hatun'a aittir. Kesişen caddeyi geçip yukarı doğru devam ettiğimizde bu kez yolun solunda tarihî Halidiye Kütüphanesi ile karşılaşırız ki içerisinde az önceki türbede kızını gördüğümüz Altınordu Hükümdarı Berke Han'ın kabriyle karşılaşırız. Kudüs Eski Şehir'i konuşacağımız ikinci cildimizde, Silsile Caddesi üzerindeki müessese ve kabirlerle ilgili detaylı bilgiye yer verilecektir.

Şimdi Silsile Kapısı'ndan yeniden avluya geçelim ve Batı Cephesi üzerinde önemli bir yapıyı daha konuşalım: Tenkiziyye Medresesi.

KUPA AMBLEMLİ EMİR
Tenkiziyye Medresesi

Silsile (Zincir) Kapısı'na bitişik inşa edilmiş olan Tenkiziyye Medresesi'nin Aksa avlusu ve Silsile Kapısı içinden olmak üzere iki ayrı girişi vardır. Ancak anıtsal ana girişi Silsile Kapısı'nın içindendir. Silsile Kapısı'ndan dışarı adım attığımızda sol tarafta, renkli taş süslemeleriyle dikkatimizi çeken bu devasa kapı Tenkiziyye Medresesi'nin girişidir. Bugün İsrail Polis Merkezi olarak kullanılan bu yapıya ne yazık ki girmek mümkün değildir. Ancak kapısının açık olduğu bir anda önünden geçerken içeri şöyle bir baktığımızda siyah bazalt ve beyaz mermerle iç içe geçmiş kemerli mihrap alınlığını ve renkli mozaiklerle bezeli mihrabını görebiliriz.

Tenkiziyye Medresesi'nin Silsile Kapısı'na bakan cephesinde ana kapı

Tenkiziyye Medrese kapı kavsarası

Tenkiziyye Medresesi kapı kitabesi ve ant kadehi

Emir Seyfeddin Said Tenkiz, bir Memlüklü yöneticisi olup Suriye topraklarında vazife yapmıştır. Şam Valiliği vazifesi sırasında Kudüs'e defalarca

Tenkiziyye Medresesi'nin Aksa'ya bakan cephesi

ziyarette bulunmuş ve gönül bağı kurduğu bu şehri yatırımlarıyla ihya etmiştir. Kudüs'e tarihinde en çok eser bırakan kişilerden biri hiç şüphesiz Emir Tenkiz'dir. Harem-i Şerif'in batı cephesini anlattığımız bölümlerde Pamukçular Çarşısı'ndan bahsetmiştik.

İşte Aksa'ya açılan görkemli kapısıyla o ünlü çarşı içindeki han ve hamam Emir Tenkiz'in eserleridir. Bu hayırsever Memlük Emiri'nin çarşı bitişiğindeki el-Ayn Hamamı yanında bir de Şifa Hamamı mevcuttur. Silsile Kapısı üzerindeki Zincir Kapısı Minaresi de Emir'in eserleri arasında geçer. Emir Tenkiz'in hemen bütün eserlerinin üzerinde, daire içinde bir kupa sembolü görülür. Hanı ile hamamı üzerindeki bu kupa sembolünden medresesinin kapısında da mevcuttur. Silsile Kapısı'nın sol tarafındaki ana kapının kavsarası içinde, siyah beyaz taşların oluşturduğu bordürlerin arasındaki kitabenin tam ortasında bu sembol görülebilir. Yine Emir Tenkiz'in Mescid-i Aksa'ya bağışladığı ve günümüze intikal eden cam kandillerden

İsrail Polis Karakolu olduğu için bugün giremediğimiz
Tenkiziyye'nin havuzlu salonu ve taş işleme harikası mihrabı

biri üzerine de aynı kupa işlenmiştir. Söz konusu kandil bugün Aksa Müzesi'nde sergilenmektedir.

Tenkiziyye Medresesi uzun yıllar hem medrese hem de tekke olarak hizmet vermiştir. 22 hücresi olan bu yapının üst katındaki 11 odasında sufiler, alt katındaki odalarda Hanefi fıkhı âlimleri ikamet etmiş ve ders vermiştir. Kudüs'e uğrayan protokol misafirlerin de zaman zaman Tenkiziyye'de ağırlandığı bilinmektedir. Memlüklülerin ilk Çerkez hükümdarı Berkuk'un oğlu Sultan Farac Kudüs'ü ziyaretinde bu medresede ağırlanmıştır.

Kudüs kadısı 16. yy'dan itibaren davalara burada bakmaya başlamış, sonraki yıllarda Şeriat Mahkemesi tarafından kullanılmıştır. Aksa'nın batı cephesinde Hüseyni Haziresi'ni tanıttığımız kısımda hayatını uzun uzun anlattığımız Muhammed Emin el-Hüseyni, İngilizlerin Kudüs'ü yönettiği yıllarda Tenkiziyye Medresesi'nde ikamet etmiştir.

Artık Aksa'nın batı cephesinin sonlarına yaklaştık. Önümüzde Babü'l-Mağaribe yani Faslılar Kapısı bulunuyor. Ancak bu kapıya gelmeden hemen önce duvara bitişik, küçücük bir yapı dikkatimizi çekiyor. Asıl yapısı yerin altında bulunan Burak Mescidi; yani Mirac Gecesi kutlu bineğin bağlandığı yer...

CENNET BİNEĞİNİN BAĞLANDIĞI YER
Burak Mescidi

Mescid-i Aksa arazisinin Müslümanlar açısından en önemli yönü Hz. Muhammed'in[(sas)] Mirac'a çıktığı mekân olmasıdır. Genelde birçok kişi Hz. Muhammed'in[(sas)] Mekke'den buraya gelir gelmez hemen yükseldiğine inanır. Halbuki Kudüs'e geldiğinde Mirac öncesinde kısa bir rota takip etmiştir. Mirac öncesinde İsra yani gece yolculuğu başlar. Burak adı verilen at ile merkep arası kanatlı bir binit yardımıyla Mekke'den Kudüs'e gelir. Burak adındaki binitini bugün Ağlama Duvarı'nın tam Harem'e bakan yüzündeki duvara bağlayacak ve Mirac'a yükseleceği Kutsal Kaya'ya doğru ilerleyecektir.

Kudüs gerçekten son derece ilginç bir şehirdir. Burada dinler birbirleriyle et ile tırnak gibidir. Onları birbirinden ayırmak öyle kolay değildir. Bu sözlerimin bir delili de Burak Duvarı ve Burak Mescidi'dir. Peygamber Efendimiz'in[(sas)] Mekke'den üzerinde geldiği biniti Burak'ı bağladığı duvar, biz Müslümanlar tarafından

Burak Mescidi'nin avluya bakan cephesi

Burak Duvarı olarak adlandırılırken Yahudiler tarafından Ağlama Duvarı (West Wall) olarak adlandırılmaktadır. Yani bir taş duvar düşünün Harem'e bakan tarafında Müslümanlar bu duvarı öpüyor, aynı duvarın dışarıya bakan yüzünü de Yahudiler öpüp önünde saatlerce ağlıyor. Biz Müslümanlar, Peygamber Efendimiz'in^(sas) Cennet Biniti buraya bağlandığı için bu duvara hürmet ediyoruz, Yahudiler ise Hz. Süleyman'ın tapınağından kaldığına inandıkları için bu duvarı bir ibadet mahalline çeviriyorlar.

Aksa zemininin altında kalan Burak Mescidi

Burak'ın bağlandığına inanılan halka

Burak Mescidi, Cennet biniti Burak'ın bağlandığı yere yapılmış bir mescid olup insanların bu mübarek duvar önünde rahatça ibadetlerini yapabilmesi hedeflenmiştir. Burak Mescidi'nin hemen yanından Ağlama Duvarı'na doğru açılan Faslılar Kapısı burada zamanında bulunan Faslılar Mahallesi'ne açıldığı için Burak Mescidi'ne de Faslılar Mescidi denmiştir. Hatta Faslılar arasında çok yaygın olan Şazeli tarikatı zikirlerinin sıklıkla bu mescidde yapıldığı bilinmektedir. Evliya Çelebi Kudüs'ü ziyaretinde burada sabah namazı sonrasında yapılan zikre katıldığını ifade etmektedir.

Burak Mescidi aslında dışarıdan görüldüğü gibi küçük bir bina olmayıp aşağı doğru hayli derin bir yapıya sahiptir. Merdivenle aşağı inilerek Burak Mescidi'ne ulaşılır. Mesciddeki batı duvarı üzerindeki demir halka Burak'ın buraya bağlanmasını hatırlatmaktadır. Burak Mescidi son olarak Osmanlı Padişahı Sultan Abdülaziz Han tarafından tamir edilmiştir.

Sultan Abdülaziz

SELAHADDİN'İN BERBERİLERİ
Faslılar Kapısı

Beytü'l-Makdis'in şehre açılan kapılarından biri de Faslılar Kapısı'dır. Bu kapı Mescid-i Aksa Ulucamii'ne en yakın kapı olup, Beytü'l-Makdis'in Ağlama Duvarı'na bakan kısmına açılır. Osmanlı döneminde son şeklini alan kapı, günümüzde kısıtlı zaman dilimlerinde kullanılmaktadır. Caminin her daim kullanılan kapılarından biri olmayıp gün içinde belli zamanlarda kutsal alana alınan yabancı turistlerin girip çıkması amacıyla açılır. Kapıya Faslılar isminin verilme sebebi, kapının dışa bakan kısmında 1967 yılına kadar Faslıların yaşadığı bir mahallenin bulunmasıdır.

Kapıya Çöp Kapısı denmesinin sebebi, yüzyıllarca şehir çöplerinin bu kapıdan tahliye edilmesidir. Ancak kapıya bu ismin verilmesinin bir de hikâyesi vardır.

Hristiyanlar çöplerini, bu kapıdan şehir dışına atmak yerine kapının şehir içine bakan kısmında bulunan ve Yahudilerin kutsal mekânı olan Ağlama Duvarı civarına dökmektedirler. Kanuni Sultan Süleyman şehri ziyaretinde bu manzarayı görünce Yahudilerin kutsal mekânlarının temizlenmesini emreder ve burası kısa sürede tertemiz bir hale getirilir. Aslında bu hikâyenin bir kısmı doğru, diğer kısmı uydurmadır. Kanuni Sultan Süleyman hiçbir zaman Kudüs'ü ziyaret etmemiştir. Ancak Osmanlı Devleti Kudüs'ü almadan çok önce yani Haçlılar döneminde Hristiyanlar,

Faslılar Kapısı (Babü'l-Mağaribe)

Yahudilere duydukları kin sebebiyle (Hz. İsa'yı yakalatmaları) onların kutsal alanlarını kirletmiştir. Eyyûbilerin Kudüs'ü fethiyle Yahudilerin ibadet özgürlüğü de geri gelmiştir. Osmanlı döneminde ise Kanuni'nin emriyle Yahudiler Ağlama Duvarı önünde ibadet etme hakkı elde etmiştir.

Bu kapının Harem'e bakan yüzünde İsrail askerleri devamlı beklemektedir. Çünkü bu kapının arkası Ağlama Duvarı'dır ve günün hemen her saati onlarca Yahudi burada ibadetle meşgul olmaktadır. Cami tarafından herhangi bir saldırı ya da taş atma gibi bir durum olmasın diye bu askerler daima nöbettedir. Ayrıca gün içerisinde belli saatlerde bu kapı açılmakta, Ağlama Duvarı tarafındaki rampadan gayrimüslim turistler Mescid-i Aksa avlusuna girebilmektedir. Askerler bu ziyaretçilere de göz kulak olmaktadır. Bir süredir bu ziyaretleri yapan gayrimüslim turistler avluda gezebilmekte ancak dinî yapıların içine girememektedir. Burada en büyük sıkıntı, bazı ideolojik Yahudi grupların bu ziyaretler sırasında İslami yapılara ya da Müslümanlara saldırması durumudur. Daha önce defalarca cereyan eden bu duruma karşı yabancı turistlerin ziyaret saatlerinde Filistinliler özellikle de Filistinli kadınlar Mescid-i Aksa ve Kubbetü's-Sahra önünde toplanarak bir nevi nöbet tutmaya çalışmakta, Yahudi gruplar gezerken tekbirlerle onların Harem'e girişlerini protesto etmeye çalışmaktadır.

MISIRLI HAYIRSEVER BİR KIPTİ
Fahriye Hankâhı

Artık Aksa avlusunda batı cephesinin sonuna geldik. Faslılar Kapısı'nın tam önündeyiz. Buradan güneye doğru devam edecek ve Mescid-i Aksa Cuma Camii'ni konuşacağız. Ancak Mescid-i Aksa ve İslam Müzesi binası öncesinde Faslılar Kapısı'na soldan bitişik vaziyette duran bir kapı daha dikkatimizi çekiyor. Arkasında bir binanın bulunmadığı kapı, zamanında burada bulunan Fahriye Hankâhı'nın kapısıdır.

Memlüklü Sultanı Muhammed Nasır'ın danışmanlarından biri olan Fahreddin Ebu Abdullah tarafından Beytü'l-Makdis'in güneybatı köşesine inşa edilmiştir. Mucireddin, Harem'in batı kenarındaki medreseleri sıralarken, "İlk olarak Fahriye Hankâhı gelir," der. Tarih içinde farklı amaçlarda kullanılmıştır. Farklı dönem kaynaklarında Fahriye Hankâhı dendiği gibi zaviye ve medrese olarak da anlatılmıştır. Hankâha adını veren Fahreddin Ebu Abdullah'ın başta Kıpti (Mısır Hristiyanı) olduğu, sonradan ihtida ettiği ve İslamiyet'i seçtiği bilinmektedir. Hayırseverliğiyle meşhur olan Ebu Abdullah, bu eser dışında birçok vakfın kuruculuğunu yapmıştır. 1332 yılında 70 yaşının üzerindeyken vefat etmiştir. Kudüs'ün yanı sıra Halil'de de bir Fahriye Hankâhı yaptırmıştır.

Fahriye Hankâhı kapısı

Kudüs'e gelen grupların, özellikle de Mescid-i Aksa'ya gelen Müslüman grupların çoğunlukla atladıkları bir yerin önündeyiz: İslam Müzesi. Burası muhakkak görülmeli ve buradaki objelerin hikâyeleri, bânileri bilinmelidir.

Faslılar Kapısı'nın solunda, müzenin sağında Fahriye Hankâhı

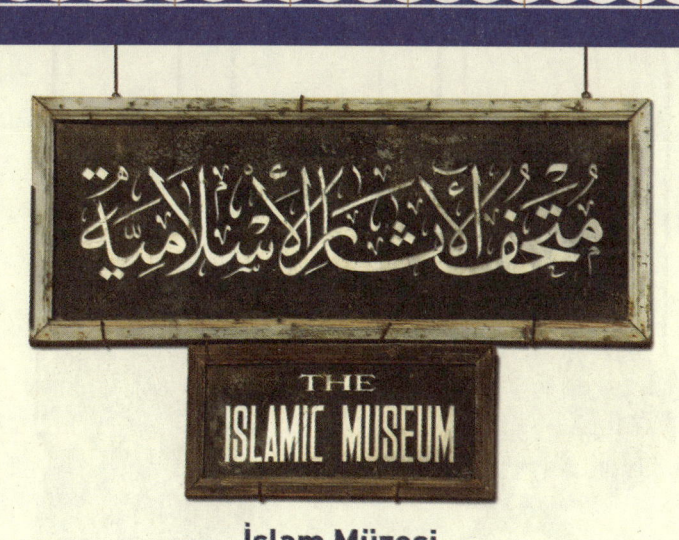

İslam Müzesi

Kudüs'te Beytü'l-Makdis arazisi içinde muhakkak görülmesi gereken yerlerden biri de İslam Müzesi'dir. Hz. Ömer'den başlayarak günümüze kadar bu mukaddes alan içindeki nice yapıya birçok hayırsever katkıda bulunmuştur: Kimi imaret yaptırmış içini yemek yapmak için kazanlarla doldurmuş, kimi camiye gümüş buhurdanlıklar ihsan eylemiş, kimi içi cüzlerle dolu sandık, ayetlerle bezeli kandil, kıymetli taşlarla bezeli Kur'an'lar, şamdanlar, alemler, kitabeler ve daha neler neler… İşte farklı yüzyıllara ait nice özel insanın bu hayır eserlerini görebileceğiniz yer İslam Müzesi'dir.

Faslılar Kapısı'nın
solunda İslam Müzesi

Memlük Sultanı Çakmak'ın
Halil Camii'ne hediyesi
buhurdanlık

Emir Tenkiz'in Halil Camii'ne
hediye ettiği üzeri ant kâseli kandil
(aynı kâse motifi medresesinin
kitabesinde de mevcuttur)

Mescid-i Aksa yangınından kurtarılabilen
Osmanlı revzenleri (vitray)

Artuk Arslan'ın Mardin'de
yaptırdığı şamdan

Kutsal Kaya'nın tarihî şebekesi

Mescid-i Aksa ve Kubbetü's-Sahra'nın alemleri

İslam Müzesi ilk olarak 1923 yılında Aksa avlusunun dışında, Nasır Kapısı'na girmeden sağda yer alan Mansur Kalavun Ribatı'nda hizmet vermeye başlamıştır. 1929 yılında ise Mescid-i Aksa Ulucamii'nin batı tarafındaki binasına taşınmıştır. Bu bina iki parçadan oluşmakta; mescide paralel uzanan kısım Memlüklü, mescide dik, güney duvarına paralel uzanan bina ise Haçlılar döneminden kalmadır.

Müze binasına Mescid-i Aksa tarafındaki ana kapıdan girilir. Bu bina ilk olarak Selahaddin Eyyübi'nin oğlu Melik Efdal tarafından Maliki mezhebine mensup Faslılar için Efdaliye Medresesi olarak inşa edilmiştir. Binanın yeniden inşası Memlüklüler döneminde, Şeyh Ömer bin Abdullah Mağribi tarafından 1303'te yapılmıştır. Lakabındaki Mağribi ismi kendisinin Faslı olduğunu gösterir. Müzenin Ağlama Duvarı'na bakan kapısının isminin Mağaribe (Faslılar) Kapısı olması, kapının arkasında 1967 yılına kadar büyük bir Fas Mahallesi'nin var olması bu binanın neden bu bölgeye inşa edildiğini anlatmaktadır. Kaynaklarda Maliki Mescidi olarak adlandırılan bu binayı evvelce de değindiğimiz gibi son kez Sultan Abdülaziz Han tamir ettirmiştir. Hatta müze içinde sergilenen kitabelerden biri Sultan Abdülaziz Han'ın bu tamirine aittir. Kitabede şöyle yazmaktadır:

"Denizlerin ve karaların sultanı bu kutsal Maliki Camisi'nin yenilenmesini emretti. İki Harem'in hizmetçisi, iki kıblenin koruyucusu, güç ve erdemin sahibi Mahmud Han'ın oğlu

Hürrem Sultan İmareti'ne ait yemek kazanları

Efendimiz Sultan Abdülaziz Han tarafından, (Allah hükümdarlığını uzun kılsın ve bütün dünyayı onun sahipliğinde bir araya getirsin) 1288 yılının Şaban ayı." (Ekim 1871)

Mucireddin el-Efdal'in vakıfları arasında Maliki mezhebinin savunucuları için adanmış Faslılar Mahallesi'ndeki Efdaliyye Medresesi ve Kutsal Mezar Kilisesi'nin yanında 589/1193 yılında bağışlanmış el-Efdal Camii bulunmaktadır.

Müzenin güney duvarı boyunca uzanan ikinci kısım Haçlıların Kudüs'ü işgalleri döneminde Kral Godfrey de Bouillon'un saltanat yıllarında (1099) saraya ait konaklama yeri olarak inşa edilmiştir. Daha sonra saray olarak kullandığı binalarla birlikte burayı da Tapınak Şövalyelerine terk etmiştir. Şövalyeler burayı kılıç eğitim ve ibadet yeri olarak kullanmıştır.

Müzede Beytü'l-Makdis kutsal alanı ve içindeki dinî yapılarla ilgili birçok obje sergilenmektedir. Daha önceki yıllarda, Aksa'da şehit düşen Filistinlilerin kanlı elbiseleri de sergilenirken bugün vitrinlerde daha çok tarihî süreci oldukça iyi anlatan dönem izleri ve şahıs hediyeleri vardır. Müzede yer alan parçalara gelince…

❈ Yakılmış olan Mescid-i Aksa minberinden (Nureddin Zengi Minberi) geriye kalan kapı parçası.

Bir Yahudi tarafından 1969'da Mescid-i Aksa ile birlikte yakılan, Nureddin Zengi'nin Aksa Kıble Camii için yaptırdığı minberden geriye kalanlar

❊ **Adile Sultan'ın buhurdanları.**

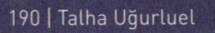

❊ **III. Murad'ın Cüz çekmecesi.**

❋ **Hürrem Sultan İmareti'nin dağıtım cetveli.**

Hürrem Sultan İmare-
ti'ni yöneten vakıf her
gün 999 kişiye yemek
dağıtırdı. Dağıtım ko-
laylığı amacıyla her ihti-
yaç sahibine bir numara
verilirdi. Bu tahta cetvel
999 kareden oluşmakta;
her karenin içinde bir

*Hürrem Sultan İmareti'nin
yemek dağıtım cetveli*

numara bulunmaktadır. Her rakamın altında iki
adet delik olup bunlar yemek ve ekmek delikleridir.
İhtiyaç sahibi yemek ve ekmek istihkakını aldığında
bu deliklere birer iğne batırılır ve günün sonunda
kimlerin yemek alıp almadığı kolayca görülebilirdi.
Ayrıca bu uygulamayla aynı kişinin ikinci kez ye-
mek almasının da önüne geçilebiliyordu.

❋ **Tapınak Şövalyelerine ait mektuplar.**

❋ **Basra Beylerbeyi Kubat Paşa'nın oğlu, Kudüs Valisi
Süleyman Paşa'nın Kur'an-ı Kerim'i.**

❋ **Gök cisimleri arasındaki mesafeyi hesaplayan ve
Mescid-i Aksa medreselerinde okutulan
Astronomi derslerinde kullanılan usturlaplar.**

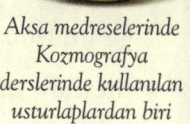

❋ **Memlük Sultanı Kayıtbay'ın
Kubbetü's-Sahra'ya koydurduğu kapılar.**

*Aksa medreselerinde
Kozmografya
derslerinde kullanılan
usturlaplardan biri*

❋ **Mescid-i Aksa ve Kubbetü's-Sahra'nın eski
kubbe alemleri.**

❋ **Kubbetü's-Sahra içindeki Mukaddes
Kaya'yı çeviren eski tarihî metal parmaklıklar.**

❋ **Sultan II. Mahmud Han'ın hattı ile Kur'an levhası.**

🌸 Kudüs Valisi Yakup Paşa'nın eşine ait gümüş telli elbise.

🌸 Kanuni Sultan Süleyman'ın Kur'an-ı Kerim'i.

🌸 Kanuni'nin oğlu Şehzade Bayezid'in Kur'an-ı Kerim'i.

🌸 Enver Paşa'nın Kur'an-ı Kerim'i.

🌸 Memlük Sultanı Barsbay'ın Kur'an-ı Kerim'i.

🌸 Memlük Sultanı Muhammed Çakmak'ın Halil Ulucamii'ne hediye ettiği gümüş üzeri altın kaplama şamdanı.

🌸 Memlük Sultanı Muhammed Nasır'ın Halil Ulucamii'ne hediye ettiği şamdanlar.

🌸 Ermeni asıllı Hacı Daniel Tokat'in St. James Kilisesi'nden Kudüs'e hediye getirdiği gümüş tabak.

🌸 Memlüklülerin Suriye Valisi Emir Tankiz'in Kudüs'te yaptırdığı Tenkiziyye Medresesi'ne ait, sonradan Halil Ulucamii'ne götürülen kandil.

🌸 Mescid-i Aksa Ulucamii'nin Selahaddin Eyyübi dönemine ait ahşap mukarnasları.

🌸 Artuklular tarafından Halil Ulucamii'ne hediye edilmiş Buhurdanlık.

Osmanlı Kudüs Valisi Yakup Paşa'nın eşine ait elbise

Memlük Sultanı Barsbay'ın Aksa'ya yadigârı Kur'an-ı Kerim

Fas Marini Sultanı Ebu'l-Hasan'ın Kur'an cüzleri

Hürrem Sultan İmareti'ne ait kazanlar ve dağıtım cetveli önünde grubumuzla

🌸 **13. yy başında Mardin'de Kutbeddin İlgazi'nin oğlu Artuk Aslan için yapılmış mum ayağı.**

🌸 **Kubbetü's-Sahra'dan çıkarılmış mermer plakalar.**

Bu mermerlerde, Emevi sanatında görmeye alışık olduğumuz figürlerin benzerleri görülse de özellikle palmiye dalları, üzüm salkımları, üzüm yaprakları Sasani sanatını çağrıştırmaktadır.

🌸 **Mescid-i Aksa ve Kubbetü's-Sahra içinden çıkarılan ahşap paneller.**

Bunların çoğu 1938 restorasyonu sırasında yapılardan çıkarılmıştır.

Aksa medreselerinde kullanılan zaman ölçüm cetvelleri

AKSA'DA BİR HAREM AĞASI
Yusuf Ağa Kubbesi

Yusuf Ağa Kubbesi

Mescid-i Aksa Müzesi'nden çıkıp yüzümüzü Aksa Kıble Camii'ne çevirdiğimizde tek kubbeli, etrafı metal panellerle kaplı, baldaken formda küçük bir yapı görürüz. Burası Yusuf Ağa Kubbesi'dir. Kendisi Topkapı Sarayı'nda Harem Ağası olan Yusuf Ağa'nın, Kubbetü's-Sahra platformu üzerinde, Mukaddes Kaya'nın güney cephesinde çok güzel bir mihrabı da mevcuttur. O mihrap üzerindeki kitabelerle bu kubbe üzerindeki kitabelerden, iki eserin de aynı yıllarda yaptırıldığı ve mimarının da Hacı Ali bin Nammar olduğu anlaşılmaktadır.

Kubbenin halihazırda kuzey kemeri üzerinde bulunan iki kitabesinin daha önce doğu kemeri üzerinde bulunduğu bilinmektedir. Buraya konan bir taş blok dolayısıyla önü kapanacağından kitabeler kuzeye bakan cepheye taşınmıştır.

Yusuf Ağa Kubbesi aslında dört tarafı açık, üzeri kubbeli bir dershanedir. Bunun bir benzeri yine Aksa avlusunda, Hıtta Kapısı'nın avluya bakan kısmında bulunmakta olup Sultan II. Mahmud Han tarafından yaptırılmıştır. Ne yazık ki bu yapının dört açık yüzü bugün metal plakalarla kapatılmış, yapı asli görüntüsünü kaybetmiştir.

Yusuf Ağa Kubbesi, 1970'li yıllarda yabancı turistlerin Aksa'ya girmek için bilet aldıkları bir bilet gişesi olarak da kullanılmıştır.

Şimdi, Yusuf Ağa Kubbesi'nin güneyinde uzanan, bir uçtan Aksa Kıble Camii'ne bitişik konumda bulunan ve içinde çok özel kitaplar barındıran Kadınlar Mescidi'ne geçelim.

MESCİD-İ AKSA KÜTÜPHANESİ
Kadınlar Mescidi

Mescid-i Aksa arazisi öyle bir yerdir ki, önünüzde duran bir duvar yıkıntısının ya da bir sütun parçasının Babillilerden Perslere, Herod'dan Roma'ya, Emevilerden Memlüklülere, kime ait olduğunu kolay kolay tespit edemezsiniz.

İlk bakışta Mescid-i Aksa Ulucamii'ne bitişik, kıble duvarı boyunca batıya doğru uzanan Kadınlar Mescidi'nin tamamen Müslümanlara ait bir cami binası olduğu sanılır. Halbuki geniş bir hol halinde uzanan bu bina, 1099 yılında Kudüs'ün düşürülmesi sonrasında Haçlılar tarafından inşa edilmiştir. Tapınak Şövalyelerinin bir yönetim merkezi olarak kullandığı bu yapı, Selahaddin Eyyübi'nin Kudüs'ü kurtarması sonrasında Kadınlar Mescidi (Mescidü'n-Nisa) haline getirilmiştir.

1920'lerin sonunda İslam Müzesi, buradaki Mağrip Medresesi'ne taşındığında, bu kısım bir süre lise olarak hizmet vermiş, daha sonra Aksa Kütüphanesi'ne dönüştürülmüştür. Sicil arşivi olarak da kullanılan bu kütüphanenin geniş bir tarihî kitap koleksiyonu mevcuttur.

Bir Tapınak Şövalyesi

Minarenin solundan Aksa Camii'ne kadar uzanan yapı Kadınlar Mescidi'dir

Mescid-i Aksa'nın Giriş Revakı

Mescid-i Aksa Cuma Camii son derece gösterişli bir yapıdır. Bu yapının heybetinde hiç şüphesiz giriş revakları son derece etkilidir. Ortada diğerlerinden daha yüksek, sivri bir kemerle yanlarında üç adet daha küçük boyutlu kemerlerden oluşan yedi kemerli bir revak sistemi de bulunur. Bu revakların yapısı incelendiğinde, üç farklı dönemde şekillendiği görülür. Üzerindeki İslam öncesine ait motifler, çapraz tonozlar bu yapının ilk olarak Haçlı döneminde buraya konduruldugunu gösterir. Ortadaki kemerin dışa bakan yüzünde bir çıkıntı içine yerleştirilmiş kitabesi ikinci dönemin izlerini de açıkça ifade eder. Kitabeye göre inşa tarihi 1217-18'dir. Bu dönem yapısının bânisi dördüncü Eyyûbi hükümdarı Seyfeddin Adil'dir. Kitabede şöyle yazar:

"Rahman ve Rahim olan Allah'ın adıyla. İslam'ın sultanı, Ebu Bekr, Eyyûb'ün oğlu, Şâdî'nin oğlu, inananların melikinin arkadaşı el-Malik el-Adil Sayf ed-Dünya ve'd-Din'in oğlu Efendimiz Sultan el-Malik el-Muazzam Şeref ed-Dünya ve'd-Din Abula Azaim İsa'nın hanedanlığı döneminde inşa edilmiştir. Allah onların krallıklarını daim eylesin, Peygamber'in hicretinin 614. yılında (1217-18). Allah, Hz. Muhammed ve ailesine rahmet eylesin."

Revak yapısı üzerindeki sütun başlıkları, kemer şeritlerindeki zikzak silmeler Pagan ve Hristiyan Roma dönemine ait başka yapılardan alınmış devşirmelerdir. Bugün içlerinde kitabelerin konulduğu revak alınlıklarındaki nişlerin sütunçeleri de Haçlı dönemi devşirmeleridir.

Mescid-i Aksa'nın giriş revakları

Mescid-i Aksa Ulucamii'nin revaklarına son müdahale Memlüklüler dönemine aittir. Hatta bu inşaatla son şeklini alan Mescid-i Aksa'nın hemen hiç değişmeden günümüze geldiği bilinmektedir. Normalde Eyyübi dönemi inşaatında öndeki büyük kemer yapılmışken, Memlüklüler döneminde Kalavun'un torunları, Muhammed Nasır'ın oğulları Kamil ve Hasan tarafından da iki yandaki üçlü kemerler inşa edilecektir. Bu üçlü kemerlerin son ikisinin ortasına gelen yerde, bu iki hükümdarın inşa kitabeleri mevcuttur.

Mescid-i Aksa girişi gece

Mescid-i Aksa ana giriş kemeri

Giriş revaklarının batı tarafındaki kitabede bu inşanın Recep ayı 746/1345'te, an-Nasır Muhammed b. Kalavun'un oğlu Sultan el-Malik el-Kamil tarafından, Aybek el-Mısri denetiminde yaptırıldığı anlatılır.

Orta kemer üstü kitabeleri

Revakların doğu tarafındaki kitabede ise 751/1350 yılında, el-Melik Nasır Muhammed b. Kalavun'un oğlu Sultan el-Melik en-Nasır Hasan tarafından, İzzeddin Aybek el-Mısri denetiminde bazı tamirat çalışmalarının yapıldığı belirtilmektedir.

Sağ üstteki kitabe

Tabii Memlüklüler dönemi inşa faaliyetleri bunlarla sınırlı değildir. Yine revak alınlığının bu kez sağ tarafındaki niş içindeki kitabeye göre 1474 yılında Eşref Kayıtbay cephe tamiratları yaptırmıştır.

Sol üstteki kitabe

Mescid-i Aksa ve O'na Dokunan Eller

Kudüs'te Mabed Tepesi üzerindeki kutsal alanı kaplayan Beytü'l-Makdis'teki en önemli eserlerden biri Mescid-i Aksa'dır. Bu caminin ismi, Kur'an'da geçen ve bu kutsal alanı kasteden Mescid-i Aksa (Uzak Mescid) ifadesiyle sıklıkla karıştırılmaktadır. Gerçekte Mescid-i Aksa, etrafı surlar ve Memlüklü medreseleriyle çevrili olan ve bugün ağaçlarla kaplı dikdörtgen bir arazidir. İnsanların bu önemli yerde rahatça toplanıp ibadetlerini yapabilmesi için büyük bir Cuma Camii inşa edilmiş, sonradan bu cami de Mescid-i Aksa adını almıştır.

Tarihte her şehirde Cuma ve bayram namazlarının toplu halde kılındığı büyük bir cami (Ulucamii) inşa edilmiştir. Tıpkı bunun gibi Kudüs'e de Mescid-i Aksa olarak adlandırdığımız bu büyük cami inşa edilmiştir.

Emeviler ve İlk Aksa

Bilindiği üzere Peygamber Efendimiz'in(sas) Mirac'ı sırasında bu topraklar Müslümanların yönetiminde değildi. İlk kez Hz. Ömer(as) döneminde Müslümanların eline geçen bu coğrafyada Hz. Ömer, insanlar namazlarını rahat kılabilsinler diye küçük bir gölgelik inşa etti. İlerleyen yıllarda Emeviler döneminde

Mescid-i Aksa Kıble Camii yandan

Kudüs'ün ehemmiyeti arttı ve Emevi Halifesi Velid bin Abdülmelik tarafından buraya ilk kez Mescid-i Aksa Ulucamii (Cami-yi Kebir) inşa edildi.

Bu cami, Emevilerin başkenti Şam'da bulunan Emeviyye Camii ya da Kahire'deki Amr İbni As Camii gibi erken İslam mimarisi özelliklerini yansıtmakta olup, enine genişleyen bir plan şemasına sahiptir. Şam Emeviyye Camii'nde olduğu gibi bu eserde de mozaik süslemelere ağırlık verilmiştir. Hristiyan Roma'daki gibi içinde insan figürlerinin bulunmadığı, daha çok tabiat tasvirleri, bağ bahçe, nehir, konaklar ve bitkisel bezemelerle süslü bu son derece profesyonel kaplamalar için bizzat Halife Velid, Doğu Roma'nın başkenti İstanbul'dan gemilerle mozaik getirtmiştir.

Sağda Kubbetü's-Sahra, solda Mescid-i Aksa
Kıble Camii. Arazinin tamamı Mescid-i Aksa kutsal alanı

Ne var ki 715'te tamamlanan cami, üzerinden daha 30 sene geçmeden 746'da büyük bir depremle yerle bir olmuştur.

Mescid-i Aksa Cuma Camii, Kubbetü's-Sahra gibi anaç kaya üzerine inşa edilmiş değildir. Yapının altı, doldurulmuş bir toprak parçasıdır. Hatta bir kısmı da istinad duvarlarının çevirdiği depo, yağhane ve benzeri amaçlarla kullanılan boş alanların üzerinde durmaktadır. Önceki bölümlerde ifade ettiğimiz gibi Yahudi Kralı Herod ikinci mabedi inşası öncesinde Mabed Tepesi'ni düzleştirme kararı almış, bugün Ağlama Duvarı denilen batı duvarıyla içinde Mervan Mescidi'nin bulunduğu doğu duvarını birer istinad duvarı olarak inşa ettirmiş, içini de dolgu malzemesiyle doldurmuştur. Mescid-i Aksa Ulucamii işte bu dolgunun tam üzerine inşa edilmiştir. Tarih boyunca bölgede meydana gelen depremler, Kutsal Kaya üzerindeki Kubbetü's-Sahra'ya zarar vermezken Mescid-i Aksa ya tamamen yıkılmış ya da büyük hasarlarla bu depremlerden kurtulmuştur.

Abbasi Tamiratları

Mekke yakınlarında, Akabe Vadisi'ndeki Akabe Mescidi'ni de yaptıran Abbasi Halifesi Cafer el-Mansur, Emevilerden kalan Mescid-i Aksa'nın altın kapılarını eriterek elde ettiği kazançla yapıyı 753 yılında yeniden ayağa kaldırmıştır. Velid bin

Mescid-i Aksa Kıble Camii

Mescid-i Aksa içinden orta nef

Abdülmelik'in ilk Mescid-i Aksa'sı kıbleye doğru dikine uzanan, ortadaki geniş, diğerleri daha dar tam 15 neften oluşuyordu. Abbasilerin inşasında mescidin yan kanatları azaltılmış, bina arkaya doğru uzayan, yanlardan basık bir cami planına dönmüştür. 775 yılında meydana gelen deprem ve Mescid-i Aksa'nın tamir süreci, Abbasi Halifesi Mehdi'ye bu fırsatı vermiştir. Arkaya doğru uzayan yapıya eski yan nefleri eklenerek yine enine genişleyen bir plan şeması elde edilmiştir. Halife Mehdi bu tamiratı gerçekleştirebilmek için valilerine haber salmış, Mescid-i Aksa'nın her bir sütun sırasını birine havale ederek inşaatı tamamlayabilmiştir.

Fatımilerin Aksa'sı

Mescid-i Aksa, Tunus ve Mısır üzerinden Ortadoğu'ya hakim olan Fatımiler döneminde de esaslı tamiratlar görmüştür. Şii bir devlet olan Fatımiler İslam dünyasının en gözde şehirlerini ele geçirmiş, buradaki dinî yapı ve eğitim kurumlarını kendi anlayışlarına göre yeniden dizayn etmiştir. Örneğin, Kahire'de bizzat kurdukları el-Ezher Üniversitesi ile Şii akideyi yaymaya çalışırken Kudüs'ü almaları sonrasında aynı faaliyetleri üçüncü

Aksa Camii'nin bugün ayakta olmayan yan neflerini taşıyan pabuçlar

Harem olan burada da gerçekleştirmekten çekinmemişlerdir. Dolayısıyla Mescid-i Aksa'nın önemli imar faaliyetlerinde Fatımilerin de adı geçer. Örneğin, Kubbetü's-Sahra'nın avlusundaki minber bir Fatımi eseridir. Bununla birlikte asıl imar faaliyetleri Mescid-i Aksa üzerine olacaktır. El-Makdisi, 970 yılında Aksa'nın 15 kolon sırasıyla tamamlanan 15 kapıya sahip olduğundan bahseder. Bugün Fatımilere ait bu kapılardan bazıları hâlâ görülebilir.

Tarihler 1033'ü gösterdiğinde Kudüs yine büyük bir depremle sarsılmış, yıkım o kadar kuvvetli olmuştur ki mabedin birçok sütunu yerle bir olmuştur. Bu yıkımın ardından tamiratı bir başka Fatımi Halifesi ez-Zahir Dinillah üstlenmiştir. Abbasiler döneminin 15 sütun sıralı Mescid-i Aksa'sı 7 sütun sırasıyla küçültülerek inşa edilmiştir. Yıkılan Kudüs şehir sularını da ayağa kaldıran Zahir, Mescid-i Aksa'nın Zeytin Dağı'na bakan güney duvarını da yeniden inşa ettirmiştir. Mescid-i Aksa üzerinde bugün hâlâ duran kitabelerin birinde, ez-Zahir Dinillah'ın başlattığı bu tamiratın, halefi Mustansır tarafından tamamlandığı yazmaktadır.

Zahir Dinillah, Mescid-i Aksa'nın aynı zamanda kıble duvarı da olan güney duvarını yenilerken mihrabın üzerine bir de kubbe kondurmuştur. Türk İslam mimarisinde yaygın olarak gördüğümüz (Silvan, Kızıltepe, Harput, Konya Ulucamii'nde olduğu

Aksa Camii'nin dışarıdan eski bir fotoğrafı

gibi) mihrap önü kubbesi, çift cidarlı olarak inşa edilmiştir. Bu tarz kubbeler uzaktan son derece heybetli görülmekle birlikte, içeriden bakıldığında daha küçük bir kubbeyle kaplı olduğundan gözü rahatsız edecek derecede büyük bir derinlikten uzaktır. Bu iki kubbe arasındaki boşluk 3 m civarındadır.

Bir Fatımi eseri olan kubbedeki iç işlemeler 1327 tarihli olup Memlük Hükümdarı Kalavun'un armağanıdır. Kıble duvarında, mihrapta ve kubbe aslan göğüslerinde (pandantif) görülen altın kaplama mozaikler, Fatımi, Eyyubi ve Memlüklü dönemlerinde hep elden geçirilmiş ve eklemelerle son halini almıştır. Ne acıdır ki son yüzyıllarda Müslümanların sanattan uzaklaşması, kadim tarihine ait değerlere yabancılaştırılması, fakirlik, savaşlar ve sömürgeci anlayışların esaretinde empoze edilen yanlış eğitim politikaları Türkiye'mizde olduğu gibi dünyanın birçok İslam ülkesinde de karşılığını bulmuştur. Ülkemizde daha düne kadar mermeri yeşile boyayan, taş duvarları sıvayla kaplayan zihniyetler olduğu gibi Kudüs'te de o fevkalade altın varaklı kaplamalar ve rengarenk mozaikler sıvayla kapatılıvermiştir. 1927 yılındaki bir restorasyonda sıvalar kaldırıldığında altından çıkan hazine

1969 sabotajındaki yangın öncesi Emevi mozaiklerinin üstü kapatılmış hali

değerindeki süslemeler, İslam sanatının bir zamanlar ulaştığı zirveyi göstermesi bakımından son derece ibretlidir.

Mescid-i Aksa kubbesindeki ilginç noktalardan biri bu kubbede İslam dünyasında idarecilik yapmış üç önemli şahsın isminin yazılı olmasıdır: Selahaddin Eyyubi, Muhammed Kalavun ve Sultan II. Mahmud Han.

Büyük Selçukluların Saklanan Kitabesi

O günlerde Orta Asya kökenli bir devlet, Malazgirt Meydan Muharebesi neticesinde Roma İmparatorluğu'nu bölgeden uzaklaştırarak Anadolu'nun kapılarını Türklere açmış, rotasını Ortadoğu'ya çevirmişti. Bu devlet Büyük Selçuklu Devleti'ydi. Aslında hepimizin çok iyi bildiği Malazgirt Meydan Muharebesi öncesinde Sultan Alparslan, Fatımiler üzerine sefer hazırlığı yapmaktaydı. Biri Sünni, diğeri Şii akidenin temsilcisi olan bu iki devlet Kudüs civarında karşı karşıya geldi. Bu sıralarda vuku bulan Romanos Diogenes'in saldırısı, Büyük Selçuklu'nun Fatımi planlarını yok edemedi, sadece erteledi. Sultan Melikşah döneminde Selçuklu'nun Ortadoğu'dan sorumlu lideri Tutuş eliyle Kudüs Fatımilerden alındı. Selçuklular Kudüs'e o kadar önem veriyordu ki Melikşah, babası tarafından Mardin-Harput hattına yerleştirilen Anadolu'nun en büyük beyliği Artukluların başında

Aksa Camii'nin yüzyıllarca önce yıkılan yan neflerini taşıyan sütunlar

bulunan Artuk Bey'i Kudüs'e idareci olarak vazifelendirdi. Artuk Bey de bu vazifesini son nefesine kadar devam ettirdi, Kudüs'te vefat etti ve Mescid-i Aksa'ya çok yakın bir hazireye defnedildi.

Büyük Selçuklular döneminde Kudüs'teki birçok dinî yapıyla birlikte Mescid-i Aksa da tamir görmüştür. Selçukluların bu tamiratına ait bir kitabe cami içinde durmasına rağmen bir asırdır ne yazık ki görülememektedir. Oysaki 19. yy'da bir Alman araştırmacının çektiği fotoğraflardan da müşahede ettiğimiz üzere, çiçekli kufi ile yazılmış Büyük Selçuklu tamir

Büyük Selçuklu mihrabı ve kitabeleri üzerine inşa edilen Zekeriya(as) Mihrabı

kitabesi açıkta durmaktaydı. Ne yazık ki Kudüs'ün İngiliz sömürgesine girdiği dönemde yapılan köklü tamirat döneminde caminin solunda, Kırklar Mescidi'ne bitişik cebin içine eklektik bir mihrap inşa edilmiştir. Bu barok ampir karışımı mihrap, Kur'an'da geçen ve aşağıda zikredeceğimiz Zekeriya(as) ve mihrap meselesine atfen inşa edilmiştir. Ancak mihrabın inşa yeri Selçuklu kitabesinin bulunduğu mekândır ve ne yazık ki bu son derece orijinal kitabe mihrabın mermer levhaları altında kalmıştır.

Levhanın ikinci kez ortaya çıkma tarihi 2007 yılıdır. O günlerde Zekeriya(as) Mihrabı'nda tamirat başlamıştır. Sökülen mermer levhaların arkasında, duvarda kufi yazılar ortaya çıkınca Kudüs İslam Müzesi'nin Müdürü Khader Salameh'e haber verilmiş, kitabeyi heyecanla okuyan Salameh, bu yazıların açıkta bırakılması için teklif sunmuş, ancak bu teklif Ürdün Mescid-i Aksa yönetimi tarafından reddedilmiştir.

Büyük Selçukluların Şam Emeviyye Camii'nin birçok şehirde izi vardır. İkisi müzede korunan dört kitabesi, Halep Kalesi'ndeki kitabeleri, Diyarbakır surlarındaki kitabeleri bunlardan birkaçıdır. Caminin Kudüs'te bilinen yegâne izleri ise ne yazık ki bugün karanlıkta kalmıştır. Bu Selçuklu kitabesinin metni şöyledir:

Zekeriya Mihrabı'nın altında kalan Büyük Selçuklu kitabesi

"Rahman ve Rahim olan Allah'ın adıyla. Allah, İmam Ebu'l-Kasım Abdullah el-Muktedi [Bi-emrillah ve büyük sultan, şehinşah Melikşah]'ı ve saygın melik, zaferler kazanmış, devletin tacı, milletin ışığı [ümmetin şerefi Ebu Said Tutuş, İslam hükümdarının oğlu]'nun yardımcısı olsun.

Bu tamirat, Müminlerin emirinin yardımcısı ki, Allah onun zaferlerini yüceltsin, yüce Vezir Fahru'l-Ma'âlî [devlet danışmanı Ebu Nasr Ahmed bin el-Fadl tarafından, Allah'ın sevabını kazanmak için yapıldı].

Bu kitabe, 476 veya 477 senesi Zilhicce ayında yazıldı. Allah'ın salat u selamı Muhammed Aleyhisselam üzerine olsun."

Ve Kudüs Düştü... Haçlılar Dönemi

Fatımiler Selçuklular sonrasında kısa bir süre için Kudüs'ü tekrar ele geçirmiş olsa da tehlike artık kapıdaydı. Haçlılar Kudüs'ü ele geçirmek amacıyla Avrupa ve Balkanlar üzerinden Anadolu'ya akın akın gelmeye başlamıştı.

*Haçlılardan kalma gotik kilise
cephesi ve gül pencere*

Hz. Ömer'in Kudüs'ü fethinden itibaren kesintisiz 461 yıl Müslümanların elinde kalan Kudüs artık elden çıkmak üzereydi. Her ne kadar Anadolu Selçuklu orduları bu devasa kalabalıkları tırpanlamış olsa da geriye kalanlar dahi ülkeleri işgal edecek kadar büyüktü. Urfa, Antakya ve Kudüs ilk seferde düştü (1099). Kudüs merkezli kurulan Latin Krallığı'nın yönetim sarayları bugünkü Mescid-i

Haçlılar döneminden kalma gül
pencerenin içten görünüşü

Aksa binasının batısında yükselmeye başladı. Bu binalar sonraki yıllarda Tapınak Şövalyelerinin yönetim merkezi oldu. Dahası, I. ve II. Balwin'in destekleri bu Hristiyan tarikatını iyiden iyiye büyüttü. Hal böyle olunca Mabed Tepesi'ndeki Müslümanlara ait devasa Aksa binası şövalyelerin ikamet ve toplanma yeri haline geldi. Onlar buraya palatium yani saray bölgesi ya da Süleyman Mabedi adını vermiştir. Yahudilere göre ise Mescid-i Aksa Ulucamii'nin bulunduğu yer Midraş Şelomo yani Süleyman'ın okuludur. Babası Hz. Davud'un şehri fethi sonrasında Hz. Süleyman'ın bu mekânda Tevrat çalıştığına ve ilim öğrendiğine inanırlar.

Haçlılar Mescid-i Aksa'yı kendi içinde küçük bölümlere ayırıp farklı amaçlarla kullanmaya başlamıştır. Bugün ayakta olan Mescid-i Aksa'nın (Kudüs Ulucamii) hâlâ kullanılan bazı bölümleri Haçlılar döneminden kalmadır. Kıbleye doğru Mescid'in sağ tarafında kalan ve kıbleye paralel müze binasına doğru uzanan yapı bunlardan biridir. Bugün Kadınlar Mescidi olarak değerlendirilen bina, Haçlıların silah talim merkezi olarak kullanılmıştır.

Mescid-i Aksa'nın yine kıbleye doğru bu kez sol tarafına

Haçlılar dönemine ait cepheden gül pencere

geçtiğimizde binanın yan duvarında devasa boyutlarda bir gül pencere dikkatimizi çeker. Gotik katedrallerde iki kenarında iki adet kulesi olan giriş portallarının tam ortasında bulunan bu gül pencerenin burada bulunmasının sebebi Haçlıların buraya inşa ettiği kiliseyle ilgilidir. Yapıya bitişik inşa ettikleri kiliseden günümüze sadece bu pencere ve bugün Hz. Ömer Mescidi olarak adlandırılan yapı içindeki mihrabın burgulu sütunlarıyla sütun başlıklarındaki aslan ve kartal rölyefleri kalmıştır.

Selçuklu Atabeyi Zengiler

Büyük Selçuklu Devleti'nin atabeylerinden biri olan Nureddin Zengi, babası İmadüddin Zengi ile birlikte Haçlı Seferleri neticesinde Ortadoğu'ya yerleşen Haçlılarla amansız bir mücadeleye girmiştir. Urfa ve Antakya bu azmin neticesinde kurtarıldı. Haçlıların, babası İmadüddin'i bir suikastla şehit etmesine rağmen Nureddin Zengi yolundan dönmeyip, Kudüs'ü kurtarmayı kendisine hedef edindi. Nureddin Zengi, Şam ve Halep merkezli Zengi Devleti'nin başıydı. Haremeyn'i himaye ediyordu. O günlerde Fatımilerin elinde olan Mısır'ın, Fatımi idaresinin zayıflığından istifade etmek isteyen Haçlılar tarafından yutulmasını engellemek için Şirkuh ve Selahaddin'i Mısır'a göndererek ve Fatımilerin hakimiyetine son verdi. Kahire ve Urfa arasındaki bütün topraklar Nureddin Zengi'nin yönetimindeydi. Ama toprakları arasında Kudüs ve Akka Krallıkları gibi Haçlı devletçikleri vardı. Kudüs'ü almak artık an meselesiydi. Nureddin Zengi Kudüs'ü fethederse Mescid-i Aksa'yı yeniden camiye çevirmek ve ibadete açmak niyetindeydi. Bu amaçla 1168 yılında oğlu Salih İsmail'in gözetiminde 6 yıllık bir emek neticesinde harikulade ahşap bir minber yaptırdı. Minberin tamamlandığı yıl Nureddin Zengi vefat etti ve minber tam 13 sene sonra oğlu gibi gördüğü Selahaddin Eyyubi eliyle Mescid-i Aksa'ya yerleştirildi.

Aksa'nın Ahşap Minberi

Nureddin Zengi gerçek bir dava adamıdır. Babası İmadüddin ile başladığı Haçlı mücadelesine babasının şehadeti sonrasında tek başına devam etmiştir. Ortadoğu derbederdir. Herkes başına buyruk hareket etmekte, İslam dünyası çalkalanmaktadır. O bütün bu hizipleri tek tek itaat altına almış ve en sonunda İslam dünyası içindeki büyük fitne olan Fatımilere de son vererek Haçlılar karşısında Müslümanları tek vücut haline getirmeyi başarmıştır. Ancak artık yaşlanmıştır. Hayatını adadığı Kudüs'ü kurtarma hedefini gerçekleştirip gerçekleştiremeyeceği konusunda şüpheleri vardır.

Mescid-i Aksa fanatik bir Yahudi tarafından yakıldı

O günlerde ahşap kündekâri muhteşem bir minber yaptırmış, elinde yetiştirdiği Selahaddin Eyyubi'ye, "Oğlum Selahaddin, eğer ben Kudüs'ü Haçlılardan kurtarabilirsem Mescid-i Aksa'yı yeniden camiye çevirip bu minberi içine koyacağım. Fakat kurtaramadan ölürsem benim yerime bu minberi Aksa'ya koymak senin vazifendir," demiştir. Selahaddin Eyyubi bu vasiyeti unutmamış, 1187 yılında Kudüs'ü fethi sonrasında Mescid-i Aksa'yı camiye çevirerek minberi yerine koymuştur.

Bu fevkalade sanat eseri minber, tam 782 sene Mescid-i Aksa'nın içinde kalmış, nice Cuma namazında

Mescid-i Aksa sabotajı

heyecanlı hatiplerin ateşli hutbelerine mekân teşkil etmiştir. Üzerinde, Eyyubisinden Memlüklüsüne, Osmanlısına kadar nice devlete bağlılık duaları edilmiştir. Tarihin canlı şahidi bu minberin üzerinde Selahaddin Eyyubi'den Sultan Baybars'a, Yavuz ve Kanuni'den II. Abdülhamid Han'a birçok önemli idarecinin adı anılmıştır.

Ne var ki aradan yüzyıllar geçip de tarihler 1917'yi gösterdiğinde Osmanlı Devleti bu toprakları terk etmek zorunda kalmıştır. Bölgede tam 30 sene süren İngiliz hakimiyeti ise 1947'de sona ermiş, bölgenin yönetimi Birleşmiş Milletlere bırakılmıştır. 1967 Savaşı'nda Kudüs artık 1948'de kurulan İsrail yönetimine geçmiştir.

1967 Savaşı'ndan tam bir buçuk sene sonra, tarihler 21 Ağustos 1969'u gösterdiğinde Denis Rohan adında Avusturalyalı bir Yahudi Mescid-i Aksa'ya gelir. Çantasında benzin bidonu, yanında içi benzin dolu torbaları tutuşturup caminin tavanlarına fırlatacağı sapan düzenekleri ile içeri girer. Biraz sonra Mescid-i Aksa alev alev yanmaya başlar. Kıble

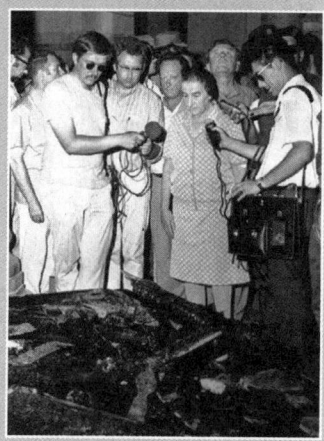

İsrail Başbakanı Golda Meir, Yahudi saldırganın Aksa saldırısı
sonrası Aksa enkazında basın mensupları önünde

duvarındaki *Selahaddin Eyyubi döneminin mozaik
süslemeleri, mihrap kubbesindeki İzzeddin Aybek dö-
nemi altın yaldızları ve Nureddin Zengi'nin vasiye-
ti, Aksa'nın bağımsızlık nişanesi ahşap minber artık
alevler arasındadır.*

*O günlerde İsrail Devleti'nin başbakanı olan Gol-
da Meir, hatıralarında bu hadiseyi anlatırken, "O
gece gözüme uyku girmedi," der. İsrail Kudüs'ü ele
geçireli sadece bir buçuk sene olmuştur. İslam dün-
yası gergindir. Yahudilerin, Müslümanlara ait kutsal
mekânlara zarar vereceği endişesi had safhadadır. En
sonunda korkulan olur, Peygamber Efendimiz'in(sas)
Mirac basamağı yakılır. İsrail başbakanına göre, ertesi
sabah İslam dünyası bu acı haberle sarsılacak, büyük
protestolar yapılacak, Avrupa ve ABD nezdinde giri-
şimlerde bulunulacak ve belki de Doğu Kudüs yeniden
Müslümanların yönetimine verilecektir. Golda Meir
hatıralarının devamında Müslümanlar için son derece
acı şu tabloyu aktarmıştır:*

*"Ertesi sabah gördüm ki İslam dünyasında hiçbir
devletin hiçbir gazetesi bu olaya yer vermemiş!!!"*

İsrail Başbakanı Golda Meir

Bu saldırı neticesinde Mescid-i Aksa'nın doğu bölgesi tamamen yıkılmış, Nureddin Zengi'nin yadigârı minber, kapısından kalan bir parça hariç tamamen yanmıştır. Bugün kömüre dönmüş bu parça Mescid-i Aksa'nın yanındaki İslam Eserleri Müzesi'nde sergilenmektedir.

Bu elim hadisenin ardından yapılan mahkemede sabotajı gerçekleştiren Rohan, "Mabed Tepesi üzerindeki İslamî eserler yok edilir ve İkinci Mabed yeniden ihya edilirse beklediğimiz Mesih'in gelmesi hızlanacaktır," gerekçesini sunmuş, suçlunun akli dengesinin yerinde olmadığı ve ailesinin yanında daha iyi tedavi edileceği düşüncesiyle suçlu serbest bırakılmış, Avusturalya'ya dönmesine izin verilmiştir.

İslam dünyası üzerinde derin izler bırakan bu hadise İslam devlet başkanlarının bir araya gelmesini sağlamıştır. Suudi Arabistan Kralı Faysal'ın girişimleriyle Rabat'ta toplanan Müslüman devlet başkanları İslam Konferansı Örgütü'nün (İslam İşbirliği Teşkilatı) temellerini atmıştır.

*Selahaddin Eyyübi Mihrabı ve Nureddin Zengi Minberi'nin
yenilenmiş hali*

Ürdün Kralı Abdullah tarafından yanan minberin
yerine yenisini yapma girişimleri Filistinliler tarafından reddedilmişti. Çünkü Filistinliler yıllarca Ürdün
işgalinde kalan kutsal topraklarda yeniden Ürdün hegemonyasını görmek istemiyordu. Nihayetinde, içinde
Türkiye, Ürdün ve Suriye'nin de bulunduğu bir konsorsiyum tarafından minberin tamir kararı alındı.
Ürdün'ün finansal desteğinde Türk kündekâri ustaları
ve Suriyeli sedef kakma ustaları işbirliğiyle minber tamamlanarak 2007 yılında yerine kondu. Kündekâri
ustalarımız Recep Elitok ve Mehmet Ali Uçar bu minber için tam dört sene Amman'da uğraş vermiş, ardından hazırlanan bütün parçalar Kudüs'e getirilerek bizzat yerinde birbirine geçme usulü ile birleştirilmiştir.

Kudüs Uzmanı Mehmet Tütüncü'nün ifadeleri ile bu
minber Türklerin Kudüs'e verdiği en değerli hediyedir.

*Nureddin Zengi'nin
fanatik bir
Yahudi tarafından
yakılan minberi*

Selahaddin'in Kudüs'ü Fethi

Kudüs 1187 yılında Selahaddin Eyyubi tarafından fethedilmiştir. Kudüs'ün alınması sonrasında Mescid-i Aksa civarında Haçlılara ait kalıntılar tekrar eski haline getirilmiştir. Kudüs Cuma Camii ibadete açılmış, Nureddin Zengi'nin minberi de içerisine yerleştirilmiştir. Bugün Mescid-i Aksa'nın kıble duvarında ve özellikle mihrabında gördüğümüz paha biçilmez renkli mozaik kaplamalar Selahaddin Eyyubi dönemine aittir. Hatta mihrabın alnındaki Eyyubi restorasyonunu anlatan kitabenin ikinci satırının sonunda Selahaddin ismini Kur'an harflerini bilen her ziyaretçi rahatlıkla okuyabilir. Selahaddin sonrasındaki Eyyubi hükümdarları döneminde de Kudüs'e yatırımlar devam etmiştir. Hatta son Eyyubi hükümdarı Salih Eyyüb'ün Mescid-i Aksa yakınlarında bir Darü'l-Kurrası ile namazgâhı hâlâ mevcuttur.

Kölelerin Devleti Memlüklüler

Eyyubilerin tarih sahnesinden çekilmesi sonrasında Ortadoğu ve Mısır'da ipler Memlüklülerin eline geçmiştir. Önceki bölümlerde de zikrettiğimiz Eyyubi yetiştirmesi köle çocuklar

Mescid-i Aksa Emevi mozaikleri

hem iyi birer idareci hem de Moğolları canlarından bezdirecek kadar müthiş birer savaşçıydılar. Bugün hem Kudüs'te hem Beytü'l-Makdis arazisinde hem de Mescid-i Aksa'da en gösterişli İslami yapılar şüphesiz Memlüklülere aittir. Onlar Kudüs Ulucamii'ni tamir ettirmiştir ama asıl hizmetlerini bu kutsal alana inşa ettikleri eğitim binalarıyla ortaya koymuşlardır.

Mescid-i Aksa binası Haçlılardan kurtarıldıktan sonra Eyyubiler Haçlıların yapıya verdiği zararları gidermek, İslami anlayışa uygun eklemeler ile insanların kullanımına uygun hale getirmek için azami gayret sarf etmiştir.

Bugün ayakta olan Kudüs Ulucamii'ne (Mescid-i Aksa) son şeklini Memlüklüler vermiştir. Yapıyla ilgili son köklü tamirat, Memlüklülerin yapılar sultanı diyebileceğimiz Muhammed Nasır ve oğulları döneminde Kudüs'ün nazırlığını yapan İzzeddin Aybek el-Mısri tarafından gerçekleştirilmiştir.

Yavuz Sultan Selim'in Namazıyla Başlayan Osmanlı Himayesi

Tarihler 1516 yılını gösterdiğinde Osmanlılar, Mercidabık Savaşı'nda Memlüklüleri yenerek güneye doğru ilerlemeye başlamıştı. Ordunun başında bizzat Yavuz Sultan Selim bulunmaktaydı. Sultan Selim Halep'e gelmiş ve Halep Ulucamii'nde Cuma namazı kılmıştır. Yolları üzerinde Kudüs de bulunmaktaydı. Hem padişah hem de ordu heyecanlıydı. Şehre akşam vakti girmişlerdi. Kudüs'e gelinir de bire bin sevap verilen o kutsal alana uğranmaz mı? Tabii ki uğranır! İşte bu şevkle kalabalık Osmanlı ordusu da Mescid-i Aksa'nın avlusunda toplandı. Devasa alanda 18 bin şamdan yakılarak Yavuz Sultan Selim önde, kutlu ordu arkada yatsı namazına durdu. İşte Osmanlı'nın Mescid-i Aksa ile tanışması da böyle oldu.

Osmanlı Devleti bu topraklarda tam dört yüz sene kalmıştır. Doğrusunu söylemek gerekirse Kudüs'ü Kudüs yapan devlet de Osmanlılardır. Ancak Mescid-i Aksa Cuma Camii'nde yaptıkları tamiratlar ve yenilemeler dışında özel bir izleri görünmez. Bu muhteşem yapıya müdahale edip de onun yerel havasını bozmak istemezler. Kapı ve pencerelerdeki kurşun saçaklar, pencerelerdeki düz cam yerine uygulanan renkli cam vitraylar ve köklü tamiratlar bu döneme aittir. Kanuni Sultan Süleyman'ın 1561, III. Osman'ın 1752, II. Mahmud'un 1817, Sultan Abdülmecid'in 1840, Sultan Abdülaziz Han'ın 1874 ve II. Abdülhamid Han'ın 1876 tamiratları bilinmektedir. Mimar Sinan'ın Kudüs'e gönderilip Mescid-i Aksa'nın üzerinde bulunduğu istinad duvarını (bir kısmı Ağlama Duvarı) tamir ettiği bilgisi de doğrudur. III. Osman'ın restorasyon faaliyetleri sırasından hem Kubbetü's-Sahra hem de Mescid-i Aksa'nın kubbeleri yenilenmiştir. Mekke ve Medine'deki birçok tarihî eseri tamir ettiren II. Mahmud, Mescid-i Aksa'yı da önemli bir tamirata tâbi tutmuştur. Sultan Abdülaziz bütün pencerelerini değiştirtmiş, Abdülhamid Han da mescidi kıymetli halılarla donatmıştır.

İngiliz Mandası ve Sonrası Mescid-i Aksa

1917 yılı, I. Dünya Savaşı sürecinde İngilizler Osmanlı yönetimindeki Kudüs'ü işgal etmiştir ve Kudüs için artık 1947 yılına kadar sürecek 30 yıllık bir İngiliz manda dönemi başlamıştır.

İngiliz dönemi, Yahudi yerleşimcilerin desteklendiği, Filistinlilere de "şirin" görünecek politikaların takip edildiği bir dönem olmuştur. Ne var ki Filistinlilerin kalbindeki Osmanlı sevgisi tamamen silinmelidir. Bu sebeple hem Kudüs'te hem de Mescid-i Aksa'da Osmanlı mimarisi adına ne varsa yavaş yavaş ortadan kaldırılmalıdır. Bunun için işe Osmanlı mimarisinin sembolü sayılan kurşun kapı ve pencere saçaklarından başlarlar. Üstelik bahaneleri de hazırdır: Bu eklemeler orijinal yapıyı bozuyor!

Kudüs Yüksek İslam Konseyi 1922 yılında Mescid-i Aksa'yı kapsamlı bir tamirata alır. Buna göre İngiltere ve Mısır'dan getirtilen uzmanlar Emeviler döneminde atılan temellere kadar inecek ve Mescid-i Aksa kuvvetlendirilecektir. Bu tamir heyetinin başına Türkiye'den Mimar Kemaleddin Bey getirilir. 1922-27 yılları arasında gerçekleştirilen tamiratlarda temellerin yanı sıra yapının iç süslemelerine de müdahale edilir. 1938 yılına kadar Kudüs'te iki büyük deprem olur. Yapı bu depremlerde büyük hasar görür. Bu depremler sadece temel güçlendirmeleriyle bu yaşlı binayı ayakta tutmanın kolay olmayacağını göstermiştir. Ayrıca Aksa'nın altı dolgu olduğu için her bir sarsıntı, yapıya çok daha fazla zarar vermiştir. Bu son tamiratta yapının batısındaki iki koridor ve kubbenin yan koridorları haricindeki bütün mescid neredeyse yeniden inşa edilmiştir. Bugün Mescid-i Aksa içinde gördüğümüz sütun sıralarından çoğu, yeni parlak mermer kolonlarla taşınmaktadır ki bunların tamamı bu dönem tamiratında değerlendirilmiştir. Başta Mısır ve Hindistan prensleri olmak üzere dünyanın dört bir yanından yapılan yardımlarla bu külfetli tamirat bitirilmiştir. Restorasyonun sonlarına doğru sıra tavan işlemelerine geldiğinde Kavalalı Mehmed Ali Paşa'nın torunlarından Mısır Kralı Faruk devreye girer ve son kalem işler de böylelikle tamamlanmış olur.

Doğu Kudüs ve içindeki Beytü'l-Makdis'in Ürdün'ün elinden çıkıp İsrail'in kontrolüne girdiği 1967 Savaşı'nda (6 Gün Savaşı) Mescid-i Aksa Müslümanlar tarafından hastane olarak kullanılmış, bitişiğindeki Ömer Mescidi de ameliyathane olarak değerlendirilmiştir.

Mescid-i Aksa'da Göze Takılanlar

Mescid-i Aksa Mihrabı: Üzeri muhteşem mozaiklerle süslü olan Mescid-i Aksa Ulucamii'nin mihrabının, caminin bânileri Emevilerden mi kaldığı, yoksa Haçlıların elinden kurtardıktan sonra Selahaddin Eyyubi'nin emriyle mi yaptırıldığı net değildir. Kudüs'ün Selahaddin tarafından kurtarılmasından 14 sene önce Kudüs'ü ziyaret eden Al-Harawi, Haçlıların Aksa'nın mihrabına zarar vermediğinden bahseder. İmadeddin ise Haçlıların mihrabın üzerini bir duvar örerek kapattığını, Selahaddin Eyyubi'nin burayı açarak mihrabı yeniden ortaya çıkardığını söyler.

Selahaddin Eyyubi, her şeyi ile yeni bir mihrap inşa etmese de önceki mihrabı yenilediği anlaşılmaktadır. Dört satırlık kitabesinde şunlar yazmaktadır:

"Rahman ve Rahim olan Allah'ın adıyla. Bu kutlu mihrabın yenilenmesini ve dindarlık üzerine kurulmuş Aksa Camii'nin tamirini Allah'ın kulu ve O'nun yolunda giden, Eyyub Ebu'l-Muzaffer el-Malik en-Nasir Salah ed-Dünya ve'd-Din'in oğlu Yusuf tarafından Allah onun eliyle burayı 583'ün (1187-88) aylarında fethettiğinde emredilmiştir. Ve o Allah'tan bu nimeti için ona şükür ilham etmesini ve rahmetini ve mağfiretini ona vermesini ister."

İbadet ve Derslik Cepleri: Mescid-i Aksa içinde özellikle yan duvarlar üzerinde öğrencilerin gündüz ve akşam ders gördüğü birtakım cep daireler bulunmaktadır. Bunlar farklı isimlerle adlandırılsa da kullanım amaçları genelde ortaktır.

Hz. Ömer Mescidi: Kudüs'ün Müslümanlar tarafından fethi Hz. Ömer eliyle olduğu için Mescid-i Aksa'nın bu bölümüne Ömer Mescidi adı verilmiştir. Kudüs'te yaşamış ve buraya defnolunmuş büyük âlim Mucireddin'e göre ise Hz. Ömer Kudüs'ü fethettikten sonra bu kutsal alan üzerinde namaz kılma yeri olarak ilk burayı belirlemiş ve namazlarını burada eda etmiştir. 30 m'ye 8 m boyutlarında küçük bir yapı olan bu yer Haçlılar tarafından da kullanılmıştır. Bugün Ömer Mescidi içinde yer alan göz kamaştırıcı mihrabın iki kenarındaki burgulu mermer sütunlar ve bu sütunların başındaki kartal ve aslan grifitileri Haçlılardan kalmadır.

Kırk Şehitler Mescidi: Ömer Camii'nin bitişiğinde ikinci bir cep halinde Aksa'ya açılmaktadır. Ömer Mescidi'nden çok daha küçük olan bu mekân 9 m'ye 8 m'dir. Duvarında İsra Suresi'nin ayetleri dolanır. Camiye bakan süslü ve renkli taşlarla bezeli cephe Memlüklüler dönemine aittir.

Ömer Mescidi

Zekeriya Mihrabı: Aksa'nın kıblesinden geriye doğru gittiğimizde Hz. Ömer Mescidi ve Kırk Şehitler Mescidi'ni gördükten sonra hemen bitişiğindeki Zekeriya Mihrabı'nın bulunduğu cebi görürüz. "Buraya neden bir Zekeriya[as] Mihrabı yapılmıştır?" sorusu hemen aklımıza yüzyıllar önce burada meydana gelen bir hadiseyi çağrıştırır. Herkes Mesih'i beklemektedir.

Ömer Mescidi'nin mihrabı

Kırk Şehitler Mescidi

Zekeriya Mihrabı

Kur'an-ı Kerim'in en uzun ikinci suresine isim veren Hz. Meryem'in ailesi olan Âl-i İmran bir bebek beklemektedir. Herkes doğacak bebeğin beklenen Mesih olduğuna inanmaktadır. İmran'ın eşi, bebeğini daha karnında iken mabede adamıştır. Ancak bebek kız doğar. Herkes hayal kırıklığı içindedir. Çünkü Mesih erkek olacaktır. Ancak anne, bebeğini mabede adayacağına dair söz verdiği için orada kalması yönünde ısrar eder. Yahudilikte bir kız mabede kabul edilmezken Hz. Zekeriya'nın zorlamasıyla küçük Meryem mabede kabul edilir. Hz. Meryem'in kabul edildiği bu ibadethane, halihazırda üzerinde namaz kılınan Mescid-i Aksa'nın bulunduğu yerde daha önce var olan İkinci Mabed'dir. Hz. Zekeriya'nın himayesinde mabedde küçük bir odaya yerleştirilen bu son derece âbid kız oradaki hahamları bile şaşkına çevirecek kadar Allah'a bağlı ve ibadet ehlidir. Hz. Zekeriya ne zaman Hz. Meryem'i ziyarete odasına girse, odanın duvar

Hz. Meryem'in anne babası tarafından
Hz. Zekeriya himayesinde mabede takdiminin temsilî resmi

nişinde (mihrap) tabak tabak turfanda meyveler görür. Bu olağan dışı durum karşısında Hz. Zekeriya, Hz. Meryem'e bu meyvelerin nereden geldiğini sorar, Hz. Meryem de, "Bunlar Allah katındandır," cevabını verir.

Kur'an-ı Kerim'de aynen bu şekilde anlatılan söz konusu hadisenin geçtiği ayette, "Zekeriya[as] mihraba döndüğünde" şeklinde geçtiği için bugün camilerimizin mihrap alınlıklarına genelde bu ayet-i kerime yazılmaktadır. (Küllemâ dehale aleyhâ Zekeriyyal Mihrabe)*

Hadisenin cereyan yeri bugün Aksa Camii'nin bulunduğu yer olduğu için o hatıraya binaen Zekeriya[as] Mihrabı adıyla bir mihrap buraya konulmuştur. Burada başımızı kaldırır ve içinde bulunduğumuz cebin üstüne bakarsak bir gül pencereyle karşılaşırız. Gotik Katedrallerde görmeye alışık olduğumuz bu gül pencere, Haçlılar döneminden intikal eden, zamanında buraya Zekeriya[as] adına yapılan kiliseden kalmadır.

Mihrap Hz. Zekeriya ile bağlantılı olsa da eski kaynaklarda bugün Mescid-i Aksa'nın olduğu yerde şehit edilmiş başka bir Zekeriya'dan daha bahsedilmektedir. Eski Ahit'te Romalılara karşı yapılan ayaklanmada Zealotlar tarafından öldürülen ikinci bir Zekeriya'dan bahsedilir. Makabi isyanında Yahudilerce taşlanarak öldürülen bu Zekeriya'ya ait kanların kayaların üzerinde kaldığı bilinmektedir. MS III. yy'da Kudüs'ü ziyaret eden bir gezgin, hatıralarında bu kanlı taşlardan bahsetmektedir.

Yakın Sütunlar: Bir mekân kutsal ise insanlar oranın kutsiyetini artırmak için ortaya türlü efsaneler, hikâyeler atfederler. Anlattığımız bu alan ve mekân da kutsaldır, dolayısıyla aslı astarı olmayan hikâyesi de çoktur. Mescid-i Aksa Camii'nde kubbenin sağ tarafında birbirine çok yakın iki sütun, cami içindeki diğer sütunlardan farklılık arz ettiği için bir inanışın kurbanı oluvermiştir. İnanılması güç ama bu aradan geçmek için canından olan kilolu insanların hikâyeleri de cabasıdır. Nihayet bu mekânın önüne konulan bir kitaplıkla sütun mücadelesi veren insanların bu ilginç girişimlerine şimdilik son verilmiştir. İlerleyen

---

* Âl-i İmran, 3/37.

sayfalarda bu uydurma hikâyelerden birkaçına daha değineceğiz. Üstelik bu hikâyeler kulağınıza epeyce aşina: Günah Keçisi ve Dünyanın Çivisi…

Süleyman Peygamberin Medresesi: Mescid-i Aksa alanı öyle ilginç bir yerdir ki Yahudiler için başka, Hristiyanlar için başka, Müslümanlar için başka anlamlar taşır, birbirinden farklı hatıralar çağrıştırır. Bir Müslüman buraya, ilk kıblem derken, bir Hristiyan Hz. Zekeriya'nın şehit edildiği, Hz. Meryem'in ikamet edip yetiştiği yer gözüyle bakar. Yahudiler için ise bu mukaddes alan Hz. Davud ve Hz. Süleyman ile başlayan bir dizi hadisenin cereyan ettiği yer olması bakımından önemlidir. Özellikle Mescid-i Aksa Ulucamii'nin bulunduğu yerin Hz. Süleyman'ın ilim tedris mekânı olduğuna inanırlar. Tevrat'ı burada okuduğunu, Eski Ahit'teki Süleyman'ın mesellerini, vaazlarını ve Neşideler Neşidesi kitaplarını burada yazdığını vurgularlar.

Kral Abdullah Suikastı: İngilizler uzun süredir Osmanlı'nın uzak eyaletlerini koparmak amacıyla buradaki yerel yöneticileri kışkırtmaya çalışıyordu. Bu konuda bel bağladıkları isimlerden biri de Mekke Şerifi Hüseyin idi. II. Abdülhamid, Şerif Hüseyin'in bu kaypak duruşunu sezdiği için kendisini uzun yıllar İstanbul'da tuttu. Ancak İttihatçıların başa geçmesiyle birlikte Hüseyin'i Mekke'ye gönderdiler. İşte bu tarihten (1910) itibaren Hüseyin'in İngilizlerle ittifakı başladı. Bu görüşmelerde oğlu Abdullah da aktif rol oynuyor, babasını, Osmanlı'ya ihanet

Minia İsrail'de Mescid-i Aksa ve Kubbetü's-Sahra maketi

konusunda cesaretlendiriyordu. 1916 yılına kadar son derece gizli olarak sürdürdükleri faaliyetlerini bu tarihten sonra açıkça ortaya koymaya başlamışlardı. Çünkü patlak veren I. Dünya Savaşı'nda Osmanlı Devleti birçok cephede savaşmak zorunda kalıyordu. Osmanlı'ya karşı başlattıkları bu isyanda Abdullah, Güney Cephesi Arap Kumandanlığına atandı, Taif ve Medine kuşatmasını yönetti. Aynı yıl Taif'i düşürmesine rağmen Fahreddin Paşa'nın yönettiği Medine Savunması'nı 1919'a kadar yaramadı.

Lawrence ve Gertrude Bell gibi İngiliz casuslarıyla sıkı ilişkiler kurdu. Kardeşi Faysal, Şam merkezli bir devlet kurmak peşindeydi. Fransızların Şam'ı ele geçirmesi ve kardeşini kovmasına askerî tepki vermek istediyse de İngilizlerin ikazı üzerine vazgeçti. Bu sadakati bir süre sonra meyvelerini verecekti.

1946 yılında kurulan Ürdün Devleti'nin kralı oldu. İngilizler, Osmanlı'ya ihanette kardeşi Abdullah'tan geri kalmayan Faysal'ı da Irak kralı ilan ederek ödüllendirdi. Avrupalı Büyük Devletler, Ortadoğu'da bir İsrail Devleti'nin kurulmasını planlıyordu. Diğer Arap liderlerinin karşı çıkmalarına rağmen Abdullah bu konuya sıcak bakıyordu. Filistin toprakları o günlerde İngiliz yönetimindeydi. Abdullah, Avrupalıların arzu ettiği bir Yahudi Devleti'ne göz yumarsa Filistin topraklarının büyük bir kısmının kendisine verileceğini düşünüyordu. Peel Komisyonu içerik olarak tam da böyleydi. Abdullah bu kararları desteklese de hem

Medine Müdafii Fahreddin Paşa askerlerini teftişte

Arap dünyasını parmaklarında oynatan iki İngiliz Ajanı Lawrence ve Gertrude Bell

Önde Churchill, arkada Lawrence ve Ürdün kralı olabilmek için peşlerinden giden Abdullah

Filistin halkının hem de diğer Arap liderlerinin karşı çıkması üzerine bu plan hayata geçemedi.

İsrail yöneticileri ve istihbaratıyla defalarca görüşen Abdullah sonunda Filistin topraklarında bir Yahudi devleti kararına onay verdi. 1947 yılındaki bu uzlaşmanın ardından İngiltere, Filistin topraklarının yönetimini Birleşmiş Milletlere devretme kararı aldı. Tam bir yıl sonra (1948) İsrail Devleti'nin kuruluş ilanı yapıldı. Önceden yapılan anlaşmaya göre Kral Abdullah payını almış ve bu yeni devlete sesini çıkarmamıştı. Tarihler 20 Temmuz 1951'i gösteriyordu. Kral Abdullah Kudüs'teydi ve Cuma namazını kılmak için Mescid-i Aksa'ya gelmişti. Namaz sonunda Mescid-i Aksa'dan çıkarken Hüseyni Aşireti'nden Filistinli bir genç, tabancasını ona doğrulttu ve şu cümleleri haykırarak tetiğe art arda dokundu:

"Sen velinimetine (Osmanlı) ihanet ettin. Hainliğin bedeli ölümdür!!!"

Bu hayli vahim hadiseler zincirinin akabinde Abdullah Aksa içinde öldürüldü, oğlu Tallâl ve torunu Hüseyin ise kıl payı kurtuldu. Kral Abdullah ilgili bölümde de zikrettiğimiz gibi Mescid-i Aksa içinde medfundur.

Ürdün Kralı I. Abdullah

HEROD VE EMEVİLERİN PROTOKOL GİRİŞİ
Kadim Mescid

Mescid-i Aksa kutsal alanı içinde toprak üzerinde onlarca yapı olduğu gibi toprağın altında da hayli enteresan yapılar mevcuttur: Muallak Kayası'nın altındaki sarnıçlar, halvethanelerin zemin katları, Herod'un istinad duvarının içinde kalan dev yeraltı binaları, depolar…

Mescid-i Aksa Ulucamii'nin giriş kapısının alt kısmında bulunan ve yeraltına inen bir menfez bizi Kadim Mescid'e taşır. Basamaklarla inilen geniş ve uzun bir koridor, kademe kademe bir hayli aşağıda bulunan kubbeli bir bölüme gider. Buradaki taş ayaklar son derece eskidir. Kubbeler ve kubbeleri duvarlara bağlayan süslemeli pandantifler bizi Milad'ın başladığı yıllara götürür. Kimilerine göre Hz. Süleyman'dan kaldığı rivayet edilen bu yapı ve süslemeler aslında Herod döneminden kalmadır. Herod bu inşaat sırasında Beytü'l-Makdis'e güney cepheden girilebilecek birtakım kapılar açtırmıştır. Üçlü ve ikili kapılar olarak bilinen bu kapıların avluya açılan geçitleri işte bu Kadim Aksa olarak bildiğimiz menfezlerdir.

Herod, Beytü'l-Makdis'i genişletmek, bu eğimli tepenin üzerini tamamen düzlemek amacıyla güneye ve batıya bakan kısımlarına devasa duvarlar ördürmüştür. Bu duvarların içi birçok

Kadim Mescid'e giriş rampası

Kadim Mescid ikinci sahın

Ana bölüme iniş rampası

*Kadim Mescid'in çift kubbeli
ana mekânı*

*Kadim Mescid'in altındaki
zeytinyağı depolarına bakış*

*Zeytinyağı depolarının yukarıdan
görünüşü*

yerde doldurulurken bazı yerlerde boş alanlar bırakılmış, yeraltındaki bu alanlardan bazıları geçiş menfezi, bazı kısımlar da depo olarak kullanılmıştır. Kadim Aksa olarak adlandırılan bu kubbeli bölüme girildiğinde sol tarafta ikinci bir kapıdan bir diğer odaya geçilir. Burada kapaklı bir mazgal dikkatimizi çeker. Buradan içeri baktığımızda yeraltına doğru devasa boşluklar görürüz. Siz de buraları turlarken yerin altında bulunduğunuzu zannedip çok daha aşağılarda, daha büyük yeraltı mahzenlerini görürseniz şaşırmayın. Buralar yüzyıllar boyunca zeytinyağı deposu olarak kullanılan mahzenlerdir. Malumunuz, elektriğin olmadığı zaman dilimlerinde aydınlatma yağla sağlanırdı. Kandillere konulan yağ yakılarak belli bölgeler ışıklandırılırdı. Aksa avlusu gibi geniş bir alanı aydınlatmak için yüzlerce kandil ve tonlarca yağa ihtiyaç duyuluyordu. İşte bu amaç için de yağ depolanan bu yeraltı mahzenleri kullanılırdı.

Kadim Aksa'nın güneye bakan cephesi aslında iki farklı medeniyetin protokol girişi idi. İlk olarak bu duvarları ördüren Herod'un bu cepheye açtırdığı ve Yahudilerin Hulda Kapısı dediği kapılar bina edildi. İkili ve üçlü bu kapılara ulaşmak için aşağıdan kapılara uzanan bir merdiven kullanılıyordu. Daha önce de değindiğimiz üzere

Hz. Ömer döneminde Kudüs'ün fethinden yıllar sonra Emeviler, yönetimi ele geçirdiklerinde Kudüs'ü kendilerine başkent yapmayı arzu etmişti. Kudüs'ü başkent yapmaları halinde kullanacakları saraylarını da bu duvarın ön tarafına inşa ettiler. Emevi halifelerinin Mescid-i Aksa'ya girmek için kullanacakları kapılar Herod'un açtırdığı bu kapılar olacaktı. Ancak meydana gelen bir deprem bu saray binalarını yerle bir etmiş, bu kapıları kullanarak Mescid-i Aksa'ya girme planları başlamadan bitmiştir.

Aslında bu merdivenlerle, kapıları Peygamber Efendimiz(sas) de kullanmış, Mirac Gecesi Burak'ını Aksa'nın batı duvarına bağladıktan sonra Beytü'l-Makdis'in dış duvarlarının dışından güney cephesine kadar gelmiş, Mescid-i Aksa'ya kıble duvarı olan bu kısımdan girmiştir.

Yakın zamana kadar kapalı olan Kadim Mescid içindeki tamiratların bitmesi ve molozun kaldırılması akabinde tekrar ibadete açılmıştır. Kadim Mescid'in güneye bakan kısmı kütüphane olarak kullanılmaktadır. Gün içerisinde çocuk ve yetişkin grupları burada birçok farklı alanda kurs görmekte, Kur'an eğitimi verilmektedir.

Eğer Kadim Mescidi hafta içi ziyaret ederseniz kütüphanenin açık olduğunu görürsünüz. Buradan güneye açılan pencerelerin, zamanında Emevi Halifeleri için açtırılan protokol kapıları olduğunu da unutmamak gerekir.

Kadim Mescid, Herod ve sonrasında Emevi
halifelerinin Aksa'ya giriş rampası idi

AKSA'NIN ÖNÜNDE SULTAN SÜLEYMAN MÜHRÜ

Kâse Şadırvanı

Mescid-i Aksa Ulucamii'nin kapısının önünde, Kubbetü's-Sahra ile Mescid-i Aksa arasında yuvarlak bir şadırvan bulunmaktadır. Yerden biraz aşağıda, birkaç basamak merdivenle inilen bu şadırvan son şeklini Kanuni Sultan Süleyman döneminde almıştır.

Selahaddin Eyyübi'nin Kudüs'ü fethi sonrasında Aksa alanı Müslümanların anlayışlarına göre yeniden düzenlenirken buraya bir şadırvan yaptırma ihtiyacı hasıl olmuş, Melik Adil tarafından buraya inşa edilmiştir. Memlüklülerin Şam Valisi Emir Tenkiz, Aksa Avlusu'na medresesini ve hamamlarını yaptırırken bu şadırvanı da tamir ettirmiştir. 16. yy'a gelindiğinde Kudüs hızla büyümeye başlamış ve şehirde su sıkıntısı hâsıl olmuştur. Kanuni Sultan Süleyman, İstanbul'da olduğu gibi Kudüs'te de su problemine el atacak, dışarıdan getirttiği sular ve yaptırdığı barajlarla problemi kısa zamanda çözecektir.

Kanuni Sultan Süleyman, Kudüs şehir surlarının hemen dışı ile Beytü'l-Lahim'e iki havuz yaptırır. Hâlâ Sultan Havuzu olarak bilinen bu barajlar hem şehre hem de Harem'e akar. Beytü'l-Lahim'den Arrub Kanalı ile gelen su, Kanuni'nin bu çalışmalar

Sultan Süleyman'ın Kâse Şadırvanı Aksa tarafından

sırasında yeniden yaptırdığı Kâse Şadırvanı'nı da beslemektedir.

Aksa avlusundaki bu şadırvanla ilgili Yahudilerin de birtakım inanışları vardır. Kendi rivayetlerine göre Beytü'l-Makdis alanı üzerinde Yahudilerin ayak basmalarının yasak olduğu bir alan varmış. Romalıların ikinci mabedi yıkmaları sonrasında bu alan kaybolmuş. Allah'ın, insanların bu yasak alana basmalarına izin vermeyeceği düşüncesiyle buraya sonradan bu şadırvan yapılmış.

Kâse Şadırvanı sahra tarafından

Güzel olan şey, Aksa avlusunda gezerken etrafınızda yüzlerce hatıranın birbirini kovalamasıdır. Babillilerin binlerce insan başını su havuzlarına doldurmasından, Romalıların taş üzerinde taş bırakmamasına, Haçlıların Kudüs sokaklarını kan akan dere yataklarına çevirmesinden, hahamların, "Hz. İsa asılmalı!" çığlıklarına kadar nice zulüm manzarası çehreleri karartır, yürekleri burkar. Tüm bunlara karşın, bakıyorsunuz Osmanlı'nın Kudüs'e girişiyle birlikte ayaklarının tozuyla ilk yaptırdığı şey şadırvan (Kasım Paşa), havuz, çeşme ve sebiller oluyor. Gittikleri yerlere zulüm götürmeyen, insanları asimile etmeye çalışmayan, sömürmek yerine âbâd etmek için çırpınan bu insanları, bu hayır eserleri vesilesiyle bir kez daha rahmetle anıyoruz.

Kâse Şadırvanı'nı da anlattıktan sonra gözümüzü Aksa avlusunun güneydoğu köşesine çeviriyoruz. Şadırvanın biraz ilerisinde, Mescid-i Aksa'nın doğusunda bir yeraltı geçidi bulunur. Dikkatle bakılmazsa fark edilmeyecek bu geçit, bizi yeraltındaki devasa bir kapalı alana götürür. Şimdi oraya gidelim ve bizi hangi mekânın karşılayacağına şöyle bir bakalım.

Mervan Mescidi giriş

HZ. SÜLEYMAN'IN^(AS) AHIRLARI
Mervan Mescidi

Tekrar tekrar söylemekte beis görmüyorum; dünyayı gezmiş, nice medeniyetin izini taşıyan binlerce yapı incelemiş sanat tarihçi bir gezgin olarak ifade etmek isterim ki yeryüzünde medeniyetlerin, sanatların, kutsalların bu kadar iç içe olduğu ikinci bir yer yoktur. Bu manzara hem Kudüs sokaklarında böyledir hem de Beytü'l-Makdis arazisi içinde. İki metrekarelik bir alanda onlarca medeniyete ait hikâyeler anlatılıp, iz gösterilebilir mi? Sadece Mescid-i Aksa arazisi için dahi cevap evet olacaktır!

Mescid-i Aksa Ulucamii'ne sırtımızı verdiğimizde, Kubbetü's-Sahra sol kolumuzda kalacak şekilde ilerleyince bir yeraltı geçidinin ağzıyla karşılaşırız Aksa avlusunda. Halk arasında

Mervan Mescidi giriş kapısı

Mervan Mescidi ya da Süleyman Ahır-
ları isimleriyle meşhur olmuş bu yeraltı
mahzenleri yine kutsalların savaş alanı
gibidir. Her medeniyet bu mekân üze-
rinde kendine bir pay çıkarmaya çalışır.
Yahudilerin, Hristiyanların, Müslü-
manların farklı farklı iddiaları vardır.
Gelin eskiden yeniye doğru gidelim ve
hem bu iddiaları sıralayalım hem de
kurmaca kısımlarını ayıklayıp doğruları
ispatlarıyla ortaya koyalım.

Haçlılar Kudüs'te

Başta Yahudiler olmak üzere bir dö-
nem Kudüs'ü işgal eden Haçlılar buraya
Süleyman Ahırları demiştir. Eski kay-
naklarda buradan doğu duvarına doğru
bir At Kapısı'nın da varlığı söylendiği-
ne göre buraya gerçekten at sokuldu-
ğuna kanaat getiriyoruz. Gerçekten de
Mervan Mescidi içinde altıncı sütun
sırasının güney duvarında hâlâ izi gö-
rülebilen bu kapının, zamanında atların
sokulduğu At Kapısı olduğu düşünül-
mektedir. Ancak yapıyı incelediğimizde
bu yeraltı mahzeninin Süleyman Pey-
gamber değil Herod dönemine ait ol-
duğu ortaya çıkar. Çünkü daha önce de
söylediğimiz gibi Herod dönemi istinad

duvarları içindedir. Burası bilhassa boş bırakılmış ve hem ahır hem
de müştemilat deposu gibi bir işlev görmüştür. Herod dönemine
tarihlenen taşlar, duvarlarda görülebilmektedir.

Halk arasında buraya Mervan Mescidi denmesinin sebebi,
Kubbetü's-Sahra'yı inşa eden Emevi Halifesi Abdülmelik bin Mer-
van'ın burayı yeniden yaparcasına elden geçirmesidir. Mervan
Mescidi'nin bir tarafını oluşturan, Mescid-i Aksa'nın kıblesine
bakan güney duvarı o dönemde tamamen yenilenmiştir. Ancak
bu yeraltı dehlizi ahır olarak da kullanılmıştır. Haçlılar 1099'da

Doğu Roma İmparatoru Justinianus

Kudüs'ü işgal ettiğinde buraya atlarını koymuşlardır. Atların bağlandığı, taş sütunlara oyulmuş halka yerleri hâlâ durmaktadır.

Bu yeraltı dehlizine merdivenlerle inildiğinde karşınıza önce uzun, geniş bir koridor gelir. Bu koridorun sonunda sola döndüğünüzde 88 sütunla taşınan 12 koridorlu, son derece heyecan verici bir yeraltı yapısı önünüze serilir.

Mervan Mescidi'nin Hristiyanlık dönemine ait izleri de ilginçtir. Burada bir kule olduğu ve Hz. İsa'nın şeytan tarafından burada sınandığına inanan Hristiyanlar vardır. Halbuki bu olayın cereyan yeri Eriha'daki Korantol Manastırlarının bulunduğu tepelerdir.

Hristiyan şehit St. James'in Yahudiler tarafından atılarak öldürüldüğü yerin burası olduğunu iddia edenler de vardır. Bilinen bir gerçek vardır ki Roma İmparatoru Justinianus buraya Hz. Meryem'e ithaf ettiği bir bazilika ile Hristiyan hacılar için bir konaklama binası inşa etmiştir. Hatıratlar burayı ziyaret edenlerin bu bazilika civarındaki at kapısını kullanarak dışarı çıktıklarını anlatır. Demek ki Hristiyan Roma döneminde burada atların muhafaza edildiği bir yapı mevcuttur. Hristiyan papazların hatıratlarında kilisenin büyük yeraltı odalarının varlığından bahsedilmektedir.

Justinyaus dönemi yapıları 614 yılındaki Pers saldırılarında tahrip edilecektir. Tarihler 635'i gösterdiğinde artık İslam orduları Kudüs önlerindedir. O günlerde Kudüs patriği olan Sofronyus 636'nın Christmas kutlamasını Beytü'l-Lahim'e gidemediği için buradaki bazilikada yapacaktır. Hz. Ömer dönemi Kudüs fethi sonrasında, Hristiyanların buraya gelip bu bazilikada ibadet etmelerine ve bu kiliseye girip çıkabilmek için Altın Kapı'yı kullanmalarına izin verilmiştir.

Müslümanların engin hoşgörüsüyle Aksa'nın güneydoğu köşesindeki bu kiliseye Hristiyanların girmesi gibi Yahudilerin de

Mervan Mescidi'ne girmesine izin verildiğini yine bir hatırattan öğreniyoruz. 1483'te Kudüs'ü ziyaret eden Papaz Felix Fabri, bir Yahudi'nin kendisini Süleyman Ahırlarına soktuğunu, burada Yahudilerin dua edip taşları üst üste koyduklarını gördüğünü anlatır. Yahudilere bu taşları neden böyle koyduklarını sorduğunda, Yahudiler, bekledikleri Mesih'in gelişinin ve dirilişin (Tüm Yahudiler Mesih gelince dirileceklerine-ölümsüzleşeceklerine inanır) çok yaklaştığını, bu taşların o gün kendilerine şahitlik edeceğini söylemiştir.

Hz. İsa'nın^(as) Beşiği

Görüldüğü üzere Mervan Mescidi adı verilen bu yeraltı mahzenine adım atar atmaz kutsallar üst üste yığılmaya başladı. Yahudi'si Hristiyan'ı hepsi bu mekânla ilgili bir hikâyeyi, hadiseyi ya da şahsı bu mekâna bağlayıverdi. Bitti mi derseniz, elbette bitmedi! Halbuki Herod ve devamında Emevi Halifesi Mervan burayı sadece bir yeraltı mahzeni olarak inşa etmişti. Bu kadar kutsalı bu yeraltı odasına bağlayacaklarını bilselerdi herhalde hiç düşünmeden toprakla kapatır geçerlerdi.

Mervan Mescidi'nin girişi

Mervan Mescidi'nin içinde en sol köşede bir merdiven bizi yukarı çıkarmak için hazırdır. Bu merdivenin başında bulunan küçük bir oda Hristiyanlık için hayli önemli olan bir kutsalı bize anlatmaya çalışacak. Ağzı demir parmaklıklarla kapalı bu odanın önüne gelip içeriyi görmeye gayret ettiğimizde, odanın sağında dört ayaklı bir kubbe ve bu baldaken yapının altında, yerde taş bir küvet görürüz. İşte Hristiyanlara göre burası Hz. İsa'nın küveti ya da beşiğidir. Hristiyan teologlar, Jüstinyanus'un yukarıya yaptırdığı kilisenin Nea Meryem Kilisesi adını aldığını ve bu kilisenin altında Hz. İsa'nın beşiğinin bulunmasının normal olduğunu iddia eder.

Hz. İsa'nın küveti denilen bu mekânın üzerindeki ahşap kubbe Osmanlı döneminde yapılmıştır. İslami kaynaklar burayı Hz. Meryem makamı olarak zikreder. Hz. Zekeriya'nın araya girmesiyle annesinin mabede adadığı Hz. Meryem, Yahudi hahamların itirazlarına rağmen mabede kabul edilmiş ve kendisine verilen bir odada ikamet etmeye başlamıştır. Kur'an-ı Kerim'de geçen ayetlere göre bu odaya yazın kış, kışın yaz meyveleri gelmektedir ve Zekeriya[as] bu durumu müşahede etmektedir. Müslümanlarda, Kur'an'ın da tasdik ettiği bu mekânın burası olduğuna dair

Hristiyanlara göre Hz. İsa'nın beşiğinin bulunduğu yer

bir inanış vardır. Nasır-ı Hüsrev gibi bazı İslam kaynakları da buranın Hz. İsa'nın beşiği olduğunu, o mucizevi konuşmasını burada yaptığını zikreder.

İnsanlar bir mekânı benimsediğinde bütün kutsallarını buraya taşıma çabası güderler. Yine İslami kaynaklarda Hz. Meryem'in bu mekânda doğum yaptığı da söylenmektedir (Hristiyanlar doğumun Beytü'l-Lahim'deki bir mağarada gerçekleştiğine inanırlar). Hatta bu odanın kolonlarından birinde, bir elin iki parmağının kolonu sıkmasıyla oluştuğuna inanılan bir iz görülmektedir. Bu izin, Hz. Meryem'in doğum sancısı sırasında kolonu tutarken meydana geldiğine inanılır.

Mervan Mescidi'nin duvarlarına baktığınızda hem önceki medeniyetlerin devşirmelerini hem de burada zamanında var olan birtakım yapıların izlerini görebilirsiniz. Burada en alt katmana indiğinizde duvarda son derece büyük bir kemer dikkatinizi çekecektir. İkinci Mabed döneminden kaldığı düşünülen bu yapı parçasının, zamanında var olduğu bilinen ve mabedi Zeytindağı'na bağlayan köprünün ayaklarından birine ait olduğu sanılmaktadır.

Kanuni Sultan Süleyman döneminde Mimar Sinan'ın Kudüs'e gelip birtakım tamiratlarda bulunduğu bilinmektedir. Mimar Sinan, Mescid-i Aksa'yı kuvvetlendirme adına Ağlama Duvarı'nı tamir etmiştir. Çünkü bu duvar bir istinad duvarı olup Mescid-i Aksa Ulucamii'nin sağlıklı bir şekilde ayakta kalması için çok önemlidir. Bu tamir faaliyetleri sırasında üzeri ahşap kalaslarla örtülü olan Mervan Mescidi'nin de örtü sistemi değiştirilmiş, bu kalaslar sökülerek bugün görülen beşik tonozlu sistem inşa edilmiştir.

İsrail Parlementosu'nda bazı milletvekilleri Mervan Mescidi'nin Harem-i Şerif'in bir parçası olarak cami fonksiyonlarıyla değerlendirilmesinden rahatsızlık duymaktadır. 1986 yılında bazı İsrail milletvekilleri buranın Mabed Tepesi'nin bir parçası olmadığını iddia ederek İslam Vakfı'nın kontrolünden çıkarılmasını istemiş, bunun üzerine ciddi tartışmalar çıkmıştır. 1967 kararlarına göre Mabed Tepesi üzerindeki (Beytü'l-Makdis) her şey hiç tartışmasız İslam Vakfı'nın kontrolü altındadır.

Mervan Mescidi ziyaretimizle artık Harem-i Şerif'in doğu duvarına gelmiş oluruz. Şimdi bu duvar boyunca kuzeye doğru hareket edecek ve Babü'l-Esbat'a (Sıbtlar Kapısı) kadar geleceğiz. Böylece Beytü'l-Makdis içindeki turumuzu tamamlamış olacağız. Şimdi Mescid-i Aksa alanına açılan kapıların en meşhuru, en çok tartışılanı ve bir türlü paylaşılamayanı karşımızda: Rahmet ve Mağfiret Kapısı, Golden Gate, Altın Kapı!

Altın Kapı

Öyle büyülü bir şehirdir ki Kudüs, bir duvarı, bir taşı hatta bir kapısı etrafında öyle hikâyeler anlatılır, öyle rüzgârlar estirilir ki ikinci bir örneğini dünyanın başka hiçbir yerinde göremezsiniz. Şimdi sizi bir kapının önüne götüreceğim. Kudüs şehir surlarına ait bir burcun içinden şehre ve Beytü'l-Makdis'e açılan bir kapı. Ancak bu kapıyla ilgili hem Yahudiler hem Hristiyanlar hem de Müslümanlar öyle şeyler anlatmış, kapıyı öyle yerlere bağlamışlardır ki hikâyesi bu kadar esrarengiz ikinci bir kapı daha yoktur dünya üzerinde.

Kudüs şehrini çeviren surların bir kısmı, şehrin güney cephesinde Beytü'l-Makdis'i de çeviren duvarlar halinde uzanmaktadır. İşte bu güney surları üzerindeki bir burcun içinden kutsal alana açılan iki kemerli bu kapı, şehrimizin meşhur Altın Kapısı'dır.

Yahudiler bu kapıya Doğu ya da Nikanor Kapısı demiştir. Hristiyanlar ise Elçilerin İşleri'nde geçen Güzel Kapı olabileceği düşüncesiyle Altın Kapı demiştir. Araplar Babü'z-Zahiriyye olarak anmıştır. Ancak en yaygın olan ismi Rahmet ve Mağrifet Kapısı ismidir.

Altın Kapı sur dışından

Yahudilerin Altın Kapısı

Eskiden yeniye doğru gidecek olursak önce Yahudilerin inanışlarından başlamamız gerekir. Bir kısım Yahudi gruplar bu kapının Süleyman Peygamber'den kaldığına, hatta Sebe Melikesi Belkıs'ın hediye getirdiği kıymetli taşların kullanılmasıyla inşa edildiğine inanır. Hezekiel Kitabı'nda,* Allah'ın bu kapının kapatılmasını emrettiğinin yazılı olması, ayrıca Süleyman Mabedi'nin yıkılışı sırasında kapıların yeraltına çekilmiş olduğu inancına dayalı olarak bu kapının az da olsa toprağa gömülü bulunması bu kapının önemini arttırmaktadır.

Bir başka Yahudi görüşü ise kapının Süleyman Peygamber'den değil, ikinci mabedin inşası döneminden kaldığı yönündedir. Eski Ahid'de bu kapının İskenderiyeli Nikanor adında bir kişi tarafından yapıldığı anlatılmaktadır. Yakın zamanda bu bilgi ilginç bir keşifle doğrulanmıştır. Kudüs İbrani Üniversitesi bahçesinde yapılan kazılarda tarihî bir mezar bulunmuş ve üzerinde bir yazı fark edilmiştir. Burada, "Kapıyı yapan İskenderiyeli Nikafor'un kemikleri..." yazmaktadır.

Bu efsanelere konu olmuş kapının kapalı olması da insanları birbirine düşürmüş, anlatılagelen hikâyeler bir ise bine çıkmıştır. Yahudilerin bir kısmı bu kapının kapalı olmasından yana hikâyelere inanırken, bir kısmı da başkaları tarafından zorla kapatılarak Yahudilerin dinî vecibelerinin önüne set çekildiğini düşünmektedir.

Kapı Kesinlikle Kapalı Kalmalı, Çünkü Mesih Gelecek!

Altın Kapı'nın açılmamasını isteyen Yahudiler, kendilerini destekleyen yüce varlığın bu kapıdan çıktığını ve zamanı gelince yine bu kapıdan gireceğini iddia eder, bekledikleri Mesih gelene kadar da kapının kapalı kalması gerektiğine inanırlar. Selahaddin Eyyübi'nin şehri fethinden hemen önce Kudüs'ü ziyaret eden Yahudi

---

* Hezekiel kitabı, Tanah'taki son peygamberlerin üçüncü kitabı olup Yeşaya ile Yeremya kitaplarından sonra ve on iki küçük peygamber kitaplarından önce gelir. Adını, MÖ 6. yy'da yaşamış rahip ve peygamber olan Hezekiel'den almıştır.

gezgin Rabbi Petahya, Haçlıların bu kapıyı açmak için çok uğraştığını, ancak her girişimlerinde şehirde depremler meydana geldiğini söyler. Bir başka gezgin Karait de, "Beklenen gün geldiğinde İsrail'in gözleriyle birlikte bu kapı

Altın Kapı Aksa avlusundan

açılacaktır," demektedir. Kudüs'ün İslami döneminde de kapının açılamadığına dair rivayetler vardır. Hatta bu rivayete inananlar, Osmanlı'nın Kudüs'ü fethinde Yavuz Sultan Selim'in bu kapıdan girdiğini, beraberindeki Yahudiler hemen ölürken kendisinin üç sene sonra vefat ettiğini, bunun sebebinin ise yasaklanmış olan bu kapıyı kullanması olduğunu iddia ederler.

Kapı Muhakkak Açılmalı, Çünkü Mesih Gelecek!

Kapının, Yahudi düşmanları tarafından ileride gelecek Mesih'in önünü kesmek için yapıldığını iddia eden ikinci bir görüş daha vardır. Musevilere göre bir gün bekledikleri Mesih gelecek ve Zeytin Dağı'na inecektir. Buradan karşıya, Mabed Tepesi'ne geçecek, Altın Kapı'dan içeri girerek Kutsal Kaya'nın üzerindeki tahtına oturacak ve Yahudilerin cennetinin krallığı başlayacaktır. Bu kapının Müslümanlar tarafından, Mesih geldiğinde girmesin diye kapatıldığına inananlar vardır. Hatta Yahudilerin Mesih'in bu kapıdan geçerken önünde bir Kohen yürüyecektir. Bu Kohen onlara göre Hz. İlyas'tır. Ama bir Kohen hiçbir zaman bir Müslüman mezarlığından geçemez. Müslümanlar Altın Kapı'nın önünü kendilerine ait bir mezarlık yaparak Mesih'in girişine bir engel daha koymuşlardır demektedirler. Kubbetü's-Sahra'nın Kutsal Kaya'nın üzerine yapılışını bile Mesih'in gelişini engellemek için yapılmış bir girişim olarak görenleri vardır. İnanışlarına göre Kaya bir gün yükselecek ve göklerden Mesih'i alıp Zeytin Dağı'na getirecektir.

Yavuz Sultan Selim

Yani bu kapı açık da kalsa kapalı da tutulsa hakkında muhakkak hikâyeler anlatılacaktır ve nitekim yüzyıllardır anlatıla gelmiştir. Kapatılması sonrasında acaba bu hurafelerden kurtulur mu denilirken farklı inanışların insanları çığ gibi yeni hikâyeler üretmeyi sürdürmüştür.

Davud Peygamber'in Dua Kapısı

İşte yine iki inancın aynı çizgide kesiştiği bir noktadayız. Yahudiler bu kapının önünde Davud'un[(as)] tevbe ettiğini ve Allahu Teala'nın mağfiretiyle günahlarının affedildiğine inanırlar. Müslümanlar ise bu iki kemerli ve ikili kapının birine Rahmet diğerine Mağfiret Kapısı adını vermiştir.

Hristiyanların Altın Kapısı

Yahudilerin elindeki Kudüs, Babilliler ve Perslerden sonra Romalılara geçmiştir. Bir süre sonra putperest Roma Hristiyanlaşmaya başlayınca Altın Kapı'nın Hristiyanlarca ortaya atılan hikâyeleri konuşulmaya başlanır. Açık konuşmak gerekirse ahir zamanda Hristiyanlar da bir Mesih beklemektedir ve bu Mesih'in de Altın Kapı'yı kullanarak hem şehre hem de Beytü'l-Makdis'e gireceğine inanırlar.

Kapı incelendiğinde üzerindeki Roma sanatına ait detaylar göze çarpmaktadır. Kemerlerdeki süslemeler, çelenk formlu söveler, akantus sütun başlıkları gibi Antik Roma mimarisini devam ettiren erken Hristiyanlık döneminin isimlerinden biri de İstanbul'daki üçüncü Ayasofya'ya imzasını atan Justinianus'tur. Nasıl ki eski Ayasofya'yı revize ederek bugünkü şekline sokmuştur, aynı şekilde eski Altın Kapı'yı da aynı temeller üzerinde bu şekli ile inşa ettiren kişi odur.

Doğu Roma İmparatorluğu'nun Justinianus dönemindeki ihtişamı uzun sürmeyecek, Sasanilerin istila faaliyetleri sırasında Kudüs de işgal edilecektir. 614 yılında Kral Hüsrev'in Kudüs'e bu kapıdan girdiği rivayet olunur. Ancak sadece 14 sene sonra gücünü toplayan ve Sasanileri bütün cephelerde yenilgiye uğratan Herakliyus, Kudüs'ü ve Kutsal Haç'ı geri alacak ve bu kez şehre Altın Kapı'dan Herakliyus girecektir.

Burada Hristiyan menkıbeleri devreye girer. Herakliyus şehre kurtarıcı bir Mesih gibi girmeyi planlarken gördüğü rüya, onun zamanında bu şehirde mütavazı vaazlar veren Hz. İsa sadeliğinde girmesini telkin eder. O da bu şekilde sade bir kıyafetle kapıdan geçer.

Haçlılar Döneminde Altın Kapı

Kaynaklar, 1099'da Haçlıların Kudüs'ü işgal yıllarında Altın Kapı'nın örülü olmadığını gösterir. Ancak örülü olmasa da halkın kullanımına izin verilmemektedir. Yılın sadece iki günü açılır bu kutsal kapının kanatları: Hristiyanlar için son derece önemli olan Palmiye Pazarı ve haçın kutsanma günlerinde.

Altın Kapı bu kadar hürmet görür de yakınında defnedilmek arzu edilmez mi? Elbette edilir. Hz. Ömer sonrası Kudüs'ün güneye bakan, Altın Kapı'nın önünden geçen alanın tamamı Müslüman mezarlığı olarak düzenlenmiştir. Yani Müslümanlar Zeytin Dağı manzaralı, Mescid-i Aksa'nın gölgesinde, Altın Kapı'nın önündeki en iyi mevkiyi mezarlık yapmıştır. 1099'da Kudüs'ü ele geçiren Haçlılar, Müslümanların arasına defnolunamayacaklarından kapıya yakın olmak için kapının iç tarafını tercih etmiştir. Her ne kadar bugün izleri kalmamış olsa da dönemin Avrupalı hacılarına ait seyyah notlarına baktığımızda Altın Kapı'nın iç avluya bakan kısmında meşhur Hristiyan büyüklerinin gömüldüğü bir mezarlıktan bahsedilmektedir.

Eyyübilerin Altın Kapısı

Malumunuz, Kudüs'ün Müslümanların eline geçmesi Hz. Ömer ile birlikte olmuştur. Altın Kapı'nın onun döneminde kapatıldığına dair rivayetler zayıftır. Yukarıda da ifade ettiğimiz üzere, Haçlılar döneminde kapıların örülmemiş olması, Altın Kapı'nın, Kudüs'ün Müslümanların eline ikinci

Kerubim meleklerinin yardımıyla Herakliyus'un İran Kralı Kiros'u mağlup edişi

geçiş dönemi olan Selahaddin Eyyûbi zamanında kapatıldığı iddialarını güçlendirmektedir. Selahaddin Eyyûbi zor bir kuşatma neticesinde Kudüs'ü almış ve şehrin tekrar Haçlıların eline geçmemesi için ince tedbirler düşünmüştür. Altın Kapı'nın en önemli özelliği, Kutsal Alan ve Kaya'nın şehir surlarına en yakın kapısı olmasıdır. Yani şehre bu kapıdan giren biri kendisini bir anda bugün için Muallak Kayası ve üzerindeki Kubbetü's-Sahra'nın önünde bulabilmektedir. Şehri muhasara eden bir düşman, bu kapıdan girmeye kalkarsa kendini Müslümanlar için kutsal sayılan Harem'in içinde bulacak ve anında tahrip edilecektir. İşte bu kaygı sebebiyle Selahaddin döneminde kapı kapatılmamış, bir daha açılmamak üzere örülmüştür.

Selahaddin Eyyûbi'den sonra yerine gelen Emir Adil'in, Haçlıların Kudüs'e olan iştihalarına set çekmek için Kudüs surlarını yıktırdığını biliyoruz. Güvenlik problemi olan bir şehre kimse itibar etmeyeceği için bu girişim sonrasında gerçekten de Haçlıların Kudüs tacizleri sona ermiştir. Bu sur yıkımında Altın Kapı'ya dokunulmadığı anlaşılmaktadır. Şehrin farklı dinlere ait kutsallarından biri olması, Müslümanların, başka dinlerin müntesiplerine duyduğu saygı, bu tarihî kapının bugüne kadar ayakta kalmasını sağlamıştır.

Osmanlı'nın Altın Kapısı

Yavuz Sultan Selim'in Kudüs'ü fethi sonrasında da şehir uzun süre surlardan yoksun kalmıştır. Kanuni döneminde, Kutsal Roma Germen İmparatoru Şarlken'in Kudüs'e yönelik girişimleri üzerine, şehir yeniden surlarla çevrilmiştir. İşte bu imar faaliyetleri sırasında yeni sur sistemi, Altın Kapı'ya adapte edilmiş, boşta kalan kapı yine şehir surları üzerindeki konumunu sürdürmüştür. Osmanlıların geniş sur inşası ve Altın Kapı'yı revizesi döneminde bu kapıyı açmamalarının sebebi ise birçok yerdeki benzer uygulamalarının tezahürüdür; kendilerinin de saygı duyduğu kutsalları koruma arzusu. Hz. İsa

Altın Kapı'nın eski fotoğrafı

bu kapıdan defalarca Beytü'l-Makdis'e girmiştir. Bu nedenle bu kapı herkesin kafasına göre girip çıkacağı bir kapı olmamalıdır. Tıpkı Beytü'l-Lahim'deki Beşik Kilisesi'nde (Hz. İsa'nın doğduğu yer) içeriye at üzerinde saygısızca giren Hristiyan asillerin bu çirkin tavrına karşı Osmanlıların kapıyı küçültüp insanların eğilerek içeri girilmesini sağladığı gibi.

İslam dönemine ait Altın Kapı ve civarının önemsendiğinin bir delili de, Hızır ve İlyas(as) meskenlerinin bu kapı civarında olduğuna yönelik bir inanıştır. Hızır ile İlyas'ın(as) Aslanlı Kapı sonrası Beytü'l-Makdis'e girdiğimiz Sıbtlar Kapısı ile Altın Kapı arasında buluştukları ve bir süre burada kaldıkları rivayeti yaygındır.

Altın Kapı Bir Eğitim Kurumu Oluyor

Altın Kapı'nın iç avluya bakan kısmı kapalı olduğu için günümüzde bu yapı bir kapı olmaktan ziyade bir bina hüviyetindedir. Bu özel yapı uzun yıllar kız öğrencilerin eğitim gördüğü bir kurum olarak kullanılmıştır. Ayrıca Altın Kapı'nın iç avluya bakan tarafında 1214 yılında Eyyübi hükümdarlarından Melik Muazzam İsa tarafından yaptırılan Nasıriye Medresesi adında ikinci bir bina bulunmaktadır. Burayı yöneten ve uzun süre burada ders okutan Şeyh Nasır el-Makdisi'den dolayı bu eğitim kurumuna Nasıriyye denmiştir. İmam Gazali Hazretleri'nin bir dönem burada kalması ve eser telifinde bulunması dolayısıyla bu medrese Gazaliyye olarak da anılmıştır.

Aksa avlusunu çeviren doğu duvarları sağ kolumuzda ilerlerken bahçe içinde gözlerden uzak, taş bir yapı dikkatimizi çeker. Aksa'ya ziyarete gelen binlerce kişinin hemen hiçbirinin değil ziyaret etmek, görmeden gelip geçtiği bu yapı müthiş bir gizem barındırmaktadır. Çok az kişinin varlığından haberdar olduğu bu gözlerden uzak yapı Makam-ı Süleyman'dır.

Eyyübi Hükümdarı Emir Adil'in oğlu Kamil bin Adil'in papa ile görüşmesi

BENİ HÂLÂ ZİYARETE GELMEDİNİZ!
Makam-ı Süleyman

Mervan Mescidi'nden kıblenin ters istikametine, giriş yaptığımız Sıbtlar Kapısı'na doğru ilerliyoruz. Solumuzda Kubbetü's-Sahra, sağımızda doğu duvarları bulunuyor. Hem şehir surları hem de Beytü'l-Makdis'i çeviren bu surların dibinde, Zeytin Ağaçları altında gözlerden uzak, küçük bir yapı önümüze gelecektir. İşte burası Hz. Süleyman ile ilişkilendirilen özel bir mekândır. Aksa avlusunda bir Taht-ı Süleyman, bir de Makam-ı Süleyman vardır. Taht-ı Süleyman'ı daha önce anlatmıştık. Devadar (Melik Faysal) Kapısı'nın sol çaprazında kalan küçük, kubbeli bir yapıdır bu ve içinde Muallak Kayası'ndan bir parça bulunmaktadır. Hz. Süleyman, meşhur mabedinin inşaatını burada durup teftiş ederken vefat etmiştir. Bu sebeple de bu mekân bu isimle anılmaktadır. Aynı avluda bir de Makam-ı Süleyman adı ile anılan ikinci bir yapı vardır. Bu bölümde size tanıtmaya çalıştığımız eser de budur.

Beytü'l-Makdis içerisinde şekli, bânisi, hikâyesi, muhteviyatıyla en ilginç yapılardan biri olan Süleyman Makamı, iki kubbeli bir binadır. Güney yönünden, Aslanlı Kapı'ya doğru ilerlerken karşımıza çıkan kesme taştan örülü bu yapı, Mescid-i Aksa'daki birçok eser gibi Süleyman[as] ile ilişkilendirilmektedir.

Aksa'nın doğu duvarına bitişik Makam-ı Süleyman olarak adlandırılan yapı

Makam-ı Süleyman'da grubumuzla

*Yapının içinde boydan boya uzanan
devasa boyutlardaki kabir sandukası*

Karşımıza çıkan iki kubbeli bu taş yapı 17. yy civarında inşa edilmiş olsa da içinde göreceklerimizin çok daha eski tarihlere uzandığı aşikârdır. İki kubbenin örttüğü iki kare mekândan oluşan yapı, üzerindeki tabeladan da öğrendiğimiz üzere Darü'l-Hadis (Hadis Okulu) olarak kullanılmaktadır. Buraya kadar her şey normal. Aksa avlusu üzerinde ibadet ve ilim maksatlı onlarca eser vardır ve bu yapı da onlardan biridir. Peki bir önceki yazının sonunda vurguladığımız gizem bu binanın neresindedir? Bu sırlı hadiseyi, başımızdan geçen ilginç bir hatıra eşliğinde anlatmak isterim.

Halihazırda elinizde tuttuğunuz *Arzın Kapısı Kudüs/ Mescid-i Aksa* kitabını hazırladığımız dönemde, Aksa avlusunda hiçbir yapının dikkatimizden kaçmaması için çabaladığımız bir zaman diliminde bu binayı da her ayrıntısıyla incelemeye almıştık. Genelde kilitli olan bu yapıya girmek pek mümkün olmuyordu. Uzun uğraşlar neticesinde, Aksa yetkilileriyle yaptığımız görüşmeler sonunda bize burayı açabileceklerini söylediler. O yaz Kurban Bayramı'nı Kudüs'te geçirme kararı almıştım. On günlüğüne buraya gelecek, ilk altı gün kitapla ilgili araştırmalarımı yapacak son dört gün de Türkiye'den gelen grubumla ilgilenecektim.

Makam-ı Süleyman günümüzde Darü'l-Hadis olarak kullanılıyor

Kudüs'teki dokuzuncu günüm bitmek üzere idi ve ben hâlâ bu yapının içine girememiş, arzu ettiğim incelemeleri yapamamıştım. Halbuki grubuma da ufak bir tüyo vermiş, "Sizi çok özel bir yere götürme ihtimalim var," demiştim. Aksa'daki son gecemde müjdeli haber geldi. Pazar günü Mescid-i Aksa'ya çok erken bir saatte gelebilirsek burayı bize açacaklardı. Halbuki pazar günü, yani Kudüs'teki bu son günümüzde otelden direkt Yafa'ya gidip oradan da havalimanına geçecektik. Şartları zorlayarak o gün sabah sekiz gibi Mescid-i Aksa avlusuna giriş yaptık. Makam-ı Süleyman'ı bize gösterecek yetkililer de hazırlanmış, bizi bekliyordu. Heyecanla bu ilginç binanın önünde toplandık. Kapının kilidi açıldı. İçeri girdik. İçeride masalar, sıralar ve ders için kullanılan bir tahta vardı. Bina kesme taştan inşa edilmişti. İçeride üç tarafta bu taş duvar görülürken uzun duvarın bir tarafı boydan boya perde ile kaplıydı. Burası yukarıda da yazdığımız üzere bir Hadis Okulu (Darü'l-Hadis) olarak kullanılıyordu. Gözlerim bu iki kubbeli, iki birimden oluşan ince uzun yapıyı tarıyor, ama olağanüstü bir şey göremiyordu. Yetkili kişi bize uzun uzun Darü'l-Hadis'in ne anlama geldiğini anlattı. Tam sözünü bitirmiş, artık çıkabiliriz der gibi bir imada bulunmuştu ki, derhal söze atılıp bu yapıyla ilgili yaptığım araştırmalar neticesinde burada özel bir kabrin bulunduğu bilgisine ulaştığımı söyledim ve bu kabrin nerede olduğunu göstermesini istedim. Gözünü binanın uzun kenarlarından birine çeviren görevli, bu duvarı boydan boya kaplayan perdeye yaklaştı. Bir ucundan tutup çekmeye başladı. Hayatımda gördüğüm en uzun korniş üzerindeki bu devasa perde bir tarafa doğru açılırken arkasından, iki metreden fazla uzunlukta bir lahit ortaya çıktı. Herkes şaşkınlık içindeydi. Şahsen bu güne kadar binlerce tarihî mezar incelemiş, bu tarz yatır türbeleri görmüş biri olarak bu kadarını ben de görmemiştim. İstanbul Beykoz sırtlarında Hz. Yuşa'nın ya da Semerkand'da Danyal'ın[as] kabirleri devasadır ama sadece uzunluğu fazladır, yüksekliği yoktur. Eriha yolunda Hz. Musa'nın kabir sandukası yüksektir, ama uzunluğu fazla değildir. Burada taş bir lahit vardı önümüzde. Boyu iki metreyi aşkındı ve uzunluğu Hz. Yuşa'nın kabri kadardı. Üzerinde, Kur'an-ı Kerim'de Hz. Süleyman ve Belkıs kıssasının geçtiği Neml Suresi'nin ayetleri (30-33) yer alıyordu.

Önündeki perde ve üzerindeki puşide altında kesme taştan sanduka

Günümüzde çok fazla insan bilmese de tarihte bu kabir, bilinen ve ziyaret edilen bir yerdi. Başta Evliya Çelebi olmak üzere Kudüs'e uğrayan birçok seyyah bu kabirden bahsetmiştir.

Şimdi gelelim bu ziyaretimizin en ilginç kısmına… Kudüs turumuzun son sabahı, erkenden Mescid-i Aksa'ya gidip Makam-ı Süleyman'ı ziyaretimiz sonrasında tam dışarı çıkarken yanıma grubumuzdan bir hanımefendi geldi. Gözleri dolu dolu, heyecan içinde bana dün gece gördüğü rüyayı anlatmaya başladı. Rüyasında Süleyman Peygamber'i görmüştü. Devasa bir boya sahip, heybetli bir zatın kendisine yaklaşıp, "Beni hâlâ ziyaret etmediniz. Sizi bekliyorum!" dediğini ifade etti. Şoke olmuş, heyecan içinde kalmıştık. Ben grubuma birkaç gün önce, "Son gün size bir sürprizim olabilir," demiştim ama ne Süleyman Peygamber'den ne de ona ait olduğu söylenen bir kabirle karşılaşacağımızdan bahsetmiştim.

Makam-ı Süleyman'ı da görmemizle birlikte Aksa avlusunu çepeçevre dolaşmış olduk. Böylelikle kitabımızın ilk bölümü de nihayete erdi. Şimdi önümüzde Mukaddes Kaya ve üzerindeki onlarca bina, şahıs, hatıra ve iz var. Tüm bunları görmek için Kubbetü's-Sahra platformuna tırmanacağız.

Süleyman'ın(as) Süleyman Mabedi'nde Sebe Melikesi Belkıs'ı karşılaması resmeden temsilî bir tablo

2. BÖLÜM

KUBBETÜSSAHRA
AVLUSU

KUTLU YOLCULUĞUN MEKÂNLARI
Mirac Durakları

Mirac'ı anlamak için, Mirac hadisesinin cereyan ettiği dönemde hem Mekke hem de Dünya'da meydana gelen hadiselere şöyle bir göz atmak gerekir. O günlerde neredeyse üçüncü yılına giren acımasız bir boykot Müslümanları bitap düşürmüştür. Mekkeli müşrikler, akrabalarımız, komşularımız demeden ilk Müslümanları, hatta onların Müslüman olmayan akrabalarını Benî Hâşim Mahallesi'nin sırtlarında evlerinden uzakta açıkta ikamete zorlamıştı. Alışveriş, kız alma verme, yardım ve görüşme yasaktı. İşte bu boykot döneminde hem Hz. Hatice hem de Peygamber Efendimiz'in[sas] amcaları Ebu Talip vefat etmiş, Kainatın Efendisi[sas] en büyük iki destekçisini kaybetmişti.

Dünya tarihine bakacak olursak o günlerde ateşperest Sasaniler, Kudüs'ü işgal etmiş, Hristiyan Romalıları ciddi bir yenilgiye uğratarak başkentleri İstanbul'u bile tehdit eder hale gelmişti. 14 yıl süren bu işgal, Mekke'de bile tesirini göstermiş, müşrikler, ateşe tapan Sasanileri kastederek, Müslümanlara karşı Sasanileri savunan söylemler içine girmişti. İşte Peygamber Efendimiz'in[sas] Mirac'ı tam bu dönemde vuku bulmuştur.

Burada iki ayrı hikmet vardır. İlki, Allahu Teala'nın, boykot zamanında eşini ve amcasını kaybeden Efendimiz'i[sas] yanına

Doğu Roma İran Savaşları

davet ederek, ona yalnız olmadığını göstermesidir. İkinci husus ise ateşperest İranlılar ile onların yardakçısı Yahudilerin yağmasına maruz kalan Kudüs'ün, Peygamberimiz'in[(sas)] gelişiyle şereflenmesi; İslam dini ve mensupları gözünde değerinin kat kat artmasıdır.

Mirac hadisesinin üç basamağı vardır. İlk basamak Mekke'den Kudüs'e gece yolculuğu hadisesidir (İsra). İkinci basamak Kudüs'te göğe yükselme öncesi (Mirac) yaşananlar, üçüncüsü de göğe yükselme (Mirac) sonrası yaşananlar. Aslında bu üç basamakta da neler olduğunu Peygamber Efendimiz'in[(sas)] anlatımıyla biliyoruz. Mirac'ın en önemli kısımlarından biri olan Kudüs'e ulaşma ve burada yaşananlar mekân mekân bellidir. Şimdi Mekke'den başlayarak bu safhaları tek tek inceleyelim.

Mirac, Hz. Peygamberin[(sas)] Recep ayının 27. gecesi Allahu Teala'nın daveti üzerine Cebrail[(as)] eşliğinde Mekke'den Kudüs'e, oradan İlahi makamlara yaptığı bir yolculuktur. Hz. Muhammed[(sas)] Mekke'den Kudüs'e, ata benzeyen bir cennet bineği (Burak) üzerinde gelmiştir. Yolda birkaç makama uğrayıp namaz kılmıştır. Bu makamların Hz. Musa ve Hz. İbrahim kabirleri ile Hz. İsa'nın doğduğu yer olduğu bilinmektedir.

Kudüs'e gelen Peygamber Efendimiz[(sas)], bugün Yahudilerin Ağlama Duvarı, biz Müslümanların ise Burak Duvarı dediği Mescid-i Aksa'nın batı duvarına binitini bağlamış, Mescid-i Aksa'nın kıble duvarı tarafından ilerleyerek, Mescid-i Aksa Kıble Camii tarafından bu mukaddes alana giriş yapmıştır. Mescid-i Aksa Camii tarafına bakan güney merdivenlerinden

Peygamber Efendimiz'in[(sas)] Burak üzerinde Mekke'den Kudüs'e gece yolculuğu minyatürü

Mukaddes Kaya'ya tırmanmış ve Kubbetü's-Sahra platformunun (Kutsal Kaya) altındaki mağaraya uğrayarak burada Ulû'l-Azm (Sebat Ehli) Peygamberlere namaz kıldırmıştır. Akabinde mağaradan dışarı çıkmış, bugün Kubbetü's-Sahra'nın hemen yanında bulunan Nebi Mihrabı'nda bütün peygamberlere namaz kıldırmış ve bir hutbe okumuştur. Bu hadisenin ardından da Kubbetü'l-Mirac'ın bulunduğu mekândan göklere yükselmiştir.

Semanın bütün tabakalarına uğrayan Peygamber Efendimiz[(sas)], Hz. Âdem, Hz. İbrahim, Hz. Musa, Hz. Yahya, Hz. İsa[(as)] ile görüşmüştür. Devamında Cebrail[(as)] ile kainatın bittiği yer (imkân ile vücub ortası) olarak bilinen Sidretü'l-Müntehâ'ya varmışlardır. Her gün meleklerin ziyaret ettiği Beytü'l-Ma'mur'u uğradılar. Burası, Cebrail'in[(as)] gidebileceği son nokta idi. Peygamber Efendimiz[(sas)] bundan sonra yolcuğuna yalnız devam etmiş, Ref Ref adında, mahiyetini bilemediğimiz bir araç vasıtasıyla zamandan ve mekândan münezzeh bir ortama, Allahu Teala'nın cemâli ile müşerref olmaya gitmiştir. Tıpkı Süleyman Çelebi'nin dediği gibi:

Âşikâre gördü Rabbü'l İzzeti
Âhirette öyle görür ümmeti

Allahu Teala'nın huzurundan ayrılan Peygamber Efendimiz[(sas)], Hz. Musa ile karşılaşmıştır. "Allah ümmetine neyi farz kıldı?" sorusu üzerine Peygamberimiz[(sas)], "50 vakit namaz," demiştir. Hz. Musa'nın, ümmetinin buna güç yetiremeyeceğini söylemesi üzerine Efendimiz[(sas)] tam beş defa Allahu Teala'ya niyazda bulunmuş ve nihayetinde namaz 5 vakte düşürülmüştür. Cebrail[(as)] eşliğinde Cennet, Cehennem ve ahiret menzillerini gören Peygamber Efendimiz[(sas)] yine geldiği şekli ile Kudüs'e Mukaddes Kaya'nın üzerine inmiş, Burak ile Mekke'ye dönmüş, dönüş yolunda da ilginç şeyler yaşanmıştır. Mesela Dacinan Mevkii'nde bir kervan görüp onlardan su istemiştir.

Ertesi gün Peygamber Efendimiz[(sas)] Kâbe'nin yanında müşriklere başından geçenleri anlatmış, müşrikler Hz. Peygamber'den[(sas)] bir delil göstermesini istediklerinde ise Hz. Peygamber dönüş yolunda gördüğü kafileden bahsetmiş, Mekke'de olacakları saati söylemiştir.

Müşrikler Mekke çıkışına gidip beklemiş ve aynen Peygamber Efendimiz'in^(sas) dediği saatte, bahsettiği ayrıntılara sahip kervanı görmüşlerdir. Daha önce Kudüs'ü görenler söz konusu mekân hakkında bilgi vermesini istemişler, Aksa'daki kapı sayısını bile sormuşlardır. Bizzat hadis-i şerif ile sabit olduğu üzere Peygamber Efendimiz^(sas) sorulardan son derece bunalmıştır. Oraya uğramış ama bu detaylara dikkat etmemiştir. Yine kendi beyanlarıyla birden Beytü'l-Makdis kendisine gösterilmiş ve sanki oradaymış gibi bütün detayları anlatmaya

Mirac'da başından geçenleri anlatan Peygamber Efendimiz'i^(sas) tasvir eden bir minyatür

başlamıştır. Bunu duyan müşrikler, "Vallahi dosdoğru tarif ettin," demiştir. Ne var ki kalpler mühürlü olunca hiçbir şey tesir etmez, dolayısıyla müşrikler buna rağmen ona inanmayı reddetmiştir. Bu olanlar aynı gün Hz. Ebubekir'e de bildirilmiştir. Hz. Ebubekir^(ra) de bu hadise karşısında şu fevkalade anlamlı sözleri sarf etmiştir:

Mirac sonrası Peygamber Efendimiz'in^(sas) müşriklere tarif ettiği yapılar Romalılardan kalma kalıntılardı

*Mescid-i Aksa avlusundaki bu sütun ve kaideler Miracc
hadisesini gören yegâne kalıntılardır*

"Eğer bu sözleri O'ndan⁽ˢᵃˢ⁾ duymuşsanız şeksiz şüphesiz doğrudur."

Bu hadiseden sonra Hz. Ebubekir⁽ʳᵃ⁾, "Sıddık" (tereddütsüz inanan) unvanını almıştır.

Mirac aslında iç içe geçmiş bir müjdeler halesidir. İnsanoğlu acizdir, fanidir, devamlı ayrılık ve zeval tokadı yiyen bir biçaredir. Hep sonsuzluk arzulamakta, ebedi bir hayata müştak yaşamaktadır. Kendisine, "Sonsuz bir cennet seni bekliyor, Allah sana merhamet ediyor, edecek," dense o kişi sevinip rahat edecektir. Cennette hayal hızında, ruh genişliğinde, akıl akıcılığında, kalbin bütün arzularında, Cenab-ı Hakk'ın nur cemâlini seyretme nimetini tadacaktır. Mirac'ın bu meyvesi müminlerin en büyük arzusu ve hedefidir.

MUKADDES KAYA'YA TIRMANIYORUZ
Doğu Kemerleri

Kitabımızın başında Aksa avlusuna Sıbtlar (Kavimler) Kapısı'ndan girdik. Sağdan sola doğru Beytü'l-Makdis'i çeviren bütün yapıları tek tek inceledik. Altın Kapı'yı da gördükten sonra avlu turumuzu tamamladık. Şimdi Altın Kapı'nın tam karşısındaki merdivenlerden Kubbetü's-Sahra platformuna çıkacağız. Burası Mirac hadisesinin cereyan ettiği yer olduğu için Mirac Duraklarını da hatırlatmak istedik. Artık Kutsal Kaya'ya tırmanabiliriz.

Kubbetü's-Sahra platformunun doğuya bakan merdivenlerinden Muallak Kayası'na tırmanırken önümüze doğu kemerleri gelir. Emeviler döneminde Mescid-i Aksa Kıble Camii ve Kubbetü's-Sahra gibi muhteşem eserlerle süslenen Aksa avlusu, aynı ehemmiyeti Abbasiler döneminde görememiştir. Bu sebeple Beytü'l-Maktis'te birkaç istisna haricinde Abbasi eseri çok fazla görülmez. İşte halihazırda bahsini ettiğimiz doğu kemerleri Abbasiler dönemine aittir.

Doğu kemerini geçer geçmez altın kubbesi ile gözümüzü alan Kubbetü's-Sahra'yı karşımızda görürüz. Mukaddes Kaya'nın üzerine çıkan herkes öncelikle onun yanına gitmeli ve ona kulak vermelidir. Zira bu özel kayaya yakın olabileceğiniz en özel yer bu kubbenin içi ve altındaki mağaradır.

Doğu Kemerleri avlu tarafından

KUTSAL KAYA'NIN BEKÇİSİ
Kubbetü's-Sahra

Kudüs'ün en önemli sembolü olarak addedilen mekânına geldi sıra. Altın Kubbeli bu muhteşem eser Kubbetü's-Sahra'dır. Bu eserin en gözde mekân olmasını birçok etkenle açıklayabiliriz elbette. Üzerinde durduğu kaya, kayanın içinde bulunduğu arazi, bu kayanın civarında yaşamış ve burada ibadette bulunmuş peygamberler, sahabiler, din adamları ve ünlü devlet adamları... Binanın bizatihi sahip olduğu orijinalite elbette büyük önem taşımaktadır. İslam mimarisi kapsamında inşa edildiği gibi tarih boyunca ayakta kalabilmiş en eski eserdir Kubbetü's-Sahra. Kâbe dahi yüzyıllar içinde defalarca yıkılmış ve yenilenmiş iken Kubbetü's-Sahra 691'de, Emevi Halifesi Abdülmelik bin Mervan'ın inşa ettiği haliyle durmaktadır. Tabii bu mukavemetinin birçok sebebi vardır. En önemlisi de üzerinde durduğu kayadır. Buraya gönül vermiş nice kişi yeryüzünün yaratılmaya bu kaya ile başlandığı inancına sahiptir. Yeryüzünde Allah'a en yakın olma noktalarından biridir Muallak Kayası. Hem madden hem de manen böyle bir kayanın üzerine bina olunması Kubbetü's-Sahra'yı özel kılmıştır. Nice deprem gören şehirde, dolgu malzemesi üzerine inşa edilen Mescid-i Aksa Cuma Camii dahi defalarca

Kutsal Kaya'nın kubbesi

Mukaddes Kaya ve üzerindekiler

yıkılmasına rağmen bu yapı Allah'ın izniyle dimdik ayakta durabilmiştir.

Sahra "Kaya" çöl anlamına gelir. Bu durumda Kubbetü's-Sahra ise Kaya Kubbesi şeklinde tercüme edilir.

Mimarisi ve süslemeleriyle de fevkalade özeldir Kubbetü's-Sahra. İslam mimarisinde o güne kadar denenmemiş bir yapı şekli denenmiştir; sekizgen bir yapı ve üzerinde 20 m çapında bir kubbe. Bu dairesel yapıyı Yahudiler ve Hristiyanlar için de kutsal sayılan bir tepenin üzerine kondurmak Kudüs'e İslam'ın en güzel mührünü vurmak anlamına gelir kuşkusuz. Üzerindeki çinileri, etrafındaki halvethaneleri, daha nice özel hatırası ve sembolüyle Kubbetü's-Sahra bu kutsal alanın tacıdır. Haydi baştan başlayalım ve tepenin ilk günlerine gidelim; üzerinde hiçbir şeyin bulunmadığı, rüzgârın tozunu savurduğu çorak ve sadece çıplak kayasının görülebildiği günlere. O günlerden bu günlere bu tepeye kimler neler bırakmış, kimler gelip neleri yıkmış, tarumar etmiş tek tek inceleyelim.

Kayanın Üzerinde Ne Vardı?

MÖ 1000 yılına kadar bu tepenin üzerinde herhangi bir yapının olduğuna dair elimizde bilgi yoktur. Kudüs ve civarı Davud[as] eliyle fethedilmiştir. O tarihe kadar kimsenin ilgilenmediği bu mekân bir anda ilahi dinlerin vazgeçilmezi olup çıkıvermiş ve paylaşılamaz bir kıymete sahip olup kutsalları ve problemleriyle günümüze kadar gelmiştir. İçinde Kutsal Kaya'nın da bulunduğu bu mukaddes alana ilk binayı Davud[as] ve oğlu Süleyman[as] inşa etmiştir. Bu ilk yapı meşhur Süleyman Mabedi'dir. Kesin olarak bilinmemekle birlikte Kutsal Kaya'nın üzerine de bir bina inşa edildiğine dair malumat mevcuttur.

Kayanın olduğu yer her zaman bir dua mekânı olarak algılanmıştır. Davud(as) ve Süleyman'ın(as) da sıklıkla buraya gelip dua ettiği, kurbanlarını burada kestiği bilinmektedir. MÖ 586 yılında Babil Kralı Buhtunnasır'ın saldırısında Süleyman'ın(as) mabedi yerle bir edilmiş, MÖ 30'larda ise Yahudi Kralı Herod tarafından buraya ikinci bir mabed yapılmıştır. Bu inşaat sırasında Muallak Kayası üzerine küçük bir sunak binası da inşa edilmiştir. MS 70'te Roma İmparatoru Vespasyanus'un oğlu Titus Kudüs'e saldırmış ve İkinci Mabed olarak adlandırılan bu yapıları yok etmiştir. MS 135'te Roma İmparatoru Hadrian, ikinci Yahudi ayaklanmasını bastırdıktan sonra Yahudileri dünyanın dört bir yanına sürerken Beytü'l-Makdis alanına da kendi putperest tapınaklarını inşa etmiştir. Yani o günlerde Mukaddes Kaya'nın civarı Pagan Roma'nın eserleriyle doldurulmuştur. Roma'nın Hristiyanlaşması ile Aksa avlusuna birtakım Hristiyanlığa ait yapılar inşa edilmişse de bu mukaddes alanın baş tacı olan Hacer-i Muallaka (Muallak Kayası) asıl kıymetini Müslümanların elinde bulmuştur.

Hz. Ömer'in Kudüs'ü fethinde şehri dolaşıp bizzat Peygamber Efendimiz'in(sas) tarif ettiği Mirac Makamı'nı aradığını biliyoruz. O günkü Kudüs Patriği Soframyus'un Hz. Ömer'i ısrarla Kıyame Kilisesi'ne ve Davud Peygamber'in kabrinin bulunduğu Davud Dağı'na götürmesine rağmen, buraların tarife uymadığını söyleyen Hz. Ömer, Beytü'l-Makdis'i görünce doğru yerin burası olduğunu ifade etmiştir. Bizzat Hz. Ömer'in de katılımıyla

Kubbetü's-Sahra'nın bir asır önceki kurşun kubbeli görüntüsü

buradaki mezbelelikler temizlenmiş ve Mukaddes Kaya'nın üzerine bir sundurma konularak burası mescid haline getirilmiştir. 685 yılında Kudüs'e gelen Hristiyan hacılardan Arculf adında bir zat, Aksa alanı içinde kare şeklinde bir binanın varlığından bahsetmiştir. Eski kalıntıların üzerine kirişler konularak inşa edilen bu yapıyı Müslümanlar namazlarını eda etmek amacıyla kullanmıştır. Hz. Ömer'in inşa ettirdiği bu yapı günümüze ulaşamamış, sadece ismi bugünlere gelmiştir. Bugün Kubbetü's-Sahra'ya yanlış bir şekilde Ömer Mescidi denmesinin sebebi budur.

Mescid-i Aksa Diye Neden Kubbetü's-Sahra Gösteriliyor?

Muhtelif yerlerde en sık karşılaştığımız sorulardan biri, Mescid-i Aksa denilince neden daima altın kubbeli Kubbetü's-Sahra yapısının gösterildiğidir. Acaba bunun altında bir art niyet mi vardır! Söylememiz gereken ilk şey kuşkusuz, son bir asırdır İslam dünyasına, değil Mescid-i Aksa, Kubbetü's-Sahra'nın, sistemli bir şekilde bütün Kudüs'ün unutturulmaya çalışılmakta olduğudur. Ne yazık ki bin yıla yakın bir süre Kudüs'ün hâmiliğini yapan Müslüman Türk toplumu bugün Mescid-i Aksa neresi, Kubbetü's-Sahra neresi tartışmasını yapacak kadar buralara bigâne bırakılmıştır. Burada mukaddes olan şey arazinin bizatihi kendisidir. Allahu Teala burada yapılan duaları, buraya saygı gösterenleri özel bir yere koyacağını beyan et-miştir. Arazi bu denli kıymetli olunca haliyle, bu arazi üzerindeki yapılar da o denli kıymetli addedilir. Emeviler döneminde Abdülmelik bin Mervan Kubbetü's-Sahra'yı Mukaddes Kaya'nın bir kısmını da örtecek şekilde bu alanın ortasına, kayanın üzerine inşa etmiştir. Ardından oğlu Velid bin Abdülmelik de yine mukaddes alanın bir ucuna Mescid-i Aksa ya da Kıble Camii dediğimiz Kudüs Ulucamii'ni (Cuma Camii, Cami-yi Kebir) inşa ettirmiştir.

Yani Mescid-i Aksa denildiğinde Mescid-i Aksa Cuma Camii de Kubbetü's-Sahra yapısı olarak gösterilse yanlış olmaz. Hatta arazinin herhangi bir kısmı da gösterilebilir. Bu mukaddes alan çok kıymetli ve önemli olduğu gibi ortasında bulunan ve bugün bir kısmını Kubbetü's-Sahra'nın örttüğü Mukaddes Kaya da hem biz Müslümanlar için hem Hristiyanlar hem de Yahudiler için fevkalade önemlidir. Bu mukaddes alan içinde en gösterişli yapı haliyle Kubbetü's-Sahra olduğu için Mescid-i Aksa'nın geçtiği metinlerde de bu alımlı yapının fotoğrafı kullanılmaktadır.

Neden Emeviler, Neden Kudüs?

Emeviler döneminde Abdülmelik bin Mervan'ın Kudüs'te Mukaddes Kaya'nın üzerine bu eseri kondurmasının birkaç sebebi olduğu iddia edilir. O günlerde Mekke ve Medine'ye Hz. Ebubekir'in torunu Abdullah bin Zübeyir hâkimdir ve Emevi saltanatına başkaldırmıştır. Emeviler Mekke gibi kutsal bir şehre hükmedememektedir. Müslümanların hac mekânı olan böyle bir yerin kendi kontrollerinin dışında olması hükümranlıklarına

Şehrin her yerinden görülen Kudüs'ün sembolü Kubbetü's-Sahra

gölge düşürmektedir. Bu amaçla Kâbe'ye alternatif olmasa da kendi kontrollerinde olan ikinci bir kutsal mekânı ön plana çıkarma kaygısı taşımaktadırlar. Ne de olsa İslam'ın üç kutsal mescidi vardır. Bu amaçla bu alanı donatacaklardır. Bir ikinci görüş daha vardır ki diğerine nazaran daha mantıklıdır aslında: Kudüs'ü İslami çizgide bir şehir haline getirme kaygısı.

Bugün Kudüs'te son asrın dev binalarını kaldırırsanız eski şehrin göbeğinde müthiş bir binanın sivrildiğini görürsünüz: MS 300'lerde Konstantin'in annesi Helena'nın yaptırdığı Kıyame Kilisesi. 690'larda Kudüs'e damgasını vuran yapı buydu ve bakılan her yerden görülen, Hristiyanlığın şehirdeki manevi hakimi hükmündeydi. Bu imajı kırmak ve Kudüs'e İslam'ın mührünü vurmak amacıyla herkesin dikkatini çekecek, bakan herkesin gözünü kamaştıracak bir yapıya ihtiyaç duyuldu. İşte Kubbetü's-Sahra bu amaçla inşa edilmiştir. Gerçekten de yapının bu özel konumu ve süslemeleri yüzyıllar boyunca yerli yabancı birçok sanatçı, gezgin ve devlet adamını etkilemiştir. Kudüs'ü işgal eden Haçlılar zamanında Almanya'da inşa edilen Aix Şapeli, Lodra'daki Tapınak Kilisesi inşasında Kubbetü's-Sahra'dan etkilenilmiştir.

Kubbetü's-Sahra'nın üzerindeki yazılar son derece ilginçtir. Özellikle Allah'ın bir ve benzersiz olduğu, doğmadığı, doğurulmadığı, O'nun eş ve ortağının olmadığına dair ayetler

Kubbetü's-Sahra binasının etrafında Yasin Suresi bir şerit halinde başlar
ve nihayete erer

Kubbetü's-Sahra'nın üzerine belli bir sebebe binaen yerleştirilmiştir. Malum olduğu üzere Kudüs'te kitap ehli başka topluluklar da yaşamaktadır. Buradaki ayet kuşakları ile onlara mesaj verilmeye çalışılmıştır. Hristiyanların Allahu Teala'ya (hâşâ) oğul ithaf etmeleri ya da Yahudilerin, Allahu Teala'ya, yeryüzünü altı günde yarattığı, sonra (hâşâ) yorulduğu, yedinci gün dinlendiği gibi insanlık vasıfları ile zikretmesinden dolayı bu göz önündeki yapı üzerine konulan ayetlerle Allah'ın gerçek vasıfları vurgulanmıştır.

Abdülmelik bin Mervan'ın, Beytü'l-Makdis arazisindeki inşaatlar için Mısır'ın yedi yıllık vergilerini biriktirdiği anlatılır. Kutsal Kaya üzerine önce Kubbetü's-Sahra değil, hemen yanındaki Kubbetü's-Silsile (Zincir Kubbesi) inşa edilmiştir. İlk yapıldığında etrafı kapalı olan bu yapı Mısır vergilerinin ve hayırsever nice insanın yaptığı yardımların biriktirildiği bir kasa gibi kullanılır. Üzeri kubbeli bu sekizgen arazi o kadar çok beğenilir ki asıl yapı olan Kubbetü's-Sahra'nın da bu mimaride inşasına karar verilir.

İlk inşaatında Kubbetü's-Sahra'nın kubbesi altınla kaplanmıştır. Ancak ilerleyen yıllarda meydana gelen depremlerde Mescid-i Aksa Kıble Camii yıkılınca bu altın tabaka sökülüp tamiratlarda kullanılmış, yerine bazen bakır bazen de kurşunla kaplı kubbe konularak 20. yy'a kadar gelmiştir. Bu dönemde Ürdün Kralı Hüseyin tarafından kubbe yeniden altınla kaplanarak bugünkü görünümünü almıştır.

Evliya Çelebi 1671 yılındaki Kudüs ziyaretini *Seyahatname*'sine kaydetmiştir. Çelebi, Kubbetü's-Sahra'nın o muhteşem kubbesinden bahsederken bu kubbe işlemelerinin Hindistan'dan getirtilen sanatçılar eliyle gerçekleştiğini anlatır. Hatta isimlerini bile verir; Behzat, Manni, Şahkulu, Velican ve Ağa Rıza.

Kubbetü's-Sahra'nın kubbesinin altınla kaplanmasıyla ilgili çok güzel bir hikâye anlatılır. Kubbetü's-Sahra inşaatını Halife Abdülmelik adına Reca ibni Hayat ile Yezid ibni Sellem adlı iki kişi denetlemekteymiş. İnşaat bitmiş ve Kubbetü's-Sahra bütün ihtişamıyla tamamlanmış. Bu iki görevli, halifeye yazdıkları mektupta inşaatın bittiğini ama ellerinde 100 bin dinar kaldığını, bu parayı ne yapmaları gerektiğini sormuşlar. Halifenin cevabı, "Bu işi layığı ile yaptığınız için bu parayı size bağışladım," şeklinde olur. Ancak bu iki yüce gönüllü adam evlerine gider, eşlerinin bütün ziynetlerini de bu paraya katarak halifeye gönderirler. Halife bu manzara karşısında çok etkilenir. Bu para ile altın alınmasını, bu altının eritilip Kubbetü's-Sahra'nın kubbesinin bununla kaplanmasını emreder.

Yine Abdülmelik bin Mervan'ın emri ile her gün 52 kişi Kubbetü's-Sahra'nın güzel kokması için uğraşmaktaymış. Bu kişiler sabah önce Abdülmelik Hamamı'na gider, tertemiz yıkanır, ardından kıyafetlerini değiştirip misk, amber ve gül sularıyla bütün binayı yıkar, ovarlarmış. O gün bir kişi kısa bir süreliğine bile olsa Kubbetü's-Sahra'ya uğrasa, aşağıdaki mağaraya sadece bir girip çıksa, gün boyu gezdiği her ortamda insanlar o kişinin o gün Kubbetü's-Sahra'ya uğradığını, üzerine sinen kokudan anlarmış.

Kubbetü's-Sahra'nın hem dışında hem de içinde muhtelif yerler, damarlı mermer plakalarla kaplanmıştır. Ayasofya'nın içinde de görebileceğimiz bu tarz bir kullanım, yapıyı zengin göstermek için damarlı mermerler ortasından bölünmüş olması, mermer üzerindeki desenlerin simetrik bir görünüm arz edecek şekilde yan yana getirilerek duvara kaplanmasından ibarettir. Daha çok

Abbasiler tarafından Mervan yazısı Memun'e çevrilmiştir

kilise mimarisinde kullanılan bu süsleme tarzı, Emevilerin Kubbetü's-Sahra inşaatında farklı coğrafyalara mensup ustalardan da istifade ettiğini göstermektedir.

Emevi saltanatının yıkıldığı, yerine Abbasi Devleti'nin kuruluğu günlerde böyle muhteşem bir yapının varlığı Abbasileri rahatsız etmese de üzerindeki Emevi mühürleri onları rahatsız etmiş, bu nedenle de Emevilere ait izleri silme yoluna gitmişlerdir. Kubbetü's-Sahra'nın içine girildiğinde kubbenin kenarındaki saçağın iç kısmını boydan boya dolaşan kufi kitabenin bir yerinde Abdülmelik bin Mervan'ın ismi var iken buradaki Mervan silinerek yerine Memun (Abbasi Halifesi Harun Reşid'in oğlu) ismi yazılmıştır. Ancak kitabenin tarihi değiştirilmemiştir. Kendi dönemindeki tamiratlar sırasında Halife Memun, Kubbetü's-Sahra'nın kapılarının üzerine çatılar koydurmuştur. Bu çatılar günümüze kadar gelmiştir.

Abbasilerden sonra Kudüs Fatımilerin kontrolüne geçer. 1022 yılında Kudüs'te büyük bir deprem meydana gelmiş, Mescid-i Aksa yıkılırken, Kubbetü's-Sahra'nın kubbesi hasar görmüştür. Emeviler döneminde altınla kaplı kubbenin altınları bu tamiratlarda kullanılmıştır. Fatımi Halifesi Zahir, Kubbetü's-Sahra'nın kubbesini tamir ettirmiş, kubbe kaplaması olarak da kurşun kullanılmıştır. Bu kurşun kubbe 1994'te Kral Hüseyin'in altınla değiştirmesine kadar bu şekilde varlığını sürdürmüştür.

1073 yılında Melikşah'ın emriyle bir Türkmen beyi olan Atsız Bey tarafından Kudüs fethedilerek Şii Fatımilerden kurtarılmıştır. 1098 yılına kadar başkenti Kudüs (bir ara Şam) olan bir

Türkmen Devleti kurulmuş Atsız'dan sonra Melikşah'ın erkek kardeşi Tutuş ve ardından Artuk Bey tarafından bu mukaddes şehir yönetilmiştir.

Ancak tarihler 1099'u gösterdiğinde Haçlıların Kudüs'ü işgaliyle her şey bir anda değişir. Şehirdeki büyük katliamda bir tek Müslüman kalmamacasına ya öldürülür ya da şehirden kaçmak durumunda bırakılır. Kubbetü's-Sahra Haçlıların elinde bir Hristiyan şapeline dönüştürülür. Kenarlarına da hem din adamlarının hem de gelen misafirlerin kalabileceği binalar inşa edilir. O günlerde Mukaddes Kaya'dan taş koparma âdeti başlar. Kudüs'e gelen Hristiyan hacılar bu kayadan taş kesip yanlarında götürmektedir. Hatta bunun ticaretini yapanlar dahi başlamıştır. Haçlılar bunun önüne geçmek için taşın etrafını bir koruma demiri ile çevirir. Kubbetü's-Sahra'nın içindeki kayanın üzerini mermerle kaplayıp üzerini sunak haline getiren Haçlılar, altındaki Ruhlar Mağarası'nı da küçük bir dua şapeline çevirmiştir.

1173'te, Selahaddin'in Kudüs'ü kurtarmasından 14 sene önce Kudüs'ü ziyaret eden Ali Haravi, Kubbetü's-Sahra'nın kubbesinde iki resim gördüğünden bahseder ve bunlardan birinin Süleyman Peygamber'e, diğerinin de Hz. İsa'ya ait olduğunu söyler.

Kurşun Kubbeli Kubbetü's-Sahra

Eyyübi mozaikleriyle bezeli Kubbetü's-Sahra kubbesi

1187'de Selahaddin Eyyübi'nin Kudüs'ü fethiyle Kubbetü's-Sahra'daki Hristiyan sembolleri kaldırılır. Yapının içindeki İslami kalem işleri yenilenir. Bugün Kubbetü's-Sahra içinde gördüğümüz ahşap ve sıva üzeri süslemelerin hemen hepsi Eyyübilerden kalmadır.

Kubbetü's-Sahra, Mukaddes Kaya'nın tamamını değil, sadece bir kısmını örtmektedir. Binanın içinde kalan, altındaki Ruhlar Mağarası'yla bu kaya tabakası, Eyyübilerin yaptırdığı ahşap bir şebekeyle çevrilidir. Aslında altın kaplama metal şebekesi de mevcuttur ama yıprandığı için bugün Aksa Müzesi'nde muhafaza edilmektedir.

Bir Kampüs'ün Ana Dershane Binası

Memlüklüler döneminde Beytü'l-Makdis, devasa medrese, ribat ve hankâhlarla dolatılmıştır. İlmî ve dinî yapılarla donatılan Mukaddes Avlu'nun ortasındaki Kubbetü's-Sahra artık resmen bir ana dershane binası hükmündedir. Kubbetü's-Sahra alanı her gün sabahtan akşama kadar onlarca ilim halkasının toplanıp toplanıp dağıldığı bir irfan sofrasına dönüşmüştür. Bu günlerde

İmam Gazali'ler, Muhyiddin ibni Arabi'ler gibi nice âlim kelebeklerin ışığa uçtuğu gibi Mescid-i Aksa'ya gelmekte ve burada ikamet ederek eserlerini burada vermektedir. Muhyiddin ibni Arabi Hazretleri Kudüs'te bulunduğu zamanlara ait bir hatırasında Memlüklü Türklerini şöyle anlatmaktadır:

"Türkler son derece garip insanlar. İlme müthiş hürmetleri var. Mescid-i Aksa avlusunda talebelerimiz ile ders sırasında bazen kavgaya tutuşuyorlar, sonra birden ortamdaki ilimle uğraşan insanları fark ediyor ve birbirlerine, 'Burada tartışıp insanları rahatsız etmeyelim, gel şu uzakta tartışalım,' diyor kavgalarını orada sürdürüyorlar."

Kubbetü's-Sahra bu dönemde sadece tamir görmüştür. Sultan Baybars döneminde dökülmekte olan Emevi mozaikleri tamir ettirilmiştir. Bir diğer Memlüklü Sultanı Barsbay, yapıyı tamir ettirmiş, ayrıca Aksa Vakfı'nı kurmuştur. Bu vakfı kuran ilk kişi Barsbay olmuştur (1432). Vakfa kira getirmek üzere binalar ve köyler satın almış, yaptıklarını kayıt altına aldırdığı mermer kitabeyi Kubbetü's-Sahra'nın üzerine koydurmuştur. Bu mermer kitabe, Kubbetü's-Sahra'nın Zincir Kubbesi'ne bakan tarafında bel hizasında hâlâ durmaktadır. Dikkatli bakarsanız kitabenin sonlarına doğru, orta kısımlarda Melik Eşref Barsbay ismini okuyabilirsiniz.

Memlük Sultanlarından Muhammed Nasır, Kubbetü's-Sahra'nın kubbesinin kurşunlarını yenilemiştir. 1447'de çıkan yangında kubbe hasar görmüş, Sultan Çakmak kubbeyi tamir ettirmiştir. 1467'de Aksa avlusuna yaptırdığı Eşrefiyye Medresesi ve

Tamir kitabesi üzerinde Melik Eşref Barsbay'ın adı geçiyor

Kubbetü's-Sahra içinde Kadem-i Saadet ve Sakal-ı Şerif Muhafazası

Sakal-ı Şerif muhafazası

Sakal-ı Şerif

Sebili ile yakından tanıdığımız Sultan Kayıtbay, Kubbetü's-Sahra'nın kapılarını bakırla kaplatmıştır. Son olarak Memlüklülerin sondan bir önceki hükümdarı Kansu Gavri, Kubbetü's-Sahra'nın kubbe kurşunlarını yenilemiştir.

Kubbetü's-Sahra içinde, Peygamber Efendimiz'in(sas) Mirac'ından kaldığı düşünülen mübarek Kadem-i Saadetleri'nin (Ayak İzleri) bulunduğu kaya parçası, Memlüklüler döneminde yaptırılan bir muhafazanın içinde korunmaktadır. Efendimiz'in(sas) kademini koruyan bu muhafazanın üst kısmında yine Peygamberimize(sas) ait üç adet Sakal-ı Şerif korunmaktadır. Bu emanetler buraya 1609 yılında I. Ahmed Han tarafından gönderilmiştir.

Kadem-i Saadet muhafazasının karşı çaprazındaki mihrap buraya II. Abdülhamid Han tarafından koydurulmuştur. Padişah bir gece rüyasında, Hz. Fatıma'nın(r.anha) tam burada namaz kıldığını görmüş ve bu mihrabın O'nun hatırasına buraya konmasını emretmiştir.

Kubbetü's-Sahra bu özel yapısı ile içinde birtakım mukaddes eşyaları da muhafaza etmiştir. Bugün içindeki Kadem-i Saadet hâlâ dururken, şu an mevcut olmayan birtakım kutsal eşyaları hatıratlardan öğrenmekteyiz. Örneğin, İbni Battuta Kudüs'ü ziyaretinde Mescid-i Aksa'ya uğramış, Kubbetü's-Sahra ziyaretini anlatırken şu ifadeleri kullanmıştır:

"Kubbede asılan demirden yapılma bir büyük kalkan vardır. İnsanlar bunun Peygamber'in(sas) amcası Hz. Hamza'ya(ra) ait olduğunu iddia eder."

Cemaleddin Ahmed'in anlattığına göre, zamanında Kubetü's-Sahra'nın kubbesinde Hz. İbrahim'in oğlu yerine kurban ettiği koçun boynuzları, Peygamber Efendimiz(sas) ve Hz. Ömer'in(ra) sancaklarıyla Sasanilerin adaleti ile meşhur hükümdarı Nurşirevan'ın tacı asılı imiş. Fakat sonradan Abbasiler bunları Mekke'ye götürüp Kâbe'nin içinde muhafaza etmeye başlamış.

Osmanlı Çinileri Sana Çok Yakıştı

Osmanlılar dönemi hem Kudüs şehri hem Beytü'l-Makdis arazisi hem de Kubbetü's-Sahra binası için inkılap derecesinde değişikliklerin olduğu bir dönemdir. Bir taraftan şehir surları

Cuma günleri Kutsal Kaya'nın üzeri bayanlara tahsis edilir

sıfırdan inşa edilirken diğer yandan barajlar ve su kanalları, dört bir yana inşa edilen çeşmeler ile Kudüs daha yaşanılır bir şehre dönüştürülmeye çalışılmıştır. Kubbetü's-Sahra'nın üzerinde o günlere kadar Emevilerin yaptırdığı mozaik kaplamalar vardır.

Şam Emeviyye Camii'nde ve Mescid-i Aksa Kıble Camii'nin kubbesinin pandantiflerinde hâlâ görebileceğimiz yeşil ve sarı ağırlıklı, daha çok bitkisel bezemelerle süslü mozaiklerdir bunlar. Yapı içlerinde yüzyıllarca bozulmadan durabilen bu mozaikler bina dışında ne yazık ki çok daha hızlı yıpranmakta ve tahrip olmaktadır. Osmanlı dönemine gelindiğinde Kubbetü's-Sahra üzerindeki Emevi mozaikleri neredeyse yok olma durumuna gelmiştir. Kanuni Sultan Süleyman'ın emriyle bu mozaiklerin yerine Kubbetü's-Sahra'nın bütün dış duvarları Osmanlı çinileri ile kaplanmıştır. 45 bin parça çini kullanıldığı rivayet olunmaktadır. 16. yy'ın o muhteşem çinileri bugün hâlâ bütün canlılığıyla durmakta ve Kubbetü's-Sahra'nın güzelliğine güzellik katmaktadır.

Aslında Osmanlı üslubunda yapıların içini çini ile süsleme vardır. Dış cephelerde ise çini süslemeler çok nadir kullanılır. Bu tarz dış cephe kullanımlarını daha ziyade son cemaat yeri olan

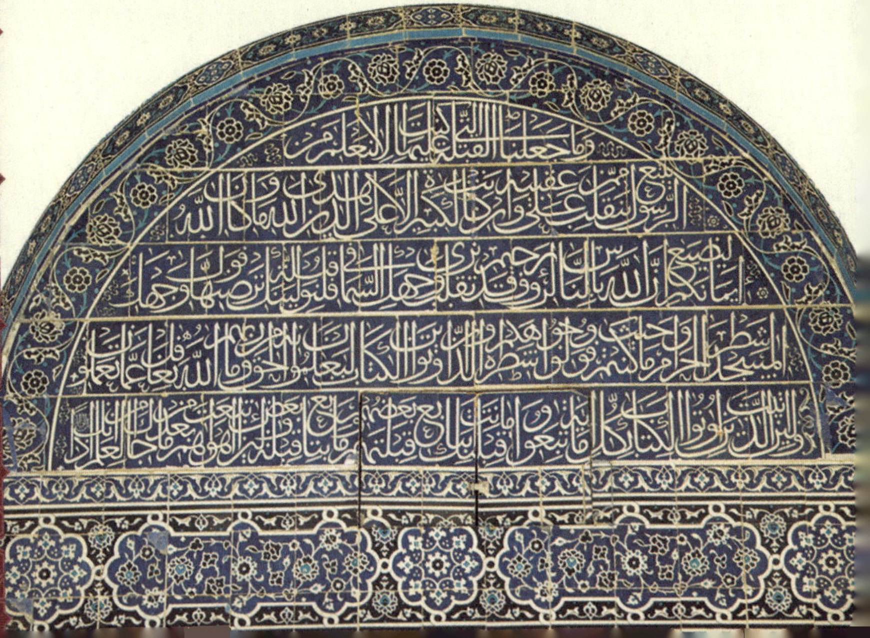

Kanuni Sultan Süleyman Han'ın Kubbetü's-Sahra kitabesi

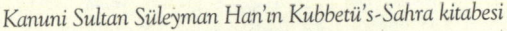

pencere alınlıklarında görürüz. Ancak Orta Asya mimarisinde, bilhassa Timurlular dönemindeki yapılar, özellikle de kubbeler çiniyle kaplanmıştır. Hem izolasyon, hem de sırlı ve fırınlanmış haliyle dayanıklılığı ve boyayı koruyucu özelliği ile hiç bozulmadan, solmadan uzun yıllar durabilmiştir. 1575 yılında Sultan III. Murad güney ve doğu kapılarını yenilemiştir.

Kubbetü's-Sahra, Lale Devri'nin padişahı III. Ahmed tarafından esaslı bir tamirden geçirilmiştir. Kubbe kurşunları, renkli cam revzenlerle değiştirilmiş, çiniler tamir ettirilmiştir.

II. Mahmud dönemine gelindiğinde Ruslar Osmanlı'nın huzurunu kaçırma konusunda daha gayretli görünüyordu. Zira Kudüs'ü bir Ortodoks başkenti yapma emelleri devam etmekteydi. Bu amaçla Kıyame Kilisesi'nin kubbesini onarmış gösterişli bir hale getirmişlerdir. Osmanlı da Kudüs'ün sahibi olarak bu konuda boş durmamış, II. Mahmud Han'ın emriyle Kubbetü's-Sahra'da köklü bir bakım çalışması başlatmıştır. Padişahın emri ile Sayda Valisi Süleyman Paşa bu işe bizzat nezaret etmiş, kırılmış ve çatlamış çinilerin değiştirilmesi için şehirde bir seramik fabrikası kurulmuştur.

Kubbetü's-Sahra tavanındaki oyuklardan birinin içinde Sultan Abdülhaziz Han'ın tamiri sebebiyle adı yazıyor

Sultan Abdülmecid döneminde Kubbetü's-Sahra'nın kubbesinin ahşap aksamıyla eskiyen ve kırılan çiniler yenilenmiştir. Kudüs'te üretilen çiniler beğenilmediği için yeni çini parçaları İstanbul'dan getirtilmiştir.

Kubbetü's-Sahra'nın son Osmanlı halılarını Sultan II. Abdülhamid Han göndermiştir. Ayrıca Sultan Abdülhamid, bu kutsal mekâna son derece göz alıcı kandiller de göndermiştir. Muallak Kayası üzerine koydurduğu büyük kandil 1951 yılında Mescid-i Aksa Kıble Camii'ne aktarılmıştır. Bu kandiller bugün Mescid-i Aksa'nın içinde hâlâ muhafaza edilmektedir.

Kubbetü's-Sahra'nın son tamiratı 1927 yılında Türkiye'den gönderilen Mimar Kemaleddin Bey tarafından yapılmıştır. Bu tamiratlarda, yıpranmış çinilerin tamiri ve yenilenmesi için Ermeni çini ustaları getirilmiş, onlar farklı desenlerdeki çinilerin Kubbetü's-Sahra'da kullanılmasını isteyince Kemaleddin Bey bunları reddederek Kubbetü's-Sahra'nın İslami karakterde çinilerle kaplanması gerektiğini vurgulamıştır.

Kubbe Yeniden Altınla Kaplanmalı

1948 Savaşı sonrasında doğu Kudüs Ürdün yönetimine verildi. Mescid-i Aksa'nın da yönetimi Ürdün'deydi. 1960'lı yıllarda Ürdün, Mısır'dan getirttiği uzmanlara çatının ahşap kısımlarını alüminyumla değiştirtmiştir. Müslümanların dilinde yüzyıllardır Emeviler döneminde Kubbetü's-Sahra'nın kubbesinin altın olduğu ve parıl parıl parladığı hikâyesi dolaşmaktadır. Buna yakın bir şey yapma adına sarı renge çalan alüminyumlarla kubbeyi kaplamışlardır. Ancak bu alüminyum paneller ısı farklarından doğan genleşme ile açılmış ve içerisi su almaya başlamıştır. İşin kötü yanı Eyyübilere tarihlenen iç mozaikler de zarar görmeye başlamıştır.

Sultan II. Abdülhamid Han tarafından Kubbetü's-Sahra'nın içine asılan büyük kandil 1951'de Aksa'ya alındıktan sonra buraya daha büyük bir avize asılmıştır. 1969 yılında Aksa'yı işgal eden

İsrail askerleri Kubbetü's-Sahra'ya girip kubbesini taramış, bu dev avize de yere düşüp parçalanmıştır.

İsrail askeri Harem-i Şerif'e girerken

1993 yılında Kubbetü's-Sahra teferruatlı bir tamirata alınmış, Kütahya'dan getirtilen çinilerle dış cephenin büyük kısmı yenilenmiştir. Eski çiniler, Kanuni Sultan Süleyman döneminden başlamak üzere birçok döneme aittir aslında. Çıkarılan eski çinilerin dönemlerine göre sınıflandırılıp muhafaza edilebilmesini umardık ama bu yapılmaz.

O günlerde Suudi Arabistan Kubbetü's-Sahra'nın kubbesini gerçek altınla kaplatmak istemiştir. Bu konu ile alakalı olan Ürdün Vakıflar Müdürlüğü'nü muhatap almayan Suudiler direkt Kudüs Vakıf Yönetimi'ne teklifte bulunmuş, bu altın kaplama işi için 10 milyon dolar ayırdıklarını söylemiştir. Yaser Arafat da Suudilerin bu teklifine sıcak bakmıştır. Ürdün ise bu duruma epeyce bozulmuştur. İki ülke arasındaki bu rekabetin sebebini ancak tarihi iyi bilen kişiler çözebilecektir.

Kubbetü's-Sahra alnında Sultan II. Mahmud tuğrası

Suudi Arabistan'ın kralları Suud kabilesine, Ürdün kralları ise Hâşimi kabilesine mensuptur. Yani aslında her iki kabile de Osmanlı döneminde Arap Yarımadası'nda yaşayan ailelerdir. I. Dünya Savaşı yıllarında Hâşimiler, Şerif Hüseyin ile birlikte Osmanlı'ya karşı ayaklanmış ve İngilizlerden Arabistan, Ürdün ve Irak devletlerini koparmıştır. Ancak bir süre sonra baba Şerif Hüseyin İngilizleri rahatsız edip halifelik maceralarına girince Arap Yarımadası'ndaki Suud kabilesini destekleyen İngilizler Şerif Hüseyin'i Suudlara devirtip Kıbrıs'a sürgün etmiş, yerine Suudları Arap Yarımadası'nın kralı ilan etmiştir. Yani Hâşimiler ile Suudların ezelî bir düşmanlığı vardır. Dolayısıyla o günlerde Ürdün'ün elinde olan Kudüs ve bu şehrin sembolü olan Kubbetü's-Sahra'nın Suudlar tarafından altınla kaplanması Ürdün kraliyetinin kabul edebileceği bir şey değildir. Kral Hüseyin Londra'daki villasını acele ile satar ve bu satıştan eline 8 buçuk milyon dolar geçer. Bu meblağ ile Kubbetü's-Sahra'nın kubbesi gerçek altınla kaplanır.

Kaplama işi İrlandalı bir firmaya verilir. Pirinç levhalar saf bakırla kaplanır, bunların da üzerine bir tabaka nikel uygulanır.

*Kubbetü's-Sahra'nın
altın kubbesi*

Nikelin üzerine de iki mikron kalınlığında altın kaplanır. Kurşun kaplı iken 200 ton olan kubbe ağırlığı, bu son değişiklik ile 35 tona düşmüştür.

Kubbetü's-Sahra bu yeni hali ile göz kamaştırmaktadır. 691'deki görünümüne dönmüş sapsarı kubbesi ile parıl parıl parlamakta, tartışmasız Kudüs'ün sembolü olduğunu haykırmaktadır.

Şimdi mağaraya girelim. Zira Berzah âleminin kapısı hükmünde olan Ruhlar Mağarası bizi bekliyor.

Güneş Saati

BERZAH ÂLEMİNİN KAPISI
Kutsal Kaya

Kudüs'ün kalbi Mescid-i Aksa arazisi ise Mescid-i Aksa arazisinin kalbi de Kutsal Kaya'dır (Muallak Kayası). Bu bölümü okuyanlar bu kayaya neden Muallak Kayası demediğimi merak etmiş olabilir. İlginç olan şudur ki bütün dünya Müslümanlığı içinde, bu Mukaddes Kaya'ya Muallak Kayası diyen tek toplum biziz, yani Anadolu'daki Türkler. Muallak, havada duran anlamına gelir. Rivayetlere göre Peygamber Efendimiz[sas] Mirac'a yükselirken bu kaya da O'nun arkasından gelmek için yükselir. Efendimiz[sas] eliyle durmasını işaret eder ve taş durur. Ancak o esnada yerden biraz havalandığı için askıda duruyor gibidir.

Muallak ismi işte o günlerden kalmadır. Tarihte hiçbir kaynak, bu taşın bu hadiseden evvel de havada görüldüğünden bahsetmez. Bununla birlikte zamanında havada olduğunu zikreden notlar, gezi yazıları çoktur. Hatta bunlardan biri de Evliya Çelebi'dir. Kudüs hatıralarında Kutsal Kaya ve içindeki mağarayı anlatırken, bu taşın zamanında havada durduğundan, bu durumu gören hamile bayanların çocuk düşürdüğünden ve bu sebeple taşın boşlukta duran hali anlaşılmasın diye yer zeminiyle bitiştirildiğinden bahseder. Başka bir kaynak Yavuz Sultan Selim'in Mısır'ı fethe giderken Kudüs'e uğradığını, Muallak Kayası'nı havada görünce de bunun imtihan sırrına aykırı olduğunu söyleyerek taşı yerle birleştirdiğini anlatır. Yani bu taş ile ilgili malumatlar hep rivayetler, duyumlar üzerinedir. Nitekim birçok Filistinlinin bana gelip, bu taşa neden Muallak Taşı dediğimizi sorduğuna şaşkınlık içerisinde şahit olmuşumdur. Aslında diyebiliriz ki biz, taşın kutsallığını, fevkalade özelliklerini unutup sadece havada kalmasını

Kutsal (Muallak) Kaya

aklımızda tutmuşuz ya da birileri aklımızda sadece bu hikâye kısmı kalsın istemiş!

Bu kaya gerçekten özeldir, hem İslamiyet hem Hristiyanlık hem de Musevilik için ayrı bir yeri vardır. Yahudiler Mabed Tepesi'nin (Mount Moriah) üzerinde Süleyman Mabedi'nin olduğunu, bu mabedin de zirvesinde bu büyük kayanın bulunduğunu anlatır ve buna Kuruluş Kayası derler (Even Haştiyah-dünyanın temeli ve merkezi). Yahudi yazmalarında bu taş sıklıkla zikredilir:

Kubbetü's-Sahra, Mukaddes Kaya'nın bir kısmını örter

"Ona Kuruluş Kayası dendi, çünkü dünya onun üzerinde kuruludur. Ayzeyah Peygamber, 'Rab böyle dedi, Siyon'da kuruluş için bir kaya koydum...' gerçek kuruluşun önemli bir köşe taşı."

Üçüncü asır Yahudi kaynaklarında da şöyle yazar:

"İsrail dünyanın merkezidir. İsrail'in merkezinde Kudüs, Kudüs'ün merkezinde Mabed, Mabed'in merkezinde Ahd-i Atik Sandukası vardır. Sanduka'nın önünde de Kuruluş Kayası durur."

Yıllardır tartışılan ancak bir türlü önüne geçilemeyen İsrail'in kazılarının bir sebebi de işte bu Ahd-i Atik Sandukası'nı bulma çabalarıdır.

Ahd-i Atik Sandukası İsrailoğulları tarafından taşınıyor

Kudüs'ün birçok yerinde olduğu gibi Kutsal Kaya üzerindeki kutsallar da paylaşılamaz durumdadır. Muallak Taşı'nın köşesinde, Peygamberimiz'in[sas] muhafaza içindeki ayak izlerinin dışında ikinci bir ayak izi bulunmaktadır. Araplar buraya Kadem Seyyidina İdris derler. Hemen yanındaki mekâna da İdris'in[as] ibadet mekânı denir. Yahudiler burada yaptığı dualardan sonra İdris Peygamber'in göklere yükseltildiğine inanır. Hristiyanlar ise bu ayak izinin Hz. İsa'ya ait olduğunu düşünmektedir.

Evvelce anlattığımız Altın Kapı bahsinde, bu kapının kapatılması ve bunun üzerine yayılan efsaneleri anlatmıştık. Aynen bunun gibi Kutsal Kaya'nın üzerine ve etrafına Müslümanların inşa ettiği yapılar Yahudilerin bir kısmını fazlaca rahatsız etmektedir. Çünkü bu yapılarla Müslümanların, bekledikleri Mesih'in gelmesini engellemeye çalıştıklarını düşünmektedirler. Nitekim 1847'de Kudüs'ü ziyaret eden Bünyamin Lilienthal isimli bir haham, havada asılı durumda olan taşın yere düştüğü günün, Mesih'in gelişini haber vereceğine inanıldığını ve Türklerin buna engel olmak için taşın altına destek koyduğunu anlatır.

Bu taşın, yeryüzünün kuruluşu ve akıbetiyle ilgili olduğu tezini sadece Yahudiler değil Müslümanlar da dillendirmiştir. 20. yy'ın başlarına kadar bu kayanın altındaki mağaranın duvarında bir taş, taşın üzerinde de sıra halinde delikler varmış. Bu çivilerin

Kubbetü's-Sahra'nın altındaki Kutsal Kaya ve içindeki Ruhlar Mağarası

sadece son üç tanesinde çivi çakılı imiş. İnsanlar buraya gelip çivileri yoklarmış. Bir tanesi hiç oynamaz, diğeri hafif oynar, sonuncusu neredeyse yerinden çıkacakmış gibi gevşek dururmuş. İnsanlar bu çivilere dokunur ve sağlamlıklarını görüp rahatlayarak, dünyanın çivisi daha sağlam, kıyamet kopmayacak diye düşünürlermiş. Bu taşın üzerindeki bütün çiviler çıktığında kıyametin kopacağına dair bir inanış varmış. 4. Ordu Komutanı Cemal Paşa bir gün mağaraya girdiğinde bu taşı ve çivileri görmüş ve bunların anlamını sormuş. Cevap olarak yukarıda zikrettiğimiz inanışı duyunca bu uydurma şeyin buradan kaldırılmasını emretmiş. Dünyanın çivisi bugün nerede, üzerinde kaç çivi kaldı bilmiyoruz, ancak meşhur "Dünyanın çivisi çıktı" deyiminin nereden geldiğini artık biliyoruz.

Yahudiler Hz. İbrahim'in, oğlu Hz. İshak'ı bu kayanın üzerinde kurban etmeye çalıştığına inanırlar ve oğlu yerine kurban ettiği koçun boynuzlarının uzun yıllar mağarada saklandığını söyler, koçun sağ boynuzuyla kıyamette sura üfleneceğine inanırlar.

Kaya, yeryüzündeki hadiselerle o kadar bağlantılı hale getirilmiştir ki bütün su kaynaklarının merkeziyle rüzgârların çıkış noktasının bu kaya olduğu rivayetleri yaygındır. Örneğin, 15. yüzyılda yaşamış Bertinorolu Rabbi Ovadya'ya göre, bir rüzgâr hedefine gitmeden önce buraya gelir ve burada Rabb'in önünde secdeye kapanır sonra dünyaya yayılır.

Kutsal Kaya'nın altındaki mağaranın içinde bir kuyunun varlığından bahsedilir. Ruhlar Kuyusu olarak adlandırılan bu kuyunun Berzah âlemiyle irtibatlı olduğu, bu kuyuya giren insanların helak olduğuna inanılmaktadır. Bu sebeple zamanında Yahudi kralları kuyuyu kapattırmıştır. Hatta halk arasındaki söylemlere göre bu kuyunun içinde büyük hazineler de gizlidir. Bu halk rivayetleri birçok

Cemal Paşa

Ruhlar Mağarası

insan gibi arkeologları hatta hırsızları da cezbetmiştir. 17 Nisan 1910'da Mantagu Browlow Parker adındaki arkeolog, burada kazı yapmayı aklına koymuş ve kapıdaki Arap bekçilere verdiği rüşvetle içeri girmeyi başarmıştır. Parker'ın kazı sırasında çıkardığı gürültü, gece ibadete kalan bir Filistinlinin dikkatini çekmiş ve olay kısa sürede bütün Kudüs tarafından öğrenilmiştir. Bunun üzerine halk sokaklarda günlerce bu olayı protesto etmiştir.

Yeryüzünün bilinen ilk mihrabı

Marmara Üniversitesi'nde Sanat Tarihi üzerine uzman çok kıymetli bir hocamız bir gün yanıma gelip, mağaranın içindeki mihraptan bahsetmiş, bu mihrabı çok merak ettiğini söylemiş ve fotoğraflamamı rica etmişti. Bu küçük ricadan da anlaşılacağı üzere söz konusu mihrap gerçekten çok kıymetlidir. İslam sanatında bilinen ilk mihrap da budur.

Bu kaya ile Cennet arasında o kadar sıkı bir bağ kurulmuştur ki Kubbetü's-Sahra'nın güney kapısına Cennet Kapısı denmiş, batı cephesine de şöyle yazılmıştır:

"Mabedin kayası, Adn Bahçesi'nden."

Davud[as] ile oğlu Süleyman'ın[as] bu kaya üzerinde sıklıkla dua ettiğini, kurbanlarını burada kestiklerini biliyoruz. Hatta zaman zaman mağaranın içinde de dua etmişlerdir. Hz. Süleyman'ın burada gelen herkesi kuşatan duası meşhurdur. Mescid-i Aksa'ya gelip bu mağarayı ziyaret edenlerin, burada bu duayı yapması tavsiye edilmiştir:

"Allahım! Buraya günahkâr bir kulun gelirse onun günahlarını bağışla, dertli bir kulun da gelirse onun derdine şifa ihsan eyle."

Allahu Teala'nın kutsal kıldığı iki toprak parçası, Kâbe ve Mescid-i Aksa'da bulunan iki kutsal taşın (Hacerü'l-Esved ve Hacer-i Muallak), haşir zamanı buluşacakları, Hacerü'l-Esved'in Mekke'den Kudüs'e geleceği, onun gelişini gören Muallak Kayası'nın da, "Selam olsun bu büyük misafire," diyerek kendisini karşılayacağı anlatılır.

Yine İslami rivayetlere göre Peygamber Efendimiz[sav] Mirac Gecesi Kudüs'e ulaşıp da Kutsal Kaya'yı gördüğünde, "Ey Allah'ın Kayası, sana selam olsun," demiş, bunun üzerine kaya dile gelerek "Ve aleykümselam ya Resulullah," diye cevap vermiştir. Mucizevi bir şekilde bu selamlaşmanın bir şahidi olarak, taşın güneydoğu kısmında dil şeklini andıran bir uzantı meydana gelmiştir. Araplar buna Lisanü's-Sahra yani Kaya'nın Dili derler.

Ehli Kitap'ın Mukaddes Kaya'ya hürmetlerinden bahsettik. Peki ya putperestler? Öyle ya, Kudüs uzun yıllar putperestlerin de elinde kaldı. Örneğin, Paganist Romalılar... MS 70'te Kudüs'te taş üzerinde

Julius Caesar heykeli

Ruhlar Mağarası içeriden

taş bırakmayan Titus, Kutsal Kaya'nın üzerindeki altara dokun-mamış, önüne bir Sezar heykeli diktirmiştir.

MS 135'teki Yahudi isyanında Hadrian, hepsini sürdürürken Kaya'nın önüne kendi heykelini diktirmiştir. İlerleyen yıllarda bu heykelin yanına halefi Antoninus Pius'un da heykeli dikilmiştir. Bu heykellerden en son 333'te Kudüs'e haccetmek amacıyla gelen bir gezginin notlarında bahsedilmektedir. Demek ki Roma'nın Hristiyanlaşması ile bu heykeller buradan kaldırılmıştır.

Sasanilerin 614'teki Kudüs işgali Hristiyanlar için pahalıya mâl olmuş, şehirdeki Hristiyanlığa ait onlarca bina yok edilmiştir. Bununla birlikte Kutsal Kaya civarında ciddi bir Hristiyan yapılaşması olmadığı için orada bir tahribat söz konusu değildir.

1099'daki Haçlı işgalinde Kutsal Kaya'nın üstü mermerle kaplanmış, etrafı da demir parmaklıklarla çevrilmişti.

HZ. SÜLEYMAN'IN KUŞLARI
Kumrular Mermeri

Kubbetü's-Sahra'nın güneye, Mescid-i Aksa Cuma Camii'ne bakan tarafında çıkış kapısının üstünde müsenna bir mermer levha vardır. Bu damarlı mermere dikkatle bakıldığında iki kuşun gaga gagaya vermiş silueti görülür. Aslında bu tarz mermerleri binalara kaplamak eski bir gelenektir. Ayasofya başta olmak üzere birçok tarihî yapıda bu gelenek görülebilir. Damarlı mermerler enine ikiye bölünüp dudakları birbirini karşılayacak şekilde konulduğunda aynı desenler karşılıklı gelerek güzel bir kompozisyon oluşturur. Bu teknik fakir mimari öğelere sahip tuğla, moloz kaplı duvarları zengin göstermek için sıkça uygulanır. Kubbetü's-Sahra'nın içinde de çokça gördüğümüz bu mermer plakalardan biri de yapının güney dış duvarında durmaktadır. Burada desenler iki kuşun karşılıklı duruşu şeklinde göründüğü için haklarında hemen bir hikâye yayılıvermiştir. Tabii mermerin bulunduğu yer Aksa avlusu, hele hele Kubbetü's-Sahra'nın üzeri olunca bu mermer parçası bile Süleyman Peygamber ile irtibatlandırılacaktır.

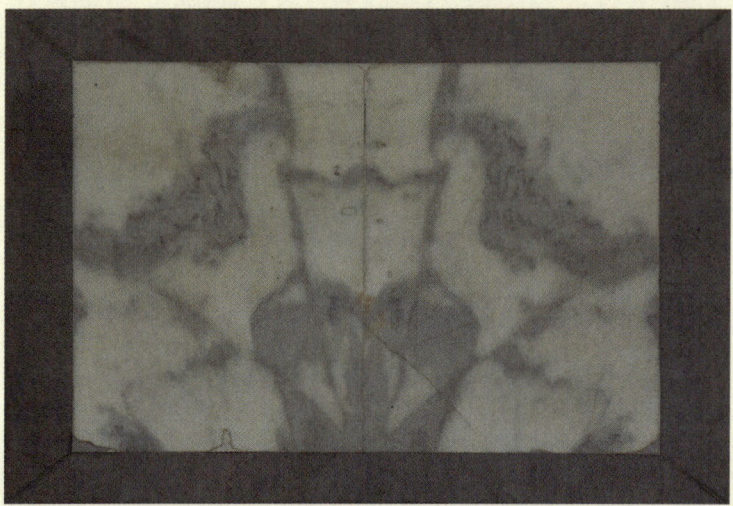

Üzerinde iki adet kuş sembolü olan Kumrular Mermeri

Anlatıldığına göre Süleyman Peygamber inşaatı yedi sene süren Süleyman Mabedi'ni bitirmek üzeredir. Yapılanları teftiş ederken az ileride iki kumrunun diyaloguna şahit olur. Erkek kumru, dişisinin gözüne girmek için kibir kokan cümleler sarf etmektedir. Süleyman Mabedi'nin inşaatının yıllar sürdüğünü, bu işte insan, cin, hayvan olmak üzere kimlerin kimlerin çalıştırıldığını, ama ortaya pek de güzel olmayan bu eserin çıktığını söylemektedir. Hatta eseri o kadar küçümser ki istese bir kanat darbesi ile yıkabileceğini iddia eder. Dişisi de, "Yık da gücünü göster," diye cevap verir. Bu sözleri duyan Süleyman[as] erkek kumruyu yanına çağırır ve bu sözlerin maksadını sorar. Kuş korku içinde, dişisinin gözüne girmek için yaptığını söyler. Süleyman[as] tebessüm ederek kuşu salar. Erkek kumru dişisinin yanına gittiğinde dişi kumru, Hz. Süleyman'ın kendisini niye çağırdığını ve neler söylediğini sorar. Erkek kumru hemen atılır, "Ne söyleyecek, mabedimi yıkma diye yalvarmaya başladı," der. Bunları duyan Süleyman[as] görenlere ibret olması için bu kibirli konuşmaların sahipleri olan bu iki kuşu taşa çevirir ve mabedinin duvarına asar. Kıssadan hisse çıkarmak amacıyla yaygınlaşan bu hikâyenin sonunda anlatıcı hep şöyle der:

"Buradan iki kişiye ders vardır: Süleyman'ın[as] mabedine dil uzatanlarla eşlerini olur olmaz işlere iten fitneci kişilere!"

EMEVİLERİN HAZİNE SANDIĞI
Zincir Kubbesi

Kubbetü's-Sahra platformunun en gözde eserlerinden biridir Kubbetü's-Silsile (Zincir Kubbesi). Rivayetlere göre bu eser Kubbetü's-Sahra'dan da önce inşa edilmiştir. Emevi Halifesi Abdülmelik bin Mervan Kubbetü's-Sahra'yı inşa etme kararı alınca, devletin en çok gelir getiren coğrafyası Mısır'ın yedi yıllık vergisini bu inşaata ayırmıştır. Gelen paraların biriktirilmesi için de buraya bu bina yapılmıştır. İlk inşasında etrafı duvarlarla örülmüş içindeki altın ve gümüş paralar burada korunmuştur. Sonradan duvarları kaldırılıp bugünkü görünümünü almıştır. Bu kubbeli yapı o kadar güzel olmuştur ki halife, inşa edilecek olan Kubbetü's-Sahra'nın da bu yapı şeklinde olmasını istemiştir.

İlk inşasında aynen Kubbetü's-Sahra gibi üzerinin Emevi mozaikleriyle süslü olduğu bilinmektedir. Ancak Kubbetü's-Sahra'nın üzerinin çinilerle kaplanması esnasında Kubbetü's-Silsile de çinilerle donatılmıştır. Üzerindeki mihrap da sonradan eklenmiştir.

Bu küçük kubbeli yapıya Zincir Kubbesi denmesinin sebebi Davud Peygamber'e kadar uzanır. Yahudiler bu kubbeye, Hz.

Kubbetü's-Sahra ile aynı plan şemasında Kubbetü's-Silsile

Davud'un Mahkemesi dermiş. İnanışa göre insanların davalarına uzun yıllar burada bakılmış. Bu kubbenin altından bir zincir sarkarmış. Davalı ve davacılar gelir, bu zincire dokunur, sonra savunmalarını yaparmış. Zincirin hareketlerine göre kim haklı kim haksız ortaya çıkarmış. Bir gün iki Yahudi davalı olup mahkemeye müracaat etmişler. Biri diğerine borç vermiş, verdiği parayı istediğinde ise diğeri borcunu ödediğini ama kendisinin bunu

Kubbetü's-Silsile
Kadınlar Mescidi
olarak da hizmet veriyor

hatırlamadığını iddia etmiş. Tabii davalık olmuşlar. Erte-  si gün ikisi de Zincir Kubbe- si'nin altında yargılanacakmış. Borcunu ödemediği halde öde- dim diyen kişi o gece bir bas- tonun içini oyarak küçük bir hazne meydana getirmiş. Bor- cu kadar parayı içine doldurup mahkemeye bu bastonla gelmiş. Zincire dokunup savunmasını yapmadan önce bastonu alacaklı olan kişiye uzatıp tutmasını istemiş. Ardından da âdet olduğu üzere zinciri tutup, "Allah'ım sen şahitsin, ben borçlu olduğum kadar parayı bu adama verdim," diye yemin etmiş. Tabii, zincir bu oyuna rağmen doğru söylendiği için yalan söyle- yenin lehine hareket etmiş. Hakimler borcunu ödemediği halde ödedim diyen kişinin lehi- ne karar verecekleri sırada Allahu Teala, Adalet Zinciri'ni bile kandırmaya çalı- şan bu insanlara ibret olması için zinci- ri ortadan kaldırmış. Bu hikâye ne kadar doğru bilmiyoruz, ama insanlar, bu kutsal mekânın ahiretteki sorgu sual yeri olduğuna da inandıkları için burada kötüyle iyinin, yalanla doğrunun ayrılacağına hükmetmektedir.

Eski kayıtlarda 20 sütunlu olarak anlatılan Zincir Kubbesi bugün 17 ayağa sahiptir. Bu durum, daha önceki depremlerde yapının zarar gördüğü ve tamiri sırasında bazı değişikliklere tâbi tutulduğunu göstermektedir. 13. yy'da bir deprem sonrası Sultan Baybars'ın bu kubbeyi yeniden yaptırdığı bilinmektedir.

Haçlıların Kudüs'ü işgal yıllarında Zincir Kubbesi bir şapele çevrilmiştir. Hz. İsa'nın havarilerinden Aziz Yakup (St. James) Yahudiler tarafından Mescid-i Aksa uçurumundan aşağı atılmış ve şehit edilmişti. Haçlılar da şapel haline getirdikleri bu yapıyı St. James'e ithaf etmiştir.

Kubbetü's-Sahra platformundaki birçok yapı Mirac Hadisesiyle ilişkilendirilmiştir. Mirac öncesi Peygamber Efendimiz'i[(sas)] karşılamaya gelen Cennet hurilerini Peygamberimiz'in[(sas)] burada gördüğü rivayet olunmaktadır.

Yapı günümüzde yazlık ibadet ve ders mahalli olarak değerlendirilmektedir.

HEPSİ ARKASINDA SAF BAĞLADI
Nebi Mihrabı

Bu bölümde Mirac hadisesinin en önemli şahitlerinden birini anlatacağız: Kubbetü's-Sahra platformu üzerinde, Kubbetü's-Sahra ile Mirac Kubbesi arasında bulunan Nebi Mihrabı'nı… Peygamber Efendimiz'in⁽ˢᵃˢ⁾ Mirac Gecesi diğer peygamberlere namaz kıldırdığı mekânın burası olduğuna inanılmaktadır. 9. yy'da yaşamış tarihçilerden Vâsitî, bu bilgiyi doğrular mahiyette, bu noktanın Peygamber Efendimiz'in⁽ˢᵃˢ⁾ diğer peygamberlere namaz kıldırdığı yer olduğunu zikreder. Erken dönem İslam gezginlerinden olan Suyûtî'ye kadar Kudüs üzerine çalışma yapmış kişiler Kubbetü's-Sahra'nın kuzeybatısında böyle bir makam olduğunu vurgulamışlardır. Kanuni Sultan Süleyman döneminde Nasıreddin Muhammed adlı bir zat, Kudüs'ü ziyaret edecekler için hazırladığı kitapta, bu mihrabı ziyaretin, Kudüs'te olmazsa olmaz bir kural olduğunu yazmıştır.

Zamanında Mirac'ın bu civardan gerçekleştiğini anlatmak amacıyla bu mihrabın önünde biri altın, diğeri gümüş iki merdivenin sembolik olarak durduğuna dair bir rivayet de vardır.

Nebi Mihrabı'nın Kubbetü's-Sahra'la birlikte görünümü

Nebi Mihrabı'nın iç görünümü

Genel olarak önemli bir kişiyi ya da bir olayın yerini göstermek amacı ile yapılan bu makamlar ilk etapta yerde sadece bir mihraptan ibaret iken, sonraları etrafı yarım duvarlarla çevrilmiş, ilerleyen zamanlarda da üzerine bir kubbe oturtulmuştur. Nebi Kubbesi de bu aşamalardan geçmiştir. Emeviler döneminden Memlüklü'nün sonuna kadar yerde sadece bir mihrap izinden ibaret olan makam, daha sonra Osmanlı'nın Kudüs ve Gazze Valisi Mehmed Bey tarafından yarım bir duvarla çevrilmiştir. Mihraptaki kitabe bu bilgiyi doğrulamaktadır. Üzerini örten kubbe ve bu kubbeyi taşıyan sekiz ayağın 17. yy sonrasında buraya eklendiği düşünülmektedir. Çünkü Evliya Çelebi'nin anlatımlarında onun ziyareti sırasında bu kubbeli yapı dört ayaktan ibarettir. Bu mihraba has bir vakıf kaydı yoktur. Ancak sicil kayıtlarında kubbenin geceleri aydınlatılması için Mescid-i Aksa Kıble Camii ve Haseki Hürrem Sultan vakfiyelerinden ödenek ayrıldığı görülmektedir.

Nebi Mihrabı'nda peygamberlere namaz kıldıran Peygamber Efendimiz[sas] Mirac Kubbesi'nin bulunduğu yere yürüyüp oradan göğe yükselmiştir. Öyleyse biz de Mirac Kubbesi'ni anlatmaya başlayabiliriz…

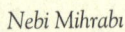

Nebi Mihrabı

ÖTELERİN RAMPASI
Mirac Kubbesi

Kubbetü's-Sahra'nın kuzeybatısında üzeri kubbeli sekizgen gövdeli yapı, şüphesiz mekânın en önemli makamıdır. Kudüs ve Aksa denildiğinde Müslümanlar için akla ilk gelen hadise Mirac'tır. Mirac'ta birtakım safhalar vardır. Bunların içinde en önemlisi Peygamber Efendimiz'in(sas) göğe yükselişidir. Birçok İslam âlimine ve tarihçiye göre yükseliş öncesi duanın yapıldığı, bazı âlimlere göre de yükselişin olduğu mekân bu kubbenin olduğu yerdir.

Daha önceki bölümlerde Mirac hadisesinin basamaklarından bahsetmiştik. Mekke'den Kudüs'e yolculuk, Burak adlı binitin Burak Duvarı'na bağlanması, Mescid-i Aksa Kıble Camii tarafından kutsal alana giriş, Mukaddes Kaya'nın üzerine tırmanma, Peygamberlere namaz kıldırma ve urûc. İşte bu basamakların en önemlisi bu kubbenin kapladığı alanda cereyan etmiştir.

Kubbetü's-Sahra önünde Mirac Kubbesi

Mirac Kubbesi'nin yapılış tarihi bilinmemektedir. Ancak İslam medeniyetinin Kudüs'te var olmasıyla birlikte burada birtakım emarelerin bulunduğu, insanların burayı birtakım işaretlerle belirlediği bilinmektedir. Peygamber Efendimiz'in(sas) Mirac Gecesi göğe yükselmeden önce burada dua ettiği ve buradan göğe yükseldiği genel kabul gören hususlardandır. Nitekim Müşerrefî, "İki yerde ihtilaf yoktur: Biri Peygamberimiz'in Kubbetü'l-Mirac olarak bilinen kubbenin yanında Mirac'a yükseldiğidir," demektedir.

El-Muhallabi, Emeviler dönemini görmüş biridir. Kubbetü's-Sahra'yı inşa eden Velid bin Abdülmelik döneminde Kutsal Kaya üzerinde bulunan birkaç kubbeden bahseder. Bunlar; Mirac, Mizan, Silsile ve Mahşer Kubbeleridir.

Abbasiler döneminin ilim adamları da Mirac Kubbesi'nden bahsetmiş, İbni Fakih 903'te kaleme aldığı eserinde Kubbetü's-Sahra'nın yanındaki Nebi ve Mirac Kubbelerine değinmiştir. Ondan 10 sene kadar sonra İbni Abd Rabbihi, Peygamber Efendimiz'in(sas) diğer peygamberlerin önünde dua ettiği ve göğe yükseldiği kubbeleri kaydetmiştir.

İbn-i Mürecca hem Kudüslüdür hem de Aksa Kıble Camii'nin imamıdır. Yaptığı tarifte Nebi Kubbesi'nden bahsederken, söz konusu kubbenin Mirac Kubbesi'nin arkasına düştüğünü ve Kubbetü's-Sahra'nın sağ tarafında bulunduğunu kaydeder. Ayrıca Mirac Kubbesi'nin sıhhatine dair şu cümleleri çok önemlidir:

Bir asır önce
Mirac Kubbesi

"Hiç kimse Peygamber'in[sas] Mirac Kubbesi olarak bilinen kubbeden göklere taşındığı görüşüne muhalif değildir."

Emevilerden itibaren verdiğimiz örneklerde görüyoruz ki bu kubbe son derece önemsenmiş ve sıhhati birçok yazar ve ilim adamı tarafından vurgulanmıştır. Gelelim Eyyübiler dönemine, tarihler 1200'ü gösterdiğinde Mirac Kubbesi tamir edilecektir. İçindeki kitabeden Kudüs Valisi Osman bin Ali ez-Zencebili tarafından tamir ettirildiği anlaşılmaktadır. Bu tamir sırasında Eyyübilerin başında Emir Adil bulunmaktadır. Osman bin Ali'nin tamiri, mesleği gibi birkaç detay, girişin üzerindeki mermer levhada yazılmıştır. Osman bin Ali, Eyyübiler döneminde ordu komutanlığı yapmıştır. Selahaddin Eyyübi'nin kardeşi Turan Şah ile Eyyübilerin Yemen Seferi'ne katılmış, Aden valiliği vazifesinde bulunmuştur. 1200 yılında Kudüs valisi olan Osman bin Ali, Mirac Kubbesi'ni bu yıl tamir ettirmiştir. Oldukça hayırsever bir zat olan Osman bin Ali'nin, Mekke'de bir medresesi, Medine'de bir ribatı bulunmaktadır.

Memlüklüler dönemi Kudüs tarihçisi Muciraddin, Eyyübiler dönemindeki bu kapsamlı tamirattan dem vurarak şöyle der:

"Kubbetü's-Sahra'nın sağında ve batı tarafından görülen terasın üzerinde Mirac Kubbesi vardır. Ünlüdür ve çok ziyaret edilir. Önceden eski kubbeli bir yapıydı. Bu yapı yok oldu ve yenisi yapıldı."

İçeri girer girmez gözümüze çarpan kapının arkasındaki mermer kitabe, Eyyübiler döneminin kapsamlı tamir kitabesidir. Tam karşıya baktığımızda ise bu sekizgen yapının içinde göz alıcı çini bir mihrapla karşılaşırız. Üzerindeki kitabeden 1781'de Muhammed Hakkı adında bir zat tarafından tamir edildiğini öğreniriz.

1948 Savaşı'nda hasar gören Mirac Kubbesi, 1951'de Ürdün Kralı Abdullah tarafından son bir tamirden geçirilmiştir.

Ortaçağ'dan tutun da modern dönemin Avrupalı gezgin ve araştırmacılarına kadar kimi araştırmacıların bu yapıyı

Hristiyanlıkla bağdaştırmaya çalıştığını görürüz. Örneğin, Schick, Krautheimer ve Boase, yapının Haçlı kiliselerinin vaftiz bölümlerine benzediğini söyler. Batı duvarı kazılarıyla meşhur Musevi Dan Bahat ise Mirac Kubbesi'nin direkt olarak Haçlı binası olduğunu iddia etmiş ve Templum Domini'nin vaftiz odası olduğunu söylemiştir. Üzücü olan, içinde hem Eyyübilere hem de Osmanlı'ya ait iki orijinal kitabenin olduğu görmezden gelinip ortaya bu asılsız iddiaların atılmasıdır. Kudüs ve Aksa'yı gayrimüslim gösterme çabaları halihazırda da devam etmektedir. Biz, Romalılar burada yaşamadı demiyoruz. Hadrian Beytü'l-Makdis'e putperest tapınaklar da kurmadı demiyoruz. Süleyman Mabedi de buradaydı, Herod'un mabedi de. Buraya Talut ile gelen Yahudiler de vardı ama onlardan önce burada yaşamakta olan ve sonra İslamlaşarak bu vatanda yaşamlarını sürdüren Filistinliler de. Ancak bu topraklar 636'da Hz. Ömer ile fethedilmiş, 1917 yılına kadar 88 yıllık Haçlı işgali istisna tutulursa 1281 sene Müslümanların elinde kalmıştır. Üzerine onlarca İslami bina inşa olunmuştur. Bu gerçeği görmemek, burada yaşamış İslam medeniyetlerini yok saymak doğru değildir. Hz. Süleyman ve Herod, mabedini burada kurduğundan dolayı İlkçağ'da buradaydık, burası bizimdir iddiasında bulunuluyorsa, aynı yerde dev

tapınaklar kuran Hadrian ve Romalıların da bu topraklarda hak iddia etmesi son derece normal karşılanmalıdır.

Bu bahsi bir grafiti ile bitirelim, yani resmî olmayan bir kaçak yazı ile... İnsanoğlu iz bırakmayı, kalıcı olmayı seven bir mahluktur. Birçok insan yaşadığı alana bir şeyler çiziktiriverir ve o an için önemsiz addedilen bu yazılar bize o toplum hakkında birçok bilgi verir. İşte Mirac Kubbesi'nin kadim bir kubbe olduğunu ve taşıdığı anlamı gösteren bir kaçak yazı da böyle bir anlam barındırıyor. 1099'da Haçlılar, Urfa'dan Antakya'ya, oradan Kudüs'e kadar bütün Filistin'i ele geçirir. Kan gövdeyi götürür. İnsanlar büyük bir buhran içindedir. Sonra ansızın bir adam çıkıyor, önce Urfa'yı, ardından Antakya'yı kurtarıyor ve gözünü Kudüs'e dikiyor. Kudüs'ü almayı çok istese de ömrü vefa etmiyor, ama Kudüs'ü kurtaracak adamı yetiştiriyor: Selahaddin Eyyübi'yi. İşte bu adam Nureddin Zengi'den başkası değildir. Mirac Kubbesi'nin mihrabının dışa bakan kısmının doğusunda, güneye bakan köşesinde, sütun süpürgeliği üzerinde üç satır halinde şöyle yazıyor:

"Mahmud Nureddin, Allah onu, ailesini ve tüm Müslümanları bağışlasın. (680 /1281)"

Kubbetü's-Sahra platformuna çıkar çıkmaz önce Mirac duraklarını görmek istedik. Bu sebeple doğu kemerlerini geçer geçmez Kutsal Kaya'nın merkezine yürüdük. Şimdi yeniden doğu kemerine gidelim, buradan sağdan sola bütün platformu ve üzerindeki yapıları inceleyelim. İlk durağımız doğu kemerinin hemen hemen sağındaki Ahmed Paşa Medresesi.

SADECE EN ZEKİ ÖĞRENCİLER İÇİN...
Ahmed Paşa Medresesi

Tarih boyunca hangi dinden ve meşrepten olursa olsun nice insan eğer imkânı varsa Kudüs ve civarına iz bırakmaya çalışmıştır. Özellikle İslam toplumlarında sahabeden başlayarak, Emevi, Abbasi, Selçuklu, Artuklu, Eyyübi, Memlüklü ve Osmanlılar döneminde Kudüs'e sevdalı nice hayırsever kişinin bu şehrin imarı ve süslenmesi için gayret gösterdiği bilinmektedir. Kudüs'e düşkün Osmanlı yöneticilerinden biri de III. Murad ve III. Mehmed dönemlerinde Gazze Sancakbeyliği yapan Ahmed Paşa'dır. Yönetim merkezi Gazze başta olmak üzere Kudüs ve Şam'a birçok eser bırakarak Osmanlı'nın Kudüs hâmileri içinde Kanuni, Hürrem Sultan ve Bayram Çavuş'tan sonra adını dördüncü sıraya yazdıracak kadar gayret göstermiştir. Mescid-i Aksa arazisi içinde medrese, halvethane ve namazgâh inşa etmenin yanı sıra daha önceki yüzyıllara ait yapıları da tamir ettirdiği bilinmektedir.

Kubbetü's-Sahra platformu içinde Ahmed Paşa'ya ait bir diğer yapı ise son derece mütevazı olan medresesidir. Tek kubbeli tek mekândan oluşan bu yapıya yine küçük kubbeli bir revaklı girişten geçilmektedir. Zamanında avluya bakan üç kubbeli bir saçağının da mevcut olduğu görülmektedir. Ahmed Paşa bu medreseyi üst düzey eğitim alacak öğrenciler için planlamıştır. Vakfiyesine göre sadece dört öğrenciye hitap edecek olan bu yapıda Kudüs'ün en gözde âlimlerinin ders vermesi arzu edilmiştir.

Ahmed Paşa Medresesi

ALLAH'A YAKIN OLMANIN SON NOKTASI
Kayanın Kenarındaki Halvethanelerin Sırrı

Üzülerek ifade etmek gerekir ki Kudüs'ü, şehrin içindeki Mescid-i Aksa kutsal alanını, alanın içindeki Kutsal Kaya ve hususiyetlerini toplum olarak pek anladığımız söylenemez. Örneğin, Mescid-i Aksa'yı hep bir cami sanmışız. Kocaman bir boş alan, alanın kenarında sarı taştan tarihî binalar, ortada bir yükselti, yükseltinin üzerinde sarı kubbeli bir yapı, bir de kenarda kurşun kubbeli bir yapı görüyoruz ama hangisi Mescid-i Aksa hangisi Kubbetü's-Sahra bilmiyoruz! Öyleyse bu duruma bir son vermek ve yanlış algıları kırmak adına yıllardır yaptığımız araştırmaların hülasası olarak Mescid-i Aksa'nın gerçekte neresi olduğunu, mahiyetini anlatmaya gayret edelim.

Allahu Teala'nın indinde yeryüzünde O'na en sevimli gelen iki toprak parçasından birinin Kâbe'nin kapladığı alan ve bu dikdörtgen arazi olduğunu daha önce ifade etmiştik. Burayı özel saydığı için buraya gelenler de özel, burada yapılan dualar da özeldir. Burada Allah'a manevi bakımdan yakın olmak, O'na sesimizi duyurmak çok daha kolaydır diye inanırız.

Bu mekânın Kâbe'den bir farkı vardır. Bu arazi yeryüzünün ötelere en yakın olduğu yer. Hemen birçok eski kayıt; Cennet'in kapılarının buraya açıldığını, Hz. Adem'in yeryüzüne buraya

indiğini, Hz. İsa'nın göğe buradan, Peygamber Efendimiz'in^(sas) Mirac'a yine buradan yükseldiğini söyler. Demek ki kapı burada, demek ki rampa burada, demek ki asansör burada! Ötelerle rahat irtibat mı kurmak istiyorsunuz, ruhunuzu Yaratıcı'nın ilhamlarına açmak mı istiyorsunuz, mutasavvıfların tabiriyle Allah ile kurbiyet kesb etmek mi istiyorsunuz? İşte yeri tam burası!

Şahsen hayatımda böyle bir kampus görmedim, böyle bir ilim ve inanç kampı görmedim. Ecdad ne güzel planlamış, ne güzel düşünmüş ve ne harika bir şekilde uygulamaya geçirmiş. Önümüzde Beytü'l-Makdis denilen kutsal alan var. Peygamber Efendimiz'in^(sas) hadisleri ile her bir ibadete bin sevap verilen topraklar. Bu arazinin avluya bakan yüzlerinde sıra sıra onlarca bina inşa edilmiştir. Bunların her biri döneminin üniversite binalarıdır. Burada pırıl pırıl gençler yetişmiştir. Avluya bakan ve çepeçevre saran bu binaların arkasında geriye doğru hanlar, bedestenler, ribatlar ve zaviyeler var. Bunlar da bu mukaddes mekânlara gelen ziyaretçilerin, burada vazife yapan, geçici de olsa buraya çalışmaya gelenlerin ikamet yerleri. Yani bir nevi o günün otelleri, öğretmen evleri, pansiyonları. Bitti mi? Hayır! Gelelim avlunun tam ortasındaki yükseltiye. İşte burası hem bu arazinin hem de kâinatın kalbi hükmündeki Kutsal Kaya'nın olduğu yer. Türkiye'de Muallak Kayası adı ile bilinen kısım. Kaya her şeyi ile mukaddes ve özel. Altın kubbeli Kubbetü's-Sahra, kayanın sadece ortasında küçük bir kısmı örtüyor. Tabii Kaya'nın altındaki mağarayı da. Kayanın üzerinde, yanında, altında ibadet etmeyi kim istemez! Çünkü

Ulemalar talebeleri ile ilim tedrisinde

Kaya'ya yakın olmak Allah'a yakın olmak anlamına gelir. Ama açık alanda, sıcağın ya da soğuğun altında gece gündüz bu çıplak kayanın üzerinde, yanında ne kadar barınabiliriz... İşte atalarımız bunu da düşünmüş ve Kutsal Kaya'nın etrafını bir sur gibi iki katlı minik kubbeli, çatılı yapılarla çevirmiş. Bu yapıların alt katları Kaya'ya bitişik, üst katları kayanın üzerinde ve etrafında çepeçevre görülebiliyor.

Üniversite okuyan bir genç misiniz? Yeriniz, avluyu çeviren Memlüklü, Eyyübi ve Osmanlı dönemi medreseleri. Orada hem ikamet edecek hem ders okuyacaksınız. Bir tüccar, gezgin, ilim erbabı mısınız? İkamet yeriniz bu okul binalarının dışındaki ribatlar, hankâhlar ve kervansaraylar. Bir ilim adamı ya da mutasavvıf mısınız? Yeriniz Mukaddes Kaya'nın kenarındaki halvethaneler. Orada ibadet, itikâf, inziva ve ilimle meşgul olabilirsiniz. Bu halvethaneler genelde iki katlı yapılmıştır. Alt katları kayaya bitişik ve Aksa avlusu üzerindedir. Üst katları ise kayanın üzerinde ve kenarlarında kalır. İçlerine girdiğinizde sizi küçük kemerler karşılar. Bu kemerlerden biri size tahsis edilir ve burada Allah ile kurbiyet kesb etmeye (O'na yakın olmaya) çalışırsınız.

İşte Mescid-i Aksa budur! Küçüğünden büyüğüne, gencinden yaşlısına herkese hitap eden bir ruh olgunlaştırma merkezidir burası. Bugün bu güzelim halvethaneler, Mescid-i Aksa yönetiminin bürolarıdır ne yazık ki. Kimi müdür, kimi müdür muavini odası, kimi emniyet şefi dairesi, kimi elektrik santrali, müştemilat deposu... Hepsini tek tek defalarca gezdim. Fotoğraflarını çekmeye çalıştım. Özellikle halvethanelerin alt katlarında öyle kötü manzaralar vardı ki (depo, ardiye, santral, jeneratör dairesi vs) o ışıltılı geçmişin gölgesinde içlenmemek mümkün değildi...

Kubbetü's-Sahra avlusunda halvethaneler

SADECE GAZZELİ KADİRİLER
Ahmed Paşa Halvethaneleri

Ahmed Paşa'nın Kubbetü's-Sahra alanı içindeki halvethaneleri kuzey kemerlerinin her iki yanında yer almakta olup batı yönünde bulunan yapı mimari özellikleri sebebiyle halk arasında Memlüklü Halvethanesi olarak adlandırılmıştır. Bunun sebebi, Osmanlıların eser inşasında o yörenin mimarlarını değerlendirmesi ve üslup olarak inşa ettikleri bölgenin yöresel çizgilerinin dışına çıkmama hassasiyetidir.

Kudüs İslami Vakıflar İdaresi'nde, Mescid-i Aksa Müdürü'nün ofisi olarak kullanılan soldaki yapı iki katlı olup üst katta iki oda, alt katta ise üç oda bulunmaktadır. Bu kitabı hazırladığımız dönemde Ömer Kisvani'nin vazife yaptığı bu odada kendisini ziyaret etmiş ve odanın detaylarını incelemiştik.

Daha odaya girerken kapının üst sövesinde bizi, "Selametle ve Emin olarak girin" yazısı karşılıyor. Üst kattaki iki birim de insanı şaşırtacak güzellikte birer örtü sistemine sahip. Ortada küçük bir kubbe, kenarlarında yıldız tonoz havası veren kaburga tonozlar mevcut. Ana birimin kubbesinin göbeğine, sonsuzluğun simgesi çarkıfelek kondurulmuş.

Çarkıfelek'in göbeğinden zincirle kadim bir kandil sarkıtılmış. Aksa Müzesi'ndeki Memlüklü kandillerinin bire bir aynısı. İzin alıyor ve üst katın yan odasına geçiyoruz. Bu oda da diğer oda gibi kesme taştan. Ancak bu iki oda arasında öyle süslü bir duvar var ki her şeyi ile Memlüklü eseri olduğunu belli ediyor. Üzerindeki renkli taş ve mermerlerle bezeli işlemeler göz dolduruyor. Aynı işlemeleri bu yapının dış cephesinde de görüyor, demek ki

Ahmed Paşa Halvethaneleri

Soldaki halvethane Aksa müdürü tarafından kullanılıyor

buraya Osmanlı'dan önce bir Memlüklü eli değmiş demekten kendimizi alamıyoruz.

Doğuda kalan halvethane günümüzde Kudüs İslami Vakıflar İdaresi Mescid-i Aksa Müdürlüğü'ne bağlı Bekçiler Birimi Başkanı tarafından kullanılıyor. Halvethane geniş bir kubbe ile örtülü. Duvarlardan kubbeye geçiş tromplarla sağlanmış.

Halvethanenin yan oda duvarındaki Memlüklü işi taş süsleme

Ahmed Paşa'nın, Gazze ve Gazzelilere ayrı bir hürmet beslediği, vakfiyesinden anlaşılmaktadır. Mescid-i Aksa civarında inşa ettirdiği bütün hayır kurumlarında Kâdiri Meşrep Gazzelileri görevlendirmiş ve eğer aralarından biri vefat ederse, yine bu vasıflara sahip bir Gazzelinin o vazifeye getirilmesini şart koşmuştur. Babası ve dedeleri de Gazze

Yan odanın kubbesi

Halvethanenin çarkıfelek göbekli kaburga tonoz örtü sistemi göz kamaştırıyor

Sağ halvethane

Sağ halvethanenin içi

Sancakbeyliği yapan Ahmed Paşa epeyce sevilen bir şahsiyet olarak burada yüzyıllarca anılmıştır.

Ahmed Paşa'ya ait bu iki halvethane arasında kuzey kemerleri mevcut olup, üç kemerli bu yapı 1325 yılında, Memlük hükümdarlarından Muhammed Nasır tarafından yaptırılmıştır. Üzerindeki iki kitabenin ilkinde Muhammed Nasır'ın, diğer kitabede ise Muhammed Nasır'ın adamlarından Emir Aydamur Şucai'nin isimleri zikredilir.

Gazze'ye ait bir gravür

EBCED İLE TARİH DÜŞÜRÜLEN KİTABELER
Muhammed Emir Halvethanesi

Mukaddes Kaya'nın kuzey cephesinde ilerliyoruz. Ahmed Paşa Halvethanelerini geçtikten sonra kuzeye uzanan bir yol ile kuzeydoğu kemerinin arasında bulunan, iki kubbeli son derece sade yapıya gözümüz takılıyor. İlk yapıldığında ön cephesini süsleyen üç kemerli revaklarının izleri bina üzerinde gözükse de bugün bu revaklar mevcut değildir. TİKA elyazmaları sorumlumuz Ramazan Tuğ Bey ile 40 derece sıcağın altında kitabeyi okumaya çalışıyoruz. Kitabeler bazen Osmanlı Türkçesi ile bazen de Arapça olarak karşımıza çıkıyordu. Yapının tam ortasında, orta kemerin içindeki mermer kitabe son derece göz alıcı biçimde, üç satır ve iki dizin halinde hazırlanmış.

Her bir cümle ayrı kartuşların içinde verilmiş. Merakla tarihine bakıyoruz ama nafile; görünürde herhangi bir rakam yok. O zaman ikinci ihtimali düşünüp kitabenin son satırına bakarak tarih düşürmeyi yakalayabileceğimiz bir ifade aramaya başlıyoruz. Nitekim bulmakta da gecikmiyoruz. Kitabenin üçüncü satırının

Halvethane bayan güvenlik birimi tarafından kullanılıyor

Muhammed Emir Halvethanesi kitabelerini Tika Arşiv Sorumlumuz Ramazan Tuğ Bey ile okurken

Halvethanenin kitabesi

ikinci kartuşu içinde, "Binası takva üzerine inşa edilmiş" cümlesini yakalıyoruz. Burada hem tarih düşürülmüş hem de Kur'an-ı Kerim'de geçen, takva üzerine inşa edilmiş mescid olarak anlatılan Kuba Mescidi'ne bir atıf var. Bu ifadedeki harflerin rakam değerleri toplandığında karşımıza 956 yılı çıkıyor, yani 1549. Yine bir Kanuni Sultan Süleyman yapısı ile karşı karşıyayız. İşte Osmanlı döneminde Mukaddes Kaya üzerine inşa edilmiş 15 halvethaneden biri daha…

Yapının bânisi Muhammed Emir Bey, o yıllarda Kudüs sancakbeyliği yapmış ve yapı ilim erbablarına tahsis edilmiş.

Bu halvethane ile Muhammed Ağa Halvethanesi arasında Kubbetü's-Sahra platformunun kuzey kemerleri gelir. Memlüklü dönemine ait olan bu kemerler, az öncekiler gibi Muhammed Nasır zamanına tarihlenir. Bu kemerler, Alman İmparatoru II. Wilhelm'in Kudüs ziyareti öncesinde alçı sıva ile kaplanmış, 4. Ordu Komutanı Cemal Paşa da burada vazife yaptığı yıllarda bu alçı sıvayı kaldırtmıştır.

Kuzey yönündeki ikinci kemer

MEVLEVİLİĞİN KUDÜS HÂMİSİ
Muhammed Ağa Halvethanesi

Kubbetü's-Sahra platformunun kuzeye bakan cephesindeki halvethaneleri incelemeye devam ediyoruz. Mukaddes Kaya'nın üzerindeki bu yüzde, Aksa avlusuna inmenizi sağlayacak iki adet kemerli rampa bulunur. Sırtınızı Kubbetü's-Sahra'ya verdiğinizde karşı sağınızdaki kemerlerin sağındaki ve solundaki bitişik kubbeli yapıların Ahmed Paşa Halvethaneleri olduğunu evvelce ifade etmiştik. Şimdi sıra soldaki kemerlere geldi. Kuzey cephe üzerinde solda bulunan kemerin sol bitişiğindeki tek kubbeli ve önü revaklı yapı ile yanındaki, önü kapatılmış kubbeli eyvan 1588'de inşa edilmiş olan Muhammed Ağa Halvethanesi'dir. Halvethanenin avluya bakan cephesinde iki pencere olup yapı önündeki iki kubbeli revakın orta sütununun başlığı lotustur. Bitişiğindeki yan bina aslında bir eyvandır. Yani bugün önünü kapatan iki kanatlı metal kapı ve etrafını çeviren metal panel yoktur. Üç tarafı kapalı, ön yüzü açık eyvan dediğimiz bu mimari öğeler açık derslikler olup güzel havalarda öğrenciler hocalarıyla derslerini burada işlemiştir.

Muhammed Ağa, Sultan III. Murad'ın padişah olduğu yıllarda Kudüs sancakbeyliği yapan Hüdaverdi Bey'in babasıdır. Halvethanenin üzerindeki dört satırlık kitabedeki ifadeler, Muhammed Ağa'nın Osmanlı yönetiminde etkin bir kişi olduğu izlenimini uyandırmaktadır. Ayrıca arşiv vesikalarına bakılırsa

Muhammed Ağa'nın oğlu Hüdaverdi Bey'in Şam valiliğine bağlı bir sancakbeyi olmasına rağmen birçok konuyu direkt olarak Divan-ı Hümayun ile neticeye bağlıyor olması İstanbul ile arasının ne kadar iyi olduğunu göstermektedir.

Halvethaneyi babası Muhammed Ağa yaptırmış olsa da yapının üzerindeki kitabede oğlu Hüdaverdi Bey'in adı da yazılmış olup ismi yanındaki unvanı Ebu Seyfeyn (iki kılıç sahibi) olarak geçmektedir. Bu unvanı, bölgede ardı arkası kesilmeyen bedevi isyanlarına karşı gösterdiği başarıdan dolayı aldığı sanılmaktadır.

Kudüs aynı zamanda bir tekkeler şehridir. Eski şehrin sokak aralarında birbirinden renkli tekkeler, eğer yerlerini biliyorsanız karşınızda arz-ı endam eder. Serinin ikinci kitabı olan Kudüs Eski Şehir'de bu tekkelere tek tek uğrayacağız. O tekkelerden biri de kesme taştan inşa edilmiş muhteşem semahanesi ile Kudüs Mevlevihanesi'dir. Bu görkemli yapının kurucusu Hüdaverdi Bey'dir. Hatta buraya Konya'dan bir Mevlevi şeyhi bile getirtmiştir.

Muhammed Ağa Halvethanesi'nde her sabah devam etmesi gereken bir âdet vardır. Kurucusunun vakfiyesine göre her sabah Harem-i Şerif şeyhi buraya gelecek ve bir Yasin-i Şerif okuyacaktır. Uzun yıllar devam etmiş olan bu güzel gelenek ne yazık ki günümüzde devam ettirilmemektedir.

Osmanlı idaresine karşı devamlı ayaklanan bedevilerle mücadelesini yukarıda anlattığımız Hüdaverdi Bey, bu eşkıyaların şehirdeki bağlantılarından Tüfekçi Ahmed adındaki bir zat tarafından suikasta uğramış ve şehit edilmiştir.

Kudüs'te Mevlevilik

Arslan Paşa Halvethanesi

Muhammed Ağa Halvethanesi'nin bitişiğindeki bir diğer halvethane Arslan Paşa'ya aittir. Yapı itibarıyla Muhammed Ağa Halvethanesi'nin hemen hemen aynısıdır. Halvethane önünde iki kubbeli revakı olup diğeri gibi onun da bitişiğinde üzeri kubbeli bir oda bulunmaktadır. Bu yapının ilk bânisi bilinmemekle birlikte aldığı hasar sonrasında yeniden yaptıran kişi Arslan Paşa'dır. 1697 yılında, yani Osmanlı'da Lale Devri'nin başladığı yıllarda yeniden inşa edilen bu yapı günümüzde Harem-i Şerif korumaları tarafından kullanılmaktadır.

Hacı Arslan Paşa Kudüs, Nablus ve Gazze'de sancakbeyliği yapmış olup hac emirliği vazifesinde de bulunmuştur.

Bu yapının hemen yanında Canbolat Halvethanesi, onun da yanında bir baba ve oğula ait olan Perviz ve Kıtas Halvethaneleri yer alır.

Arslan Paşa Halvethanesi

BABA VE OĞUL
Perviz ve Kıtas Halvethaneleri

Ortasında Kubbetü's-Sahra'nın bulunduğu Mukaddes Kaya'nın kuzey ucunda ilerliyoruz. Sıra sıra halvethaneleri ve bânilerini yakından tanımaya çalışıyoruz. Ahmed Paşa, Muhammed Ağa, Arslan Bey, Canbolat derken sırada Perviz ve Kıtas Halvethaneleri var. Perviz ve bitişiğindeki Kıtas Halvethanesi baba oğul yapılarıdır. Bu iki halvethane arasında tek direkle taşınan bir veranda bulunmaktadır ve ikisi de buraya aynı zamanda, 1560 yılında inşa edilmiştir. İnşa tarihi kitabelerin sonuna tarih düşürülerek belirtilmiş. Kanuni Sultan Süleyman'ın saltanatının 40. yılı... Yani Kanuni altı yıl daha yaşayacak. Osmanlı'nın, dünyanın zirvesinde bulunduğu günler. Böyle ihtişamlı bir dönemde Kudüs sancakbeyi ve Kudüs komutan vekili olmak her yiğide nasip olmaz. İşte bu halvethanelerin bânileri olan baba Perviz, Kudüs kale komutanlığının iki numaralı adamı, oğul Kıtas ise Kudüs sancakbeyidir. Perviz Halvethanesi'nin üzerindeki kitabede, babanın unvanı Kethüda olarak geçmektedir.

Üzerindeki kitabeden bu iki halvethanenin de yerinde daha önce başka bir yapının olduğunu anlıyoruz. Zira kitabede yer alan, "yeniden inşa etti" ibaresi, daha önce var olan bir yapıya işaret ediyor. Ayrıca bu iki halvethanenin ortasındaki verandanın kitabesinin yapılış tarihi 1532, yani daha önce var olan bir yapıya ek olarak yapılan veranda, yeni yapılan binalara eklenmiş.

İki kubbeli Perviz Halvethanesi'ne girdiğimizde bizi bir konsolun arkasında iki kişi

Perviz ve Kıtas Halvethaneleri

karşılıyor. Burası Aksa koruma görevlilerinin bürosu olarak kullanılıyor. Halvethanenin alt katı ise gece bekçilerine tahsis edilmiş. Hemen yanındaki Kıtas Halvethanesi ise tek kubbeli olarak göze çarpıyor.

Perviz ve Kıtas isimleri Kudüs uzmanlarını yıllar boyunca şaşırtmıştır. Çünkü bu isim Araplar arasında kullanılan bir isim olmamakla birlikte, Türkler arasında da bilinen bir isim

değildir. Yapılan araştırmalar neticesinde 17. yy'da Perviz ve Kıtas adının sıklıkla kullanıldığı bir aile keşfedilmiştir. Bu ailenin mensupları Kudüs civarında sancakbeyliği ve hac kafile yöneticiliği yapmıştır ve İran asıllı bir ailedir. İşte Memlüklü ve Osmanlı'nın kuşatıcı ve kucaklayıcı politikası! Aksa avlusunda Mısırlı Kıpti'den, Arap'ına, Türk'üne, Kürd'üne, İranlısına, Memlüklü Çerkez'ine kadar tüm kültürler bir arada eserler vermiştir.

Bilindiği gibi Kanuni Sultan Süleyman döneminde Safeviler Osmanlı için sıkıntı teşkil ediyor, İslam dünyasını ifsad etmeye çalışıyorlardı. Osmanlı, bunların içinden pişman olanlara sahip çıkıyor, onları belli bölgelerde istihdam ediyordu. Örneğin, Ulama Paşa, Şah İsmail'den ayrılınca Kanuni onu Bitlis Beylerbeyi yapmıştı. Tıpkı söz konusu baba oğul da bu politika mucibince Kudüs'te vazifelendirilmiş olabilir.

Bu eserleri de tanıttıktan sonra Mukaddes Kaya'nın kuzey cephesini bitirmiş oluyoruz. Yönümüzü batıya çevirip bu kez batı cephesindeki eserleri inceleyeceğiz. Önümüze ilk gelen yapı Kuzeybatı Kemeri. 1376'da Memlük Sultanı Şaban tarafından yaptırılan bu yapı Kanuni Sultan Süleyman tarafından teferruatlı bir tamirattan geçirilmiştir. Kuzeydoğu Kemeri'nin hemen bitişiğinde ismi ile bizi hiç şaşırtmayan küçücük bir kubbe bulunur: Hızır Kubbesi. Diyarbakır Ulucamii'nden Bursa Ulucamii'ne birçok yerde karşımıza çıkan bu zat elbette ki İslam'ın üçüncü makamında da olacaktır. Nitekim buraya sık sık geldiğini de biliyoruz. Kim bilir, belki bugün dahi geliyordur…

Kuzeydoğu Kemeri

HIZIR(AS) BURADA ÇOK GÖRÜLDÜ
Hızır Kubbesi

Kubbetü's-Sahra platformu üzerinde irili ufaklı kubbelerden birinin daha önündeyiz. Kudüs'te özellikle de Aksa avlusunda gezerken azami derecede dikkatli ve uyanık olunması gerektiğini hep söylerim. Zira nerede durduğumuz, o an ayağımızı nereye bastığımız o kadar önemlidir ki... Dolayısıyla bu mukaddes arazi üzerinde o an hangi kutsalın yanında olduğumuzun idrakinde olmak büyük önem arz etmektedir.

Kubbetü's-Sahra alanının kuzeybatı köşesinde, üzeri mermer alemli kurşun bir kubbe, kubbenin altında sekiz kemer ve bu kemerin altında sekiz ayakla taşınan ilginç bir yapıdır Hızır Kubbesi. Mimari üslup bakımından Osmanlı eseri olduğu söylenebilir, ancak bazı kaynaklar Memlüklü döneminden beri var olduğunu ifade etmektedir. Aksa alanında Hızır ismiyle birtakım yapıların olduğu, seyyahların anlatımlarında da geçmektedir: Hızır Makamı, Hızır Mihrabı ve Hızır Meskeni gibi... Fatımiler döneminde buraya gelen İbni Fakih, Kubbetü's-Silsile'nin önünde Hızır Musallası bulunduğundan bahseder. Mukaddisî, Hızır Mihrabı'nı anlatır. 1019'da El-Vasıtî, Hızır Meskeni'ni tanıtmış, Evliya Çelebi ise Hızır Halvethanesi'nden bahsetmiştir. Dikkatle bakıldığında bu yapıda Evliya Çelebi'nin bahsettiği bütün detaylar mevcuttur. Hızır Kubbesi'nin altında bulunan seccade şeklinde, kıbleyi gösteren bir mihrapçığa sahip olan yapı Hızır Mihrabı, kubbeli yapının zemin altındaki oda Hızır Zaviyesi, buraya girerken altından geçilen revaklı bölüm ise Hızır Makamı olabilir.

Hızır(as), Allah'ın birtakım olağanüstü özellikler verdiği özel bir kuludur. Kutlu mekânlarda sık sık görüldüğü bilinmektedir. Kalp gözü açık olanlar onu Kubbetü's-Sahra alanında defalarca müşahede etmiştir. Müşerrefî eserinde, Hz. Hızır'ın bu makamda sıklıkla namaz kıldığını söylemektedir.

Kudüs Mevlevihanesi'nin dervişlerinin de ilginç bir âdeti vardır. Her cuma bu kubbenin altında toplanmakta ve birlikte dua etmektedirler. Bir rivayete göre Hz. Süleyman, Süleyman Mabedi'nin inşaatı sırasında şeytanı yakalamış ve bu mekânda ona işkence etmiştir.

Hızır Kubbesi

RUHLARIN TOPLANMA MEKÂNI
Ruhlar Kubbesi

Kudüs'te Mescid-i Aksa alanı, özellikle de Kubbetü's-Sahra civarı her zaman ötelerle irtibatlı mekânlar olarak görülmüştür. Bu sadece İslamiyet'te değil İslam öncesi toplumlarda da böyle kabul görmüştür. Özellikle birçok peygamberin buraya uğraması, Hz. İsa'nın göğe, Hz. Muhammed'in[(sas)] Mirac'a buradan yükselmesi burayı son derece kıymetli kılmış ve bu alan ötelere ulaşmanın mekânı olarak algılanmıştır. Hatta ehl-i kitaptan birçok kişiye göre mahşer yerinin buraya kurulacağı düşünülmektedir. Mahşerde ruhların bu mekânda toplanacağı iddiaları da yaygındır. Kutsal Kaya'nın altındaki mağaranın altında Ruhlar Kuyusu adlı bir kuyu olduğu, buradan Berzah Âlemi ile bağlantı kurulabildiği yaygın inanışlardan biridir.

Bu özel mekânlarda 40'lar 7'ler gibi özel şahsiyetlerin toplantı yaptığı, bu sebeple birtakım hususi ruhların burada toplandığı anlatıla gelmiştir. Belki de bu kubbeye Kubbetü'l-Ervah (Ruhlar Kubbesi) denmesinin hikmeti budur.

Mimari üslubu ile bir Osmanlı yapısı olduğu aşikâr olan bu kubbeli mihrap, diğer makamlar gibi sekiz sütun üzerine bir

Kubbetü's-Sahra önünde Ruhlar Kubbesi

kubbe ve altında bulunan bir mihraptan ibarettir. Aslında bu kubbecikler hususi ibadet mahalleri olup hem insanların rahat ibadet etmelerini hem de mekânın özel durumunun vurgulanmasını sağlamaktadır.

1672'de Kudüs'e gelen Evliya Çelebi Ruhlar Kubbesi'nden bahsetmiştir. Tarihi bugünkü yapıya tıpa tıp uymaktadır. Bu da yapının günümüze değişmeden geldiğini göstermektedir.

Bu arada Mukaddes Kaya üzerinde irili ufaklı birçok kuyu görürüz. Bu kuyular nedir, nasıl doldurulur, suyu nasıl kullanılır, bunları da öğrenmek için onların yanına gidelim.

Aksa'nın Kuyuları

❖❖❖❖❖❖❖

Mescid-i Aksa'ya girdiğinizde devasa bir avluyla karşılaşırsınız. Burada hemen her köşe başında insanların susuzluğunu gidermek için birtakım çözümler üretilmiştir. Hıtta Kapısı'ndan girerken tarihî bir sebil karşılar sizi örneğin, bu sebilin biraz ilerisinde Kayıtbay'ın muhteşem sebilini görürsünüz. Nazır Kapısı karşısında bir başka sebil yine orada durmaktadır. Aksa avlusundan Kubbetü's-Sahra'ya çıkarken Kutsal Kaya'ya tırmanılan kuzeybatı merdivenlerinin başında İbrahim Rumi Kuyusu hem sebil hizmeti verir hem de odalı kuyusu ile farklı bir mimari ortaya koyar. Bir de Kubbetü's-Sahra platformu üzerinde kuyular bulunmaktadır. Bu kuyulara genel anlamda Ervah (Ruhlar) Kuyusu adı verilmektedir. Bu Mukaddes Kaya'nın öteleriyle alakası olduğu düşünüldüğü için bu kayaya açılan kuyuların ağızlarının da ötelere açıldığına inanılır.

Aksa avlusundaki sebiller soğutulmuş su ve şerbet dağıtmaktadır. Yine avluda bulunan kuyular ve havuzlar dışarıdaki baraj ve havuzlardan beslenmektedir. Örneğin, Kanat es-Sebil, Kudüs'e, el-Arub ve Sultan Süleyman barajlarından su taşımaktadır. Bu kanal Romalılardan İngiliz mandasının son yılı olan 1947'ye kadar kullanılmıştır.

Bu havuzlar, kuyular ve sebillerin dışında bir de Kubbetü's-Sahra platformundaki kuyular vardır ki buradaki kuyuların sistemleri bambaşkadır. Normal şartlarda bir kuyu sisteminin nasıl olduğu malumdur. Geçirgen su damarları olan bir zemin bulanlar, zeminin derinliklerine doğru bir kuyu boşluğu kazarlar. Sonra bu boşluk dört bir yandan taşlarla örülür. Bu taşların arasından su sızar ve kuyu belli bir yere kadar dolar. Kuyudan her su çekildiğinde kuyu, gücüne göre o boşluğu damarlarındaki su ile doldurur. Ancak Kubbetü's-Sahra çevresindeki kuyular bu şekilde vazife görmez. Bir kere Kubbetü's-Sahra dahil bu alandaki her şey Kutsal Kaya'nın üzerinde durmaktadır. Kubbetü's-Sahra'nın etrafındaki Ervah Kuyuları da böyledir. Yani bu kuyular Kutsal Kaya'ya oyulmuştur. Dört bir tarafı kaya olan bir kuyu, suyu nereden bulmuştur?

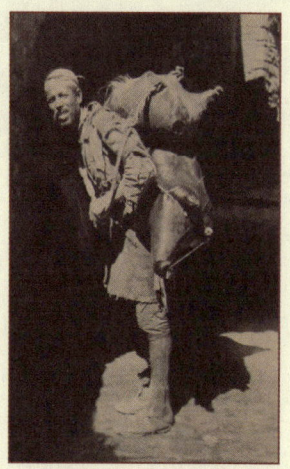

Sorunun cevabı için Kubbetü's-Sahra platformu üzerindeki oluklara dikkatle bakmak gerekir. Burada yağmur suyunu yönlendiren ve birçok yerde ustalıkla açılmış deliklerden suyu içine alan menfezler görülecektir. İlk bakışta görmenizin mümkün olmadığı bu deliklerden akan sular Mukaddes Kaya'nın içinde oyularak açılmış sarnıçlarda birikir. Bu dev sarnıçlar birbirlerine ve Kubbetü's-Sahra avlusundaki diğer kuyulara bağlıdır. Şiddetli bir yağmur

yağdığında Kutsal Kaya'nın üzerine düşen hiçbir yağmur tanesi zayi olmaz, bu menfezlerden kayanın altındaki sarnıçlarda birikir ve kuyudan bir kova yardımı ile yeryüzüne çıkar. İşte Kudüs budur! Tüm kutsallar iç içedir ve bu kutsalların içindeki su bile korunmalı, gelenler de bu sulardan istifade ettirilmelidir.

CENNET'İN KAPISI
Yaprak Kuyusu

Peygamber Efendimiz'in[sas] Mirac basamağı olan Kutsal Kaya alanı üzerindeki kuyular, bizatihi Kutsal Kaya'nın içine açılarak, kaya içine oyulmuş haznelerde toplanan yağmur sularını kullanabilmemizi sağlar. Bu özel durum sebebi ile bu kuyulara Ervah (ruhlar) kuyusu adı verilmiştir. İnsanların su ihtiyacını karşılayan bu kuyularla ahiret arasında irtibat kurulduğuna dair en güzel delillerden biri Hz. Ömer döneminde meydana gelen şu hadisedir.

O günlerde bu kuyulardan birinden su çekmek isteyen bir zat, kovayı kuyuya düşürür. Üşenmez, aşağı inip kovayı almaya karar verir. Kuyunun dibine indiğinde ileri doğru uzanan bir dehliz görür. Dehlizin ucunda da bir ışık parlamaktadır. Merak bu ya, başlar ışığa doğru yürümeye. Sonunda dehlizin ucuna gelir ve ışığa yaklaşır. Birde ne görsün! Tünelin sonunda bir açıklık vardır ve ışık buradan sızmaktadır. Bu açıklığa gelip de dışarı çıktığında bambaşka bir ortamla karşılaşır. Üstteki gök başka, yerdeki çim başkadır. Meğer bu özel menfezden Cennet'e girmiştir, hayretler içerisindedir. Bir süre hayranlıkla dolaşır. Biraz uzaklaştığında gördüğü mahlukatın şekilleri daha bir acayipleşince korkar ve geri dönme kararı alır. Ama bir yandan da kendi kendine, "Kimse bana inanmayacak," demektedir. Bu olağanüstü mekândan ayrılırken küçük de olsa bir delil götürmek ister yanında. Önündeki bir ağaçtan bir yaprak koparır ve geldiği tünele geri döner. Kuyudan çıktıktan sonra hadiseyi birçok kişiye anlatır. Tabii arkasından çok kişi bu kuyuya girip bahsedilen

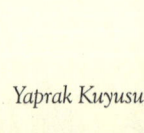

Yaprak Kuyusu

yeri görmek ister, ama nafile. Dehlizin sonu hep karanlıktır. Bu olağanüstü hadise Medine'de Hz. Ömer'e kadar uçurulur. O da yanındakilere, "Ben Peygamber Efendimiz'den(sas) duymuştum. Cennet ağaçlarının yaprakları kurumaz buyurmuşlardı. O zatı bulun ve yanındaki yaprağı inceleyin. Eğer yaprak yeni koparılmış gibi taze duruyorsa o kişi doğru söylüyordur," der. Gerçekten de Medine'den Kudüs'e gelen bir heyet Kudüs'te bu zatı bulup yanındaki yaprağı görmek ister. Daha önce kuyuya inip bu olağanüstü hadiseyi yaşamış olan zat, sakladığı yerden yaprağı çıkarır ve gösterir. İncelediklerinde yaprağın yeni koparılmış gibi tazecik durduğunu görürler. Bu hadise sonrasında bu kuyuya Yaprak Kuyusu ismi verilmiştir.

Kudüs ve Aksa böyledir. Hangi taşın altından ne çıkacağını kestirmek güçtür. Örneğin, bu kuyunun hemen yanında tek kubbeli, son derece sade, tek birimlik bir yapı öylece durur. Bu yapının altında da Kubbetü's-Sahra'nın altındaki gibi ikinci bir mağara vardır ve tarih boyunca nice âlim orada Allah'la kurbiyet kurmaya çalışmıştır.

KUTSAL KAYA'NIN İKİNCİ MAĞARASI
Şeyh Muhammed Zaviyesi

Muallak Kayası üzerinde, meşhur Yaprak Kuyusu'nu gördükten sonra, tek kubbeli, görüntü itibarıyla dikkat çekmeyen bir yapıyla karşılaşıyoruz. Dış görünüşü sade olsa da bânisi ve özellikleriyle bilinmesi gereken bir eserdir.

1700'lü yıllarda inşa edilen ve bugün Aksa restorasyon ekibi tarafından kullanılan bu yapı halk arasında Nebi Mescidi olarak bilinmektedir. Bu adlandırmanın net bir sebebi olmasa da bir yanında Kubbetü's-Sahra, diğer yanında Mirac Kubbesi bulunan bu yapı Mirac hadisesi ile özdeşleştirilmiştir. Kitabeye göre el-Hadi el-Emin Kubbesi olarak adlandırılan yapı 1700'lerde Kudüs Sancakbeyi Muhammed Bey tarafından yaptırılmıştır. Bir süre sonra Şeyh Muhammed Halili adında bir zat bu yapıyı zaviye olarak kullanmaya başlamıştır. Yukarıda zikrettiğimiz üzere yapı üç farklı Muhammed adlı kişi ile irtibatlandırılmıştır. Haliyle yapı Muhammed Zaviyesi adını buradan almıştır diyebiliriz.

Zaviye üzerindeki kitabe

Şeyh Muhammed Halili, 1727 yılında bu yapıya öyle akarlar vakfetmiştir ki ileriki yıllarda yapının bânisi gibi muamele görmeye başlamıştır. 7000 adet kitabı, Kudüs, Halil, Eriha ve Yafa'daki dükkânlarının gelirlerini, dönümlerce araziyi buraya vakfetmiştir. Vakfettiği paha biçilmez el yazması Kur'an'lardan biri bugün Aksa

Şeyh Muhammed Zaviyesi

Müzesi'nde sergilenmektedir. Bu kıymetli zat, hayatının sonuna kadar bu binada talebe yetiştirmiş, kendisine intisaplı insanlarla kurduğu zikir halkalarıyla bu makamı şenlendirmiştir.

Zaviye altındaki mağara içinde bulunan tarihî mihrap

Gelelim binanın ilginç olan yönüne. Aynen Kubbetü's-Sahra'da olduğu gibi bu binanın altında da küçük bir mağara bulunmaktadır. Yapının kıbleye bakan kısmından aşağı inen bir merdiven bizi bu yeraltı odasına taşır. Yine Kubbetü's-Sahra'nın altındaki Ruhlar Mağarası'nda olduğu gibi bu mağaranın içinde de bir mihrap mevcuttur. Zaviyenin altındaki bu küçük yeraltı mağarasının bir inziva, itikâf, rabıta-yı mevt odası olarak değerlendirildiği düşünülmektedir.

Zaviyenin altında, Kutsal Kaya'nın içindeki mağaranın havalandırması

Şimdi tekrar Muallak Kayası'nın kenarına geçiyor ve batı cephesi boyunca halvethaneleri incelemeye devam ediyoruz.

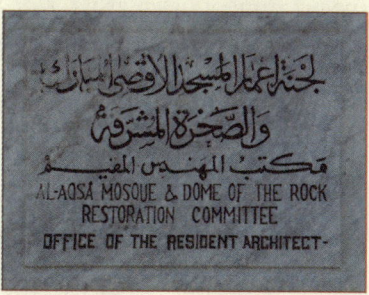

Günümüze ait kitabesi

KURAN OKUNMASI İÇİN 500 ALTIN
İslam Bey Halvethanesi

Kubbetü's-Sahra'nın batı cephesinde, Aksa avlusunda Babü'l-Hadid'in (Demir Kapı) karşısına gelen yerde, kuzey cephedeki Muhammed Ağa ve Arslan Paşa Halvethanelerinin benzeri bir yapının önündeyiz. Burası İslam Bey Halvethanesi'dir. Büyük kubbeli bir yapıdır ve önünde iki küçük kubbeli revakı mevcuttur. Mukaddes Kaya'ya bitişik hemen bütün halvethaneler gibi bu yapı da iki kattan oluşur. Binanın üst katı restorasyon idaresi, alt katı ise zekat kurumu olarak vazife yapmaktadır. Alt katın giriş kapısı Aksa avlusunun batı cephesine bakmaktadır. İçeri girildiğinde tek birimden oluşan odanın kaburga tonoz bir örtü sistemine sahip olduğunu görürüz. Ayrıca alt katta bir de mihrap bulunmaktadır. Tabii içler acısı olan durum, tarihî mihrap alüminyum doğramalarla kaplanarak dolap haline getirilmiştir. Kesme taş yer kaplama dökme mozaikle kaplanmıştır. İçeride, kitabımız için fotoğraf çektiğimizi söylediğimizde dahi istifini bozmayan bir personelle karşılaşıyoruz! Bir bu manzaraya bakıyorum, bir de yüzyıllar önce bu odalardan yükselen ilmî tartışmalara, sohbet halkalarına, Kur'an tilavetlerine, zikirlerin yükseldiği atmosferi tahayyül etmeye gayret ediyorum. Müslümanların bugün düştüğü bu durumun sebebi aslında karşımızda apaçık duruyor.

İslam Bey Halvethanesi'nin Aksa avlusuna bakan cephesi

Üst katın giriş cephesi do-
ğuya yani Kubbetü's-Sahra
platformuna bakıyor. Ancak
üst katın Aksa avlusuna ba-
kan yüzünde iki adet penceresi
bulunuyor ve bu pencerelerin
içinde bulunduğu kare niş çok
etkileyici, mukarnaslı bir alın-
lığa sahip.

Halvethanenin alt katı içeriden

İslam Bey, sicil kayıtlarına göre İstanbul'un önemli ailelerin-
den birinin çocuğu olarak dünyaya gelmiştir. Kardeşi Zeyrek Bey
Babü's-Saade Ağalığı vazifesinde bulunmuştur. Yani Topkapı Sa-
rayı'nda Enderun avlusuna açılan en önemli kapı olan Babü's-Sa-
ade'nin kapıcılarındandır. Bu vazifeyi Osmanlı'da genelde Ak
Ağalar yapardı ve bu görevliler son derece kıdemli görevlilerdi.

Sultan III. Murad döneminde Kudüs Sancakbeyliği yapmış
olan İslam Bey bu eserini 1593'te inşa ettirmiştir.

İslam Bey Halvethanesi'nin son derece ilginç bir vakfiyesi var-
dır. İslam Bey bu eserini bitirdiği yıl, esaslarını belirlediği vakfi-
yesinde sürekli Kur'an okunması için 500 altın bağışlamıştır. Bu
bir vakıf olduğu için, bu hayrın devamı adına elbette bu hazır
parayı kullanmayacaklardır. İslam'da amaç, az da olsa sürekli olan
hayır işleridir. Kudüs kadısı vakıfta geçtiği üzere bu paranın gü-
venilir, haramla işi olmayan bir tüccara devri emrini verir.

Topkapı Sarayı'nda Babü's-Saade

İslam Bey Halvethanesi'nin Kubbetü's-Sahra avlusuna bakan üst katı

Bu mütevelli parayı işletir ve her sene bu 500 altının %15 kadar tutarını vakfa yatırır. Böylece anapara erimeyecek ve geliriyle vakfın devamı sağlanacaktır. Elde edilen bu gelirle neler yapılacağı da kayıt altına alınmıştır: Kur'an okuyacak hafızlar, bu hafızları organize edip sıraya sokacak yönetici, hafızlara bu nüshaları dağıtacak kişi, İslam Bey Halvethanesi'nin aydınlatılabilmesi için yağ ve kandiller ile ilgilenecek görevli… Tabii, vakfın sonunda, okunacak olan Kur'an-ı Kerim'in kimlerin ruhuna bağışlanacağı da tek tek sıralanmıştır. İsimler arasında İslam Bey'in kardeşi, Topkapı Sarayı'nda Babü's-Saade ağalığı yapan Zeyrek Bey bile vardır.

Açıkçası vakfın maddelerini okurken bile insanın gözleri dolu dolu oluyor. Hayırda yarışan bir toplum, hayrın devamı için çırpınan insanlar… Gözlerimiz Aksa avlusunda ümitsizce onları arıyor.

32 HAFIZ İLE BİR NUMARA
Bayram Paşa Halvethanesi

Kudüs'ü, Kudüs içindeki Beytü'l-Makdis kutsal alanını dünya üzerindeki nice mekân ve yapıdan üstün kılan en önemli şey, hiç şüphesiz bağrında kutsal bir kaya barındırıyor olmasıdır. Bu kayaya yakın olmak, Allah'a yakın olmak anlamına geldiği için tarihte birçok insan Kutsal Kaya civarında barınmak, ibadet etmek, buraya yakın olmak istemiştir. Bu amaçla kayanın hem yan bitişiklerine hem de üstüne birtakım halvet binaları inşa edilmiştir. İşte bu halvethanelerden biri de Bayram Paşa Halvethanesi'dir. Kubbetü's-Sahra'nın batısında, Pamukçular Çarşısı Kapısı'nın hemen karşısında bulunan bu eser bir 17. yy yapısı olup Mısır Veziri Bayram Paşa'ya aittir. Sadece bu halvethaneyi yaptırmayan Bayram Paşa, Kudüs civarında birçok eserin tamirine de sponsorluk yapmıştır. Kudüs şehir surları dışında bulunan Davud(as) Camii ve türbesini tamir ettirmiş, üzerindeki puşidesini yeniletmiştir. Halil Ulucamii'nin de tamirini yaptıran kişi yine Bayram Paşa'dır.

Halvethanesine bağışladığı akarlar ile burada devamlı Kur'an okunmasını istemiştir. Onun döneminde halvethanede Kur'an okuyanların sayısı 32'ye kadar yükselmiştir. Bu sayı o gün Kudüs içindeki hafızları istihdam eden vakıflar içinde en yüksek rakamlardan biridir.

Bayram Paşa Halvethanesi

Mukaddes Kaya'nın batı cephesinde ilerlerken Bayram Paşa Halvethanesi'nden sonra yine merdivenlerle karşılaşıyoruz.

Bunlar Aksa avlusundan Kubbetü's-Sahra'ya çıkan batı merdivenleridir. Üzerindeki kemer de bir hayli eskidir, Fatımilerden kalmadır. Abbasi Halifeliği'nin zayıfladığı, İslam'ın hâmiliğini Müslüman Türklerin (Selçuklular) alacağı günlere kadar Filistin toprakları Fatımiler tarafından yönetilmiştir. Her ne kadar Şii bir devlet olsalar da buraya hürmet etmiş ve onlar da onlarca eser vermiştir. Abbasiler döneminde devşirilmiş, Fatımi bünyesinde hizmet etmiş nice Türk Kökenli idareci Kudüs'te görevlerini ifa etmiştir.

Bu arada bu kemeri ve merdivenleri sakın unutmayın! Kitabımızın sonunda size unutulan bir Osmanlı birliğinden ve ölümüne kadar Aksa'da nöbet bekleyen bir Osmanlı askerinden bahsedeceğiz. İlhan Bardakçı, "Pamukçular Çarşısı'ndan Aksa avlusuna çıktığınızda karşınızda Kubbetü's-Sahra'ya uzanan merdivenler görürsünüz. Onu, o merdivenlerin başında gördüm," diyor. İşte bahsettiği yer tam burası!

Sahra platformunun Batı Revakları

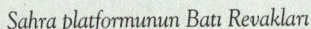

ALTINDA DEV BİR SARNIÇ SAKLAYAN MEKÂN
Müezzinler Halvethanesi

Kubbetü's-Sahra alanının batısında, Eşrefiyye Medresesi'ne doğru inen Batı Merdivenleri ve kemerlerinin bitiminde küçük, tek kubbeli bir yapı daha görürüz. Diğer Aksa yapılarına nispetle yeni diyebileceğimiz bu yapı, 1807 yılında inşa edilmiş olup, müezzinler tarafından kullanıldığı için bu isimle adlandırılmıştır.

Son yıllarda önüne beyaz duvarlı, kubbeli bir yapı daha eklenmiş olsa da aslında bu yapı hem tek birimdir hem de diğer halvethaneler gibi iki katlı değildir. Uzaktan bakıldığında Kutsal Kaya'nın kenarından aşağı doğru uzanan bir alt kat gözükse de bu birim halvethaneye ait değil, yapının altındaki sarnıca aittir. Çünkü Müezzinler Halvethanesi'nin altında Eyyübi hükümdarlarından Muazzam İsa'nın sarnıcı vardır. Bu sarnıç dışarıdan fark edilemeyecek kadar Kubbetü's-Sahra platformunun altında bulunmaktadır. Eyyübiler döneminde inşa edilmiş olup, Memlüklüler döneminde eklemeler yapılmış, Osmanlılar döneminde son halini almıştır. Bu üç döneme ait kitabeler, içinde

Halvethanenin yanındaki güneybatı kemerleri ve merdivenleri

Müezzinler Halvethanesi

bulunmaktadır. Sarnıç, Kutsal Kaya'nın üzerinde biriken suların belli bir kanalla içine akıtılması ile doldurulmaktadır.

Böylelikle Kubbetü's-Sahra platformunun batı cephesinin sonlarına geldik. Mukaddes Kaya'nın bu yüzündeki son merdivenlerle karşılaşıyoruz. Bu rampanın üzerindeki kemerler 1472 yılında inşa edilmiş, yani Memlük Sultanı Kayıtbay döneminde. Yine merdivenlerden Aksa avlusuna indiğinizde karşınıza gelen medrese de Eşref Kayıtbay'a aittir. Bu gösterişli medresenin buraya yapılması sonrasında, karşısından Kubbetü's-Sahra'ya çıkılan dar ve tek kemerli girişin genişletildiği anlaşılıyor. Kemerin doğuya bakan yüzünde iki adet kitabe var. Bu kitabelerden öğrendiğimiz kadarıyla bu kemer, hem Kudüs hem de Halil şehrinde yöneticilik yapmış olan Nasirüddin Muhammed bin Naşaşibi tarafından yaptırılmıştır.

Kemer kitabesi

BİR EYYÜBİ MEDRESESİ

Nahiv Kubbesi

Şimdi Kutsal Muallak Kayası'nın üzerindeki en gösterişli yapılardan birini anlatacağız. Burası Nahiv Kubbesi. Platformun güneybatı köşesinde bulunur. Üzerinde, binalar topluluğunun iki ucunda iki kubbesi vardır. Ancak bina sadece kayanın üzerinde görünen bu tek sıralı yapılardan oluşmaz. Kayanın kenarından zemine doğru uzanan bir alt kat sırası da mevcuttur.

Yüzyıllar içinde farklı amaçlarla da kullanılan bu yapılar aslında zamanın halvethaneleri olarak vücuda getirilmiştir. Allah'a yakın olmak, Kutsal Kaya'ya yakın olmak anlamına geldiği için belli bir kademenin üzerindeki insanlar, ulema ve mutasavvıflar Kaya'nın kenarındaki bu halvethanelerde itikaf, inziva, ilim, ibadet gibi amaçlarla yer ediniyorlardı. Kayanın boydan boya bütün kenarı bu şekilde küçüklü büyüklü halvethanelerle çevrili olup iki katlı bu yapıların alt katları Kaya'ya bitişik konumdadır.

Nahiv Kubbesi'nin alt katı bugün Mescid-i Aksa vakıf kayıtlarının tutulduğu merkez olarak kullanılmaktadır. Hatta bu son derece kıymetli arşiv vesikaları korunsun diye Türkiye'den TİKA, buraya modern arşiv

Birçok halvethane gibi çift katlı yapısıyla Nahiv Kubbesi

dolapları desteğinde bulunmuştur. Uzun zaman önce TİKA'da Elyazmaları Sorumlusu Ramazan Tuğ Bey ile arşiv çalışması için bu odaya girdiğimizde bir tarafı Kaya'ya yaslanmış kemerler görmüş ve şaşkınlığa gark olmuştum. Düşünün ki yüzyıllar önce yaşamış, konusunda uzman bir âlimsiniz, bir mutasavvıfsınız. Allah ile kurbiyet kesbetmek, ruh dinlendirmek, murakabe yapmak, kendinizi hesaba çekmek, eser vermek gibi bir amaçla Kudüs'e geliyorsunuz. Size Kutsal Kaya'ya bitişik halvethanelerden birinde, bir kemerin içini veriyorlar. Tabir yerine ise sırtınızı, omzunuzu, yanağınızı yaslayarak bu Mukaddes Kaya'nın yanında ibadet ve ilim ile meşgul oluyorsunuz. Bütün ilim, ilhamlar ve kabiliyetler Allah'tandır. O'na yakın olmak, kayaya yakın olmak ise işte tam yerindesiniz. Manzaranın ne kadar muhteşem olduğunu tahayyül edebiliyor musunuz? Keşke o günlerde yaşasaydık ve bize de o mukaddes ortamdan bir kemerin içini verselerdi. Bu kitabı orada yazsaydık örneğin. O ortamda ikamet edip ruhumu O'nun ilhamları ile şekillendirmeyi kim istemez ki.

Gelelim Nahiv Kubbesi'ni anlatmaya. Son derece özel bir eserin önündeyiz. Çünkü Aksa avlusunda bulunan ve günümüze kadar orijinalitesini muhafaza etmiş tek Eyyübi medresesi burasıdır. Orijinal adı el-Kubbe en-Nahviyye'dir. 1207'de Eyyübi Sultanı Muazzam İsa tarafından yaptırılmıştır. Bânisinin adından dolayı Muazzamiyye Medresesi de denmektedir. İçinde Kur'an eğitimi de verilmiş olmasına rağmen gramer dersleri ile meşhur

Ders halkasında ilim adamları

olmuş, Gramer Kubbesi adı ile anılmaya başlamıştır.

Yapının batıya bakan kubbeli odasının içindeki kitabede, Nahiv Kubbesi'nin yapımının, Ebubekir bin Eyyüb'ün oğlu Melik Seyfeddin İsa tarafından emredildiği, Kudüs Valisi Abdullah el-Muazzami'nin oğlu Hüsameddin Ebu Sad Kimaz tarafından yapıldığı yazmaktadır.

Bu Eyyübi Medresesi'nin kuzeye bakan kapısının her iki kenarında burgu formlu sütunlar görülmektedir. Bu sütunların benzerleri Mescid-i Aksa'da Ömer Mescidi'nde de bulunuyor olup her ikisi de Haçlılar döneminden kalma devşirmelerdir. Muazzam İsa'nın vakfında, bu medresede eğitim görecek ve eğitim verecek personelin Hanefi olması şartı koşulmuştur.

Nahiv Medresesi'nin kuzeybatı duvarında Osmanlı dönemine ait bir kitabe görülmektedir. Bu kitabe Nahiv Kubbesi'nin bu duvarı üzerinde bulunan, ne yazık ki günümüze ulaşamamış bir sebile aittir. Kitabede, bu sebili el-Hüseyni'nin oğlu Hasan'ın inşa ettirdiği yazmaktadır. Ayrıca yapım yılı olarak da 1725 yılı görülmektedir.

Haçlı dönemi devşirmesi detaylar

Nahiv Kubbesi'nin Kubbetü's-Sahra platformuna bakan cephesi

1807 yılında Aksa'yı ziyaret eden yabancı bir gezgin Nahiv Kubbesi'ni anlatırken, haremin lambaları için gerekli yağın burada depolandığından bahsetmiştir.

1956 yılına kadar Darülkütüb el-Mescid el-Aksa adı ile kütüphane olarak kullanılmıştır. Nahiv Kubbesi'nin tam karşısındaki Eşrefiyye Medresesi'nin içinde medfun Şeyh Muhammed Şerefeddin Halili, Nahiv Kubbesi kütüphaneye çevrildiğinde bu müessesenin ilk kütüphane müdürü olarak hizmet etmiştir. Şeyh Muhammed'in vefat yılı 1725 olduğuna göre bu yapı uzun yıllar kütüphane olarak hizmet vermiştir.

Az önce Müezzinler Halvethanesi'nde anlattığım Muazzam İsa Sarnıcı, Nahiv Kubbesi'nin Mukaddes Kaya'ya bakan kısmına kadar uzanmakta. Nahiv Kubbesi, Muazzam İsa tarafından yaptırılırken bu sarnıcın da buraya konduruldığı görülüyor. İçerideki kayıtları incelemek için Nahiv Kubbesi'nin altına girdiğimizde, bu sarnıca uzanan bir kuyunun hâlâ mekânın ortasında durduğunu görmüştük.

Nahiv Kubbesi'nin Kubbetü's-Sahra'ya açılan gösterişli kapısı

SELAHADDİN EYYÜBİ'NİN YİTİK KİTABESİ
Yusuf Ağa Mihrabı

Nahiv Kubbesi'nin hemen yanında, Mukaddes Kaya'nın güney cephesinde bulunan üzeri kubbeli mihrap Yusuf Ağa Kubbesi olarak bilinir. 1681 yılında inşa edilen bu mihrabın bânisi, Topkapı Sarayı'nda Harem Ağalığı yapan Yusuf Ağa'dır. Mihrap kitabesinde geçen ifadelerden yola çıkarak kısa bir süre Kudüs'te yöneticilik yaptığı düşünülmektedir. Hem kitabesinde hem de sicillerde bu mihrabın vakfiyesi, vakfı kuran İstanbullu Yusuf Ağa ve mimarı Hacı Ali'nin adı geçmektedir.

Mihrap alnında sağ ve solda iki adet kitabe olup biri Arapça diğeri de Osmanlıcadır. Osmanlıca kitabesinde şöyle yazar:

Yaptı Nâzir Ali Ağa bunu
Ola ecri Yusuf Ağa'ya tamam
Dedi hâtif görünce tarihini
Oldu bin doksan ikide itmam

Yusuf Ağa Mihrabı

Mihrabın Osmanlıca kitabesi

Mukaddes Kaya'nın üzerinin kalabalık günlerde namazgâh gibi kullanıldığını bize anlatan bu mihrap, mimari yönden hayli şaşırtıcıdır. Çünkü inşası sırasında o kadar çok devşirme malzeme kullanılmıştır ki karşımıza sıra dışı eklektik bir yapı çıkmıştır. Üzerinde Haçlılardan, Eyyübilerden ve Memlüklüler döneminden mimari parçalar bulunduran mihrap, Osmanlı üslubu ile bir araya getirilmiştir.

Aslında bu mihrapta karşılaştığımız en şaşırtıcı şey, mihrabın tam ortasında bulunan büyük kitabedir. Çünkü bu kitabenin Yusuf Ağa'nın bu mihrabı yaptırdığı tarihle uzaktan yakından bir alakası yoktur. Mihrap Eyyübiler dönemine aittir. Üstüne üslük Selahaddin Eyyübi dönemine tarihlenmektedir. Üzerindeki yazıda da Selahaddin Eyyübi'den bahsedilmektedir.

1191 tarihli kitabede Selahaddin Eyyübi'nin diğer ismi olan Yusuf da geçmekte, büyük komutanın, Kudüs'ü fethi sonrasında bir hendeğin kapatılmasını ve bir duvarın inşasını emrettiği ifade edilmektedir. Filistinli uzmanlarla yaptığımız görüşmede

İçinde Selahaddin Eyyübi'nin adının geçtiği Eyyübi kitabesi

Selahaddin Eyyübi

bu kitabenin Kudüs'te bir kazı sırasında bulunduğu ve buraya konulduğu bilgisine ulaştık.

Yusuf Ağa'nın bu mihrap dışında, Mescid-i Aksa Kıble Camii'nin sağında, Aksa Müzesi'nin solunda bulunan baldaken, tek kubbeli bir dersliği de bulunmaktadır.

Bu mihrap, az ilerisindeki yaz minberiyle güzel bir birliktelik oluşturup Mukaddes Kaya'nın üzerini harika bir namazgâh haline getirmişlerdir. Yusuf Ağa mihrabı gibi ilerisindeki minber de farklı medeniyetlere ait izler taşımaktadır. Şimdi biraz da bu minberi inceleyelim.

Mihrabın Arapça kitabesi

HER MEDENİYETTEN BİR İZ TAŞIYOR
Yaz Minberi

Kubbetü's-Sahra platformunun güney cephesinin, Mescid-i Aksa Kıble Camii'ne bakan yüzünde göz kamaştıran bir minber bulunmaktadır. Hiç kuşkusuz, yanındaki mihrabıyla Mukaddes Kaya'nın üzerinin, toplu ibadetler için kullanılan bir açık hava mescidine dönüştürülme amacından kaynaklanan harika bir eserdir bu yapı. Her zaman söylediğimiz gibi eğer sadece bakmayıp gerçekten görebilirsek, Aksa avlusunda medeniyetlerin geçit töreni yaptığını ibretle temaşa edebiliriz.

Bu önümüzdeki minber de işte bunlardan biri. Dikkatle baktığımızda, üç farklı dönemde, üç farklı medeniyetin elinin değdiği bir eseri incelediğimizi fark ederiz. Kubbetü's-Sahra platformunun güney kemerlerine yaslanmış olarak duran en eski kısım, kubbeli, iki katlı gövdeye sahip çift kat sütunlarla taşınan bölümdür. En altta üçlü ayaklar, üzerinde kompozit sütun başlıkları ve onların taşıdığı at nalı bir kemerle alt kat tamamlanır. Üzerinde altı sütun ile taşınan ikinci kısma geliriz. Bu sütunlar da üçer çeyrek kemerli

Yaz Mihrabı

kompozisyon ile altıgen bir alınlığa bağlanır ve tamamlanır. Tarifini yaptığımız bu iki katlı yapı her şeyi ile Haçlı dönemi devşirmesidir. Yani 1099-1187 yılları arasında Kudüs'ü işgal eden Haçlıların Aksa avlusuna kondurduğu birtakım yapıların parçalarıdır. Muhtemelen Eyyübilerin Kudüs'ü fethi sonrasındaki düzenlemeleri sırasında burada değerlendirilmiştir. Kubbe yivli haliyle Memlüklüleri çağrıştırmaktadır. Ya Eyyübilerin son döneminde ya da Memlüklülerin ilk yıllarında buraya konmuş olabilir.

Kudüs'ü anlatan muhtelif eserlerde Mizan Kubbesi olarak geçen bu yapı, Mucireddin'in de vurguladığı, tekerlekli, tahta bir merdivenle özel günlerde minber vazifesi görüyordu. Yağmur duaları, bayram ve cuma namazları, halka toplu vaaz verme mekânı gibi değerlendirilen bu açık ibadet mahalli aslında Medine'deki Mescidü'l-Gamame ile başlayan namazgâh geleneğinin bir devamı şeklindedir.

Bu minbere sonraki yıllarda Burhaneddin Minberi de denmeye başlanmıştır. Bunun sebebi ise 1300'lü yıllarda yaşamış olan (1325-88) Kadı Burhaneddin bin Cama'nın minberi tamir

Sultan Abdülmecid tuğralı alınlık kitabesi

Yaz Minberi'nin bir asır öncesine ait bir fotoğrafı

etmesidir. Bu çalışma sırasında minbere mermer basamaklar ve korkuluk eklenmiştir.

Haçlı, Eyyübi, Memlüklü derken bir de Osmanlı dokunmuştur minbere ve tamamlanmıştır medeniyetler geçidi. Tarihler 1843'ü gösterdiğinde Sultan Abdülmecid Han'ın tamiratı ve eklemeleri söz konusu olur. Minberin kapısı ve yan aynalarındaki hilal, yıldız motifleri bu döneme aittir. Ayrıca kapı üzerine konulan bir tuğra Sultan Abdülmecid dönemini simgelemektedir.

Şimdi Mukaddes Kaya'ya tırmanılan merdivenlerin en önemlisine sıra geldi. Peygamber Efendimiz[sas] Mirac Gecesi Mescid-i Aksa Kıble Camii tarafından Beytü'l-Makdis'e girmiş ve bu merdivenleri kullanarak Muallak Kayası'nın üzerine tırmanmıştır.

GÖK MERDİVENLERİNDEN ÖNCE BUNLARA DOKUNDU
Nebi Basamakları

Aksa avlusundan Kubbetü's-Sahra'ya tırmanmak için bugün sekiz farklı merdiven kullanılır. Bunlar farklı zamanlarda buraya eklenmiştir. Bu merdivenler içinde şüphesiz en meşhuru, Kubbetü's-Sahra platformunun güneye bakan cephesindeki merdivenlerdir. Çünkü Mirac Gecesi Peygamber Efendimiz(sas) Aksa avlusuna, Kıble Camii tarafından giriş yapmış, bu merdivenleri kullanarak Mukaddes Kaya'nın üzerine tırmanmıştır.

Merdivenlerin başındaki kemerin önceleri üçlü olduğu, sonradan dörde çıkarıldığı bilinmektedir. Fatımi döneminde inşa edilen kemerlerin bânisi Fatımi Halifesi Ez-Zahir'in komutanlarından Anuştekin Gavri'dir. Kendisi Hotinli bir Türk olan Anuştekin, kölelikten idareciliğe yükselmiş, Suriye Valiliği vazifesine getirilmiştir. 1028-41 yılları arasında bu vazifede kalmıştır. Zamanında bu kemerlerin üzerinde altın yaldızlı bir kitabe olduğu

Peygamber Efendimiz'in(sas) Mirac Gecesi kullandığı rampa

Güney Kemeri Kubbetü's-Sahra platformundan

ve üzerinde, "Emir Lais ed-Devle Anuştekin Gavri tarafından yaptırıldı," yazdığı bilgisi vardır.

Bu kemerler 1211 yılında Eyyübi Hükümdarı Muazzam İsa tarafından tamir edilmiştir. Kemerin üzerindeki Güneş Saati'nin Abbasiler döneminden kaldığı, başka bir yapıdan buraya aktarıldığı düşünülmektedir.

Aksa platformunun güney cephesine ait son merdivenlere geldi sıra. Bu merdivenler ve kemer de az öncekiler gibi Fatımi Emirlerinden Anuştekin el-Gavri tarafından yaptırılmıştır. Kemerin güneye bakan yüzünde iki kitabe vardır. Fatımi dönemine ait bu kitabelerde yapının 1030'da Anuştekin tarafından yaptırıldığı ifade edilmektedir.

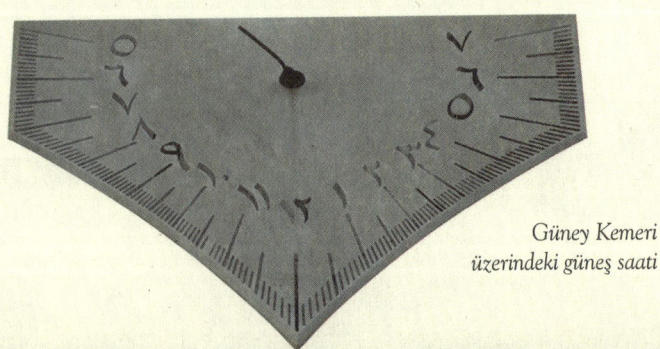

Güney Kemeri üzerindeki güneş saati

Kemerin kuzeye bakan yüzünde bir kitabe daha vardır ki bu kitabe Eyyûbiler dönemi tamir kitabesidir. Burada şöyle yazmaktadır:

"Rahman ve Rahim olan Allah'ın adıyla. Bu kemerler Efendimiz Sultan, bilgili, el-Melik el-Adil Ebu Bekir Eyyûb'ün oğlu el-Melik el-Muazzam, Ebu'l-Feth İsa'nın hanedanlığında tekrar inşa edilmiştir. Allah onların hanedanlığını daim eylesin 608 (1211). Hamd Allah'adır."

Güneydoğu kemeri ile Kubbetü's-Sahra platformu üzerindeki yapıları ziyaret etmiş oluyoruz. Şimdi tekrar batı kemerine doğru gidelim; Kubbetü's-Sahra'nın tam batısında bulunan, karşısındaki devasa Pamukçular Çarşısı Kapısı'na bakan merdivenlerin başına. Zira bu kitabı, orada yıllarca nöbet tutmuş bir yiğidimizin hatırasıyla bitirmek istiyoruz.

Aksa'nın Son Osmanlısı

Rahmetli İlhan Bardakçı'yı çocukluk yıllarımdan beri yazdığı gazete makalelerinden takip ederdim. Hele divan sohbetlerinin tadına doyum olmazdı. Bir süre sonra eski yazılarını bulup okumaya başladım. Bir gün, ben doğmadan tam dört sene önce başından geçen hatırasını anlattığı yazıya denk geldim. Hatıranın kahramanındaki vefa ve adanmışlığa karşılık bizdeki umursamazlık ve vurdumduymazlık karşısında kahroldum. Karakterine, duruşuna hayran olduğum o askeri bulma, ellerine ayaklarına kapanıp öpme ihtimalim yoktu artık, ama bu askerin nöbet beklediği yeri bulabilir, İlhan Bey'in onu gördüğü noktayı öğrenebilirdim. Yıllarca Kudüs'e gidip o mukaddes nöbet mahallini bulacağım anı kolladım ve bir gün bu dileğim gerçek oldu. Şimdi ne zaman bir grupla Kudüs'e gitsem, İlhan Bey'in anlattığı yere, Pamukçular Çarşısı'nın karşısındaki merdivenlerin başına götürürüm onları. Bu noktada sözlerime virgül koyuyor ve gerisini dönüş yoluna havale ediyorum. Kudüs ziyaretimiz bitip de otobüsümüz ile Yafa'ya (Telaviv), havalimanına giderken başlarım bu yazıyı grubuma okumaya. Bugüne kadar gözlerim dolmadan okuyamadığım bu yazı ile sonlandırırım bütün Kudüs turlarımı. Bu kitapta da öyle yapacağım.

Pamukçular Çarşısı Kapısı. Avluya girer girmez
Kubbetü's-Sahra'nın merdivenleri sizi karşılar

Ona Mescid-i Aksa'da Rastladım

İlhan Bardakçı
Mevki: Kudüs
Mekân: Mescidü'l-Aksa
Tarih: 21 Mayıs 1972, Cuma

Ben ve gazeteci arkadaşım rahmetli Said Terzioğlu, İsrail dışişleri rehberlerinin yardımı ile bu mübarek makamı dolaşıyoruz. Kudüs Kapalı Çarşısı'nda rüzgâr gibi dolanan entarili kahvecilerin elindeki askılara çarpmadan biraz yürüdünüz mü, önünüze çıkan kapı sizi Mescidü'l-Aksa'nın önüne kavuşturur. Mirac mucizesinin soluklanıldığı ilk kıblemize yani... Hemen oracıkta, ilk avlu vardır ki hâlâ bizim lakabımızla anılır: "12 bin şamdanlı avlu" derler oraya. Yavuz Selim, 30 Aralık 1517 Salı günü Kudüs'ü devlete katmıştır da ortalık kararmıştır. Yatsı namazını o avluda kılar. Kendisi ve bütün ordu beraber. Şamdanları yakarlar. Tam 12 bin şamdan. O isim oradan kalmadır. Sekiz on basamaklı geniş merdiveni adımladınız mı, o mukaddes mescidin bağdaş kurduğu ikinci avluya ulaşırsınız. Onu merdivenin başında gördüm. İki metreye yakın bir boy. İskeletleşmiş vücudu üzerinde bir garip giysi. Palto? Hayır, kaput, pardösü veya kaftan? Değil. Öyle bir şey işte. Başındaki kalpak mı, takkemi, fes mi? Hiçbirisi değil.

Uzakta, merdivenin başındaki kemerin altında oturanlar var ya, işte tam orada nöbetteydi

Oraya dimdik, dikilmiş. Yüzüne baktım da, ürktüm. Hasadı yeni kaldırılmış kıraç toprak gibi. Yüz binlerce çizgi, karışık ve kavruk bir deri kalıntısı. Yanımda bizim eski vatandaşımız İstanbullu Yusuf'a sordum, "Kim bu adam?" dedim.

Lakaydi ile omuz silkti. "Bilmem," diye cevap verdi. "Bir meczub işte. Ben bildim bileli, yıllardır burada dururmuş. Çakılı gibi hâlâ duruyor ya... Kimseye bir şey sormaz. Kimseye bakmaz, kimseyi görmez."

Nasıl, neden, niçin hâlâ bilmiyorum. Yanına vardım. Türkçe, "Selamunaleykum baba," dedim.

Torbalanmış gözkapaklarının ardında sütrelenmiş gibi jiletle çizilmişçesine donuk gözlerini araladı. Yüzü gerildi. Bana, bizim o canım Anadolu Türkçemizle cevap verdi, "Aleykümüsselam oğul..."

Donakaldım. Ellerine sarıldım, öptüm öptüm... "Kimsin sen, baba?" dedim.

Anlattı ki, ben de size anlatacağım.

Ama evvela biliniz. O canım devlet çökerken, biz Kudüs'ü 401 yıl 3 ay 6 günlük bir hakimiyetten sonra bırakırız. Günlerden 9 Aralık 1917 Pazar günüdür. Tutmaya imkân yok. Ordu bozulmuş, çekiliyor. Devlet, zevalin kapısında. İngiliz girinceye kadar geçen zaman içinde yağmalanmasın diye oraya bir artçı bölük bırakırız. Âdet odur ki kendi zabt eden galip, asayiş görevi yapan yenik ordu askerlerine esir muamelesi yapmaz.

Anlattı, dedim ya. Gerisini tamamlayayım. "Ben," dedi. "Kudüs'ü kaybettiğimiz gün buraya bırakılan artçı bölüğünden..."

Sustu. Sonra, elindeki silahın namlusuna sürdüğü fişekleri ateşler gibi zımbaladı, "Ben, o gün buraya bırakılmış

20. Kolordu 36. Tabur 8. Bölük 11. Ağır Makineli Tüfek Takım Komutanı Onbaşı Hasan'ım."

Yarabbi!.. Baktım, bir minare şerefesi gibi gergin omuzları üzerindeki başı, öpülesi sancak gibiydi.

Ellerine bir kere daha uzandım. Gürler gibi mırıldandı, "Sana, bir emanetim var oğul. Nice yıldır saklarım. Emaneti yerine teslim eden mi?"

"Elbette," dedim, "buyur hele..."

Konuştu, "Memlekete avdetinde yolun Tokat Sancağı'na düşerse... Git, burayı bana emanet eden kumandanım Kolağası (Önyüzbaşı) Musa Efendi'yi bul. Ellerinden benim için öp. Ona de ki..."

Sonra, kumandanı olduğu takımın makinelisi gibi gürledi, "Ona de ki, gönül komasın. **'11. MAKİNELİ TAKIM KOMUTANI IĞDIRLI ONBAŞI HASAN. O GÜNDEN BU YANA, BIRAKTIĞIN YERDE NÖBETİNİN BAŞINDADIR. TEKMİLİM TAMAMDIR KUMANDANIM!'** dedi dersin."

Öleyazdım. Sonra yine dineldi. Taş kesildi. Bir kez daha baktım. Kapalı gözleri ardından, dört bin yıllık Peygamber Ocağı ordumuzun serhat nöbetçisi gibiydi. Ufukları gözlüyordu. Nöbetinin başında idi. 57 yıl kendisini unutuşumuzdaki nâdânlığımıza rağmen devletine küsmemişti.

İlhan Bardakçı bu hatırasını, bir televizyon programında anlattığında zamanın genelkurmay başkanı onu aramış ve bu aziz askeri bulmak için aracı olmasını istemiştir. Daha sonra Bardakçı şunları yazmıştır:

Hasan Onbaşı bizdendi... O halde unutulmak kaderi idi. Öyle de oldu zaten. Aramadık ki bulalım. Bulunamazdı zaten. O ki göklere baş vermiş bir ulu selvi idi. Ve bizler ki başımızı kaldırmış olsak bile, uzandığı feza ufkuna yetişemeyecek cılız otlara dönüşmüştük. Biz, sadece unuturduk. Unuttuğumuz diğerleri gibi... O nöbet noktasındaki elmas manayı da unutmuştuk.

KAYNAKÇA

Amos Elon, *Jerusalem: City of Mirrors*, Flamingo, 1989, London, 1996.

Cemaleddin Ahmed, *Musîr el-Ğirâm,* 1351.

Dominique Lapierre, Lapierre Collins, *Kudüs Ey Kudüs*, çev: Aydın Emeç, E Yayınları, 1994.

Dror Ze'evi, *Kudüs: 17. Yüzyılda Bir Osmanlı Sancağında Toplum ve Ekonomi,* çev: Serpil Çağlayan, Tarih Vakfı Yurt Yayınları, İstanbul 2000.

Ebu Cafer Muhammed Bin Cerir-üt Taberi, *Tarih-i Taberi,* çev: M. Faruk Gürtunca, Sağlam Yayınları, 2007.

Fotoğraflarla dünden bugüne Kudüs, (Jerusalem in photographs from past to present, el-Kuds min hilali's-suveri fi'l-mazi ve'l-hazır), İslam Tarih, Sanat ve Kültür Araştırma Merkezi (IRCICA), İstanbul 2015.

Fulcherius Carnotensis, *Kudüs Seferi, Kutsal Toprakları Kurtarmak*, çev: İlcan Bihter Barlas, IQ Kültür Sanat Yayıncılık, İstanbul 2009.

Günümüz Türkçesiyle Evliyâ Çelebi Seyahatnâmesi, Haz.: Seyit Ali Kahraman, Yücel Dağlı, Yapı Kredi Yayınları, İstanbul 2013.

Harold Lamb, *Tanrı'nın Krallığı, Kudüs Yolunda Haçlılar*, çev: Derya Öztürk, Parola Yayınları, İstanbul 2014.

İbn Abd Rabbih, *El-'İkd el-Ferîd,* Kahire 1876.

İbn el-Fakîh el-Hamadani, *Muhtasar Kitabü'l-Büldân.*

İnsan et-Tercüman, *Çekirge Yılı Kudüs (1915-1916),* , çev: Ali Benli, Klasik Yayınları, İstanbul 2012.

Josephus, *The Jewish War*, Penguin, 1981.

Karen Armstrong, *A History of Jerusalem: One City, Three Faiths*, Harper Collins, 1996.

Mehmed Paksu, *Kudüs ve Mescidi Aksa,* Nesil Yayınları, İstanbul 2000.

Mucireddin, *Üns el-Celil Fi Tarîh el-Kudsi vel-Halil*, Kahire 1866.

Philip Mattar, *Kudüs Müftüsü Hacı Emin El- Hüseyni, (The Mufti of Jerusalem Al-Hajj Amin al- Husayni and the Palestinian National Movement),* çev: İsa Ölmez, Ali Soylu, 1991.

Raşit Gündoğdu, Ebul Faruk Önal, *Vesika ve Fotoğraflarla Osmanlı Devrinde Kudüs*, der: İlhan Ovalı, Cevad Ekici, Çamlıca Basım Yayın, İstanbul 2012.

Robert Bragner, Melis Şeyhun, *Üç Kitaplı Kentler - Cities of the Three Books: 19. Yüzyıl Fotoğraflarında Kudüs ve Kutsal Topraklar,* Pera Müzesi Yayınları, İstanbul 2008.

Sahar Khalifa, *Kudüs Güncesi, Al-Subar,* çev: Sevgi Tamgüç, Belge Yayınları, 2000.

Sefer Turan, *Kudüs, Tarihin Kalbi,* Pınar Yayınları, İstanbul 2011.

Şemseddin Suyûti, *İthâf el-Ahissâ.*

Yâkût, *Mu'cem el-Buldân,* 1866.

Yusuf el-Kardavî, *Kudüs: Her Müslümanın Ortak Davası,* çev: İzzet Marangozoğlu, Nida Yayıncılık, 2009.

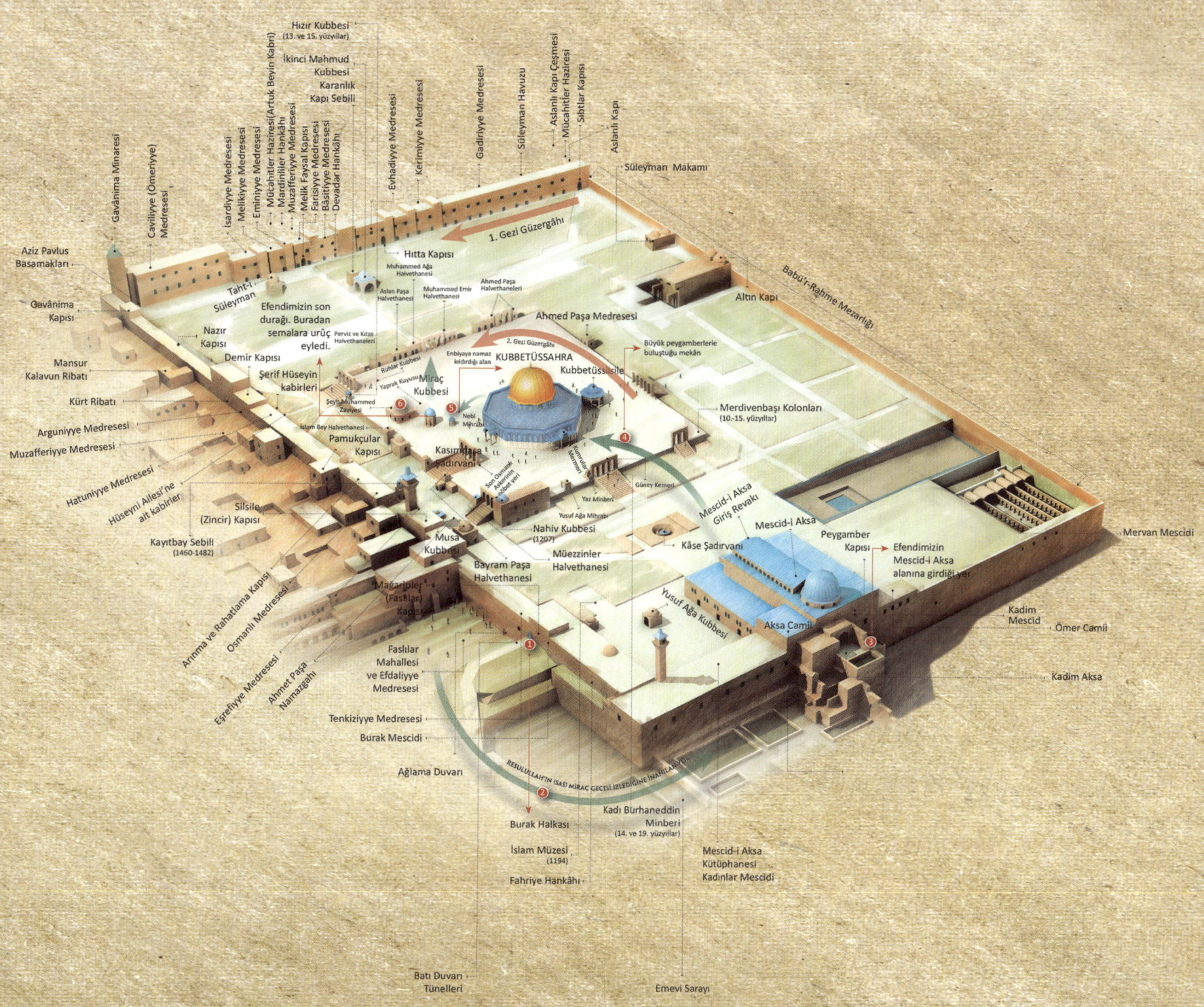

Gavânima Minaresi

Cavliyye (Ömeriyye) Medresesi

Hızır Kubbesi (13. ve 15. yüzyıllar)

İkinci Mahmud Kubbesi Karanlık Kapı Sebili

İsardiyye Medresesi
Melikiyye Medresesi
Eminiyye Medresesi
Mücahitler Haziresi (Artuk Beyin Kabri)
Mardinliler Hankâhı
Muzafferiyye Medresesi
Melik Faysal Kapısı
Fârisiyye Medresesi
Bâsitiyye Medresesi
Devadar Hankâhı

Evhadiyye Medresesi

Kerimiyye Medresesi

Gadiriyye Medresesi

Süleyman Havuzu

Aslanlı Kapı Çeşmesi
Mücahitler Haziresi

Sıbtlar Kapısı

Aslanlı Kapı

Süleyman Makamı

Aziz Pavlus Basamakları

Gavânima Kapısı

Taht-ı Süleyman

Efendimizin son durağı. Buradan semalara uruç eyledi.

Hıtta Kapısı

Babü'r-Rahme Mezarlığı

Altın Kapı

Muhammed Ağa Halvethaneleri

Ahmed Paşa Halvethaneleri

Ahmed Paşa Medresesi

1. Gezi Güzergâhı

Nazır Kapısı

Demir Kapısı

Aslan Paşa Halvethanesi

Muhammed Emir Halvethanesi

Şerif Hüseyin kabirleri

Perviz ve Kıtas Halvethaneleri

Ruhlar Kubbesi

Enbiyaya namaz kıldırdığı alan

Büyük peygamberlerle buluştuğu mekân

Mansur Kalavun Ribatı

Kürt Ribatı

Miraç Kubbesi

2. Gezi Güzergâhı

KUBBETÜSSAHRA

Kubbetüssilsile

Merdivenbaşı Kolonları (10.-15. yüzyıllar)

Arguniyye Medresesi

Muzafferiyye Medresesi

Yaprak Kuyusu

İslam Bey Halvethanesi

Şeyhü'l-Muhammed Zaviyesi

Nebi Mihrabı

Pamukçular Kapısı

Kâsımpaşa Şadırvanı

Hatuniyye Medresesi

Hüseyni Ailesi'ne ait kabirler

Silsile (Zincir) Kapısı

Son Osmanlı Askerinin nöbet yeri

Güney Kemeri

Mescid-i Aksa Giriş Revakı

Kayıtbay Sebili (1460-1482)

Musa Kubbesi

Nahiv Kubbesi (1207)

Yaz Minberi

Yusuf Ağa Mihrabı

Müezzinler Halvethanesi

Kâse Şadırvanı

Mescid-i Aksa

Peygamber Kapısı

Efendimizin Mescid-i Aksa alanına girdiği yer

Mervan Mescidi

Arınma ve Rahatlama Kapısı

Osmanlı Medresesi

Bayram Paşa Halvethanesi

Yusuf Ağa Kubbesi

Aksa Camii

Kadim Mescid

Ömer Camii

Mağaripler (Faslılar) Kapısı

Eşrefiyye Medresesi

Ahmet Paşa Namazgâhı

Faslılar Mahallesi ve Efdaliyye Medresesi

Kadim Aksa

Tenkiziyye Medresesi

Burak Mescidi

Ağlama Duvarı

RESULULLAH'IN (SAS) MİRAC GECESİ İZLEDİĞİNE İNANILAN YOL

Kadı Burhaneddin Minberi (14. ve 19. yüzyıllar)

Burak Halkası

İslam Müzesi (1194)

Fahriye Hankâhı

Mescid-i Aksa Kütüphanesi Kadınlar Mescidi

Batı Duvarı Tünelleri

Emevi Sarayı